図解でわかる

Series Marketing

商品開発マーケティング

（小ヒット&ロングセラー商品を生み出すマーケティング・ノウハウ）

Product
Planning
Marketing

浅田和実

日本能率協会マネジメントセンター

はじめに

ヒット商品に関するサクセスストーリーはたくさんあります。間接的にですが、自社の商品開発のある部分に役立つこともあります。また、「頑張らなくては！」という刺激剤になります。しかし、「長期的・持続的な成長をささえる安定した新商品開発を実践すること」を期待されている商品開発部門担当者のガイドとしては、あまり参考にならないのが実態です。

どんなに華やかなサクセスストーリーでも、その開発のプロセスを換骨奪胎していくならば、同じような幹と枝が残るだけで、大ヒット商品を必ず実らせるような秘訣など発見できないからかもしれません。何かポイントが見つかったとしても、担当者のたゆまぬ努力や執念、過程における外部・内部からの支援や思いがけない幸運などのように、しくみとして一般化できない要素が出てくることが多いのです。

また、マーケティングの研究者が、様々な企業の商品開発プロセスに関して各種の事例を集めて分析し、「商品開発のあるべき姿」を描き出すという形のアプローチもよく見られます。この場合「理想形」としてうなずける部分も多くあり参考にはなるのですが、いざ商品開発のしくみやノウハウとして自社に落とし込もうとすると、具体的に見えないことが多すぎます。

では一体何をガイドラインにすればよいのか、商品開発担当者の悩みは意外と深く重いのです。私が接触する機会の多い食品業界の商品開発マネジャーの場合でも、自分の具体的体験に近いところの的確な指示ができるが、新たに加わったメンバーに対する教育などの場で「基本的にはこのように進めるのです」と示すものが整理できてないのが実態のようです。

私が本書で試みるのは、企業が展開するマーケティングの中にしっかりと位置づけられた商品開発のありかたとその具体的ノウハウを整理して示し、商品開発担当者の実践に役立てようとするものです。実際の商品開発の積み重ねの中で試行錯誤を繰り返し泥臭く積み上げてきた「ノウハウ」を整理してまとめあげたものです。この方法でやれば必ずヒットするなどという保証はできませんが、開発のプロセスにおいて誰もが苦しむであろうと思われるポイントには細かく触れているつもりです。

私の商品開発に関する基本的認識は、消費者（生活者）の生活行動や意識に関する深い読み込みと洞察を基軸に据えて商品開発プロセスを実践すれば、必ず果実（小中ヒット商品）は実る、そして、いつか必ず大きな果実（大ヒット商品）も生まれる、というものです。すぐに大ヒット商品を出したいという気持ちは充分に分かりますが、いきなり負担やリスクが大きくなってしまいます。ゆっくりではあるが着実に成長していくことが企業経営にとっては最も大切であるとの認識から、こうしたスタンスを取るのです。

『ビジョナリー・カンパニー』（ジェームズ・C・コリンズ、ジェリー・I・ポラス著、日経BP出版センター）に次のような言葉が示されています。「時を告げる代わりに、自分がこの世を去ったのち、永遠に時を告げる時計をつくったとすれば、もっと驚くべきことではないだろうか」と。私はこの言葉を、「ひとつの大ヒット商品を狙うのではなく、小さなヒット商品をコンスタントに出せるしくみを作ることこそが経営者の使命である」と理解し、各企業において安定的な商品開発のしくみを構築するためのヒントを提示できたらとの思いを込めて本書を執筆しました。

なお、現在のマーケティング実務においては、消費者の諸行動を計量的に測定・分析するだけでは高いレベルでの戦略構築や商品開発ができないという認識が高まり、消費者（生活者）に関する「定性情報」

の把握を非常に重視する流れにあります。価値観や行動の個性化・多様化に伴い、マスで括れなくなった消費者（生活者）への有効な接近は「定性情報」の巧みな読み取りと洞察ができるかどうかにかかっているということです。

そこで私は、定性情報の読み取りノウハウを整理することにも関心を持ち、約10年間の試行錯誤を繰り返した結果、一応の定式化を完成し「定性情報処理KA法」として特許申請中です。具体的な方法論の骨子に関しては、本論の第4章で触れますが、KA法によって作られるアウトプットは、商品コンセプト構築のみならず、あらゆるマーケティング戦略を検討するベースとして有効ですので、大いに試みられることを希望します。

2006年2月

浅田和実

図解でわかる
商品開発マーケティング

第1章 企業成長のポイントは小ヒット開発

1 商品開発の役割 …… 14
2 小ヒット狙いが開発姿勢の基本 …… 16
3 中長期視点の重要性 …… 18
4 マネジメントにおける商品開発の位置づけ …… 20
5 商品開発の流れ …… 22

第2章 商品開発の基本は課題抽出

6 商品開発の課題を抽出する …… 26
7 既存カテゴリー（商品）の課題を抽出する …… 28
8 マーケティング活動を分析・総括する …… 30
9 商品の市場浸透状況を把握する …… 32
10 顧客満足度調査から問題点を抽出する …… 34
11 ユーザー研究を深める …… 36
12 市場データによるポジショニング …… 38
13 ユーザーの意識によるポジショニング …… 40
14 生活価値分析によるポジショニング …… 42

Product Planning Marketing

C·O·N·T·E·N·T·S

● 第3章 ● **小ヒットを生み続けるしくみ**

15 SWOT分析視点の重要性 …… 44
16 PPMによるポジショニング …… 46
17 商品ライフサイクルによるポジショニング …… 48
18 新規参入するときの検討ポイント …… 50
19 経営資源の棚卸しポイント …… 52
20 マクロ環境分析のポイント …… 54
21 業界状況分析のポイント …… 56
22 4つの視点から市場参入の可能性を探索する …… 58
23 商品開発課題は6つに整理できる …… 60

24 小ヒットを生むための取り組み姿勢 …… 64
25 消費者の行動や意識を知る方法 …… 66
26 コンシューマーインサイトのための定性情報を集める …… 68
27 コンシューマーインサイトを商品開発に組み込む …… 70
28 小ヒットのためには小創発が必要 …… 72
29 小ヒットのためのモノづくり体制 …… 74
30 創発を生み出すための組織と人 …… 76

図解でわかる 商品開発マーケティング

●第4章・コンシューマーインサイトの進め方

- 31 創発を生み出す環境を作る ……… 78
- 32 商品開発のためのコンシューマーインサイト ……… 82
- 33 コンシューマーインサイトからアイデア発想までのプロセス ……… 84
- 34 ミニエッセイによる情報収集のポイント ……… 86
- 35 行動日記による情報収集のポイント ……… 88
- 36 観察による情報収集のポイント ……… 90
- 37 定性情報処理KA法の使い方① ……… 92
- 38 定性情報処理KA法の使い方② ……… 94
- 39 定性情報処理KA法の使い方③ ……… 96
- 40 定性情報処理KA法の使い方④ ……… 98
- 41 「出来事マップ」「生活価値マップ」を作成する ……… 100
- 42 市場の商品をマップにポジショニングする ……… 102
- 43 発想刺激剤としての変化情報を収集する ……… 104
- 44 重点テーマの検討を深める ……… 106

8

Product Planning Marketing

C·O·N·T·E·N·T·S

第5章 商品コンセプトの構築プロセス

- 45 商品コンセプトとは ……… 110
- 46 コンセプトアイデアのまとめ方 ……… 112
- 47 アイデア発想のための情報準備 ……… 114
- 48 ターゲット視点から発想する ……… 116
- 49 ベネフィット・シーン視点から発想する ……… 118
- 50 生活価値マップから発想する ……… 120
- 51 出来事マップから発想する ……… 122
- 52 「マップ」からアイデア発想する利点 ……… 124
- 53 コンセプトを磨き上げる ……… 126
- 54 コンセプトボードを作る ……… 128
- 55 コンセプトをスクリーニングし、魅力度をチェックする ……… 130
- 56 コンセプトの受容性をテストする ……… 132

第6章 コンセプトをカタチにするプロセス

- 57 コンセプトをカタチにするときのポイント ……… 136
- 58 商品本体を開発する ……… 138

図解でわかる
商品開発マーケティング

項目	タイトル	ページ
59	ベネフィット実現度を高める	140
60	試作品テスト実施上のポイント	142
61	試作品テストの評価項目	144
62	評価基準値の作り方	146
63	競合品との比較評価を行う	148
64	パッケージングのポイント	150
65	容器・包装の開発プロセス	152
66	容器・包装で付加価値を高める	154
67	ユニバーサルデザインに配慮する	156
68	ネーミングとブランドマネジメントを一緒にしない	158
69	ネーミングの方法	160
70	ネーミングコンセプトを構築する	162
71	ネーミング案を発想する	164
72	ネーミング案を選考する	166
73	ネーミング案の第2次選考のポイント	168
74	キャッチフレーズなどを有効活用する	170
75	ネーミングに関する法律を確認する	172
76	ブランドマネジメントを考慮する	174
77	ブランド価値を確認する	176

Product Planning Marketing

C・O・N・T・E・N・T・S

78 デザインコンセプトのオリエンテーションを行う
79 パッケージデザインを制作する
80 ブランドロイヤルティを活用する
81 ブランドイメージの捉え方

第7章 ● 販売戦略の立案ポイント

82 販売戦略の検討ポイント
83 商品力を最大にする4要素
84 価格設定の方法
85 リーズナブルな小売価格を設定する
86 戦略的価格設定の方法
87 価格弾力性と心理的マジック
88 チャネル戦略を検討する
89 広告宣伝・販売促進の計画を組む
90 商品知名率を高める方法
91 取扱店率を高める方法
92 試し買い・継続購入を刺激する方法
93 開発品の商品力を予測する

180 182 184 186　190 192 194 196 198 200 202 204 206 208 210 212

11

図解でわかる
商品開発マーケティング

第8章 テストマーケティングの実施ポイント

94 市場導入計画を策定する ……………… 214

95 テストマーケティングを検討する ……… 218
96 模擬店方式のテストマーケティング …… 220
97 テストで解明したい事柄とは …………… 222
98 販売量推計の方法 ………………………… 224

第 1 章

企業成長のポイントは小ヒット開発

CHAPTER 1

1 商品開発の役割

企業を安定的に成長させるために欠かせない基本的手段

企業が安定的に成長していく過程には、いくつかのパターンがあります。

① 市場の伸びに乗りながら、さらに新商品を導入してシェアを維持・拡大していく

② 横ばいまたは減少傾向の市場であるが、新商品を導入したり、宣伝・販売促進を展開したりしてシェアを拡大していく

③ 既存カテゴリーでシェアを落としても、新カテゴリーの新商品導入でトータルシェアを拡大する

④ 既存市場での売上げにこだわらず、新規事業に新商品を展開して全体の成長を確保する

などが代表的なものです。

競争戦略のセオリーにおいても、他社品と明確に差別化された商品を開発・導入し、シェアを拡大させたり、同レベルの商品を徹底的に低コストで生産できるように改良し、浮かせた費用を宣伝や販売促進に投入してシェアを拡大していく方法などがとられます。

こうして、全くの新市場開拓を目指す新商品開発、既存市場での競争優位を目指す既存品改良を含めて、商品開発とは、企業を安定的に成長させるためには欠かせない基本的な手段であることが分かります。

売上高や利益が充分取れる市場やカテゴリーであればあるほど、新規参入や他社の新たな展開が活発に行われるので、自社の売上げやシェアを維持・拡大していくためには商品開発への注力は欠かせないといって、商品開発とは「やるぞ！」とばかりに急に力んでみてもうまくいくものではありません。市場の特性研究や消費者の生活研究などの基本から着実に行う必要があります。技術開発には特に時間がかかるので、ずっと先を見た着手が必要です。

第1章 企業成長のポイントは小ヒット開発

図表1　企業成長のパワーは商品開発力にある

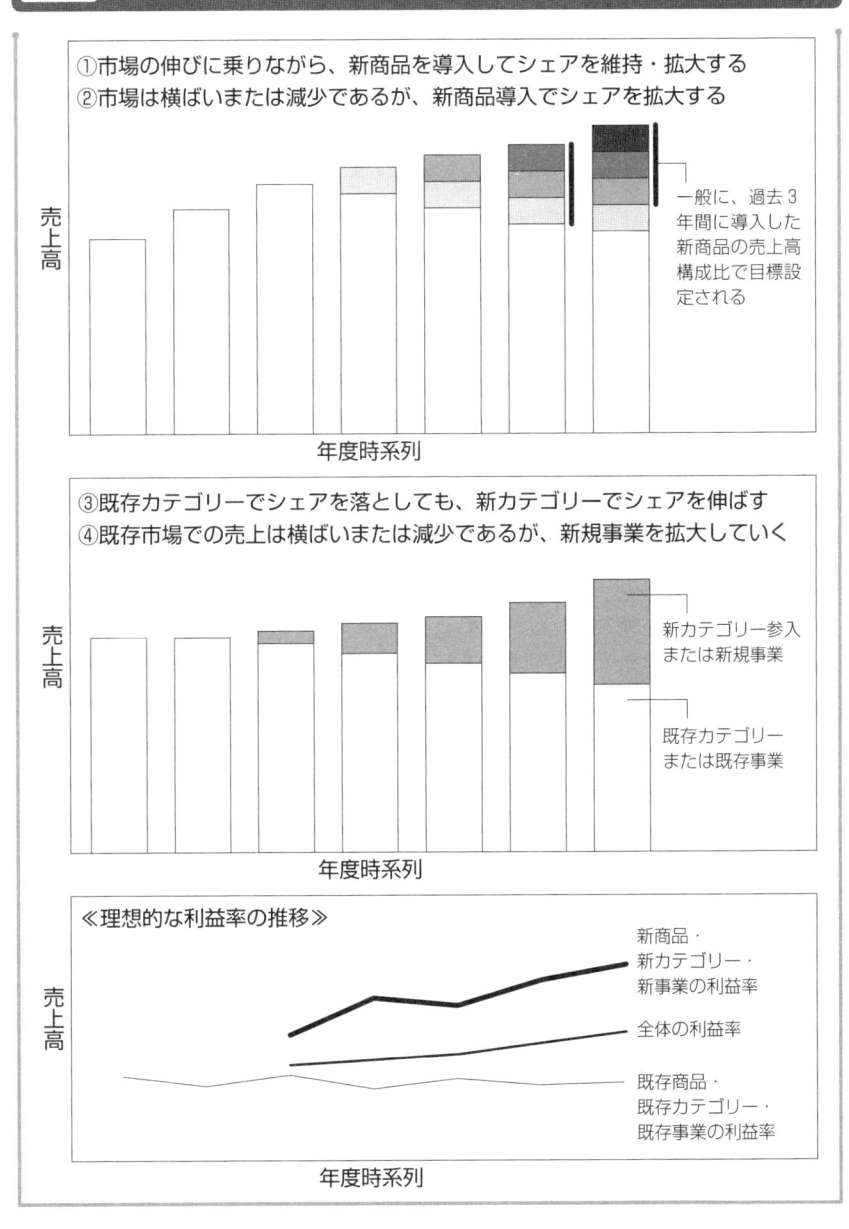

①市場の伸びに乗りながら、新商品を導入してシェアを維持・拡大する
②市場は横ばいまたは減少であるが、新商品導入でシェアを拡大する

売上高／年度時系列

一般に、過去3年間に導入した新商品の売上高構成比で目標設定される

③既存カテゴリーでシェアを落としても、新カテゴリーでシェアを伸ばす
④既存市場での売上は横ばいまたは減少であるが、新規事業を拡大していく

売上高／年度時系列

新カテゴリー参入または新規事業

既存カテゴリーまたは既存事業

≪理想的な利益率の推移≫

売上高／年度時系列

新商品・新カテゴリー・新事業の利益率

全体の利益率

既存商品・既存カテゴリー・既存事業の利益率

2 小ヒット狙いが開発姿勢の基本

安定成長のためにはコンスタントな小ヒットの積み上げが着実

商品開発担当者になると、「よし、大ヒット商品を開発するぞ」と力んでしまうのが一般的です。部門の上司も当然のこととして「大ヒット商品を開発してほしい」と、大きな期待をよせるものです。

しかし、はやる気持ちを抑えて、小ヒット狙いの着実なアプローチを実践することをお奨めします。なぜならば、大ヒット狙いにはしばしば次のような落とし穴があるからです。

画期的な新商品を開発したいと思う気持ちは、開発担当者の態度・姿勢を前のめりにしがちです。何とか新しい消費者ニーズを探り当てようと膨大な調査を実施したり、そこから発見された小さな芽を充分検討せずに採用したり、持ち込まれた新奇なアイデアに飛びついたりすることもよく起こります。企画段階でも、他社に先行することを急ぐあまり、

開発途中の未熟な技術を強引に採用したり、未消化な状態で製品化してしまうことが起こります。

大きな先行者利益を狙うために、設備投資などの大規模投資をしてしまうことにもなりかねません。

このような状態では、成功したときのリターンは大きいかもしれないが、失敗のリスクも非常に大きいという危険な状態になってしまいます。

厳しい競争市場においては、大きな失敗は許されません。基本的な市場研究・消費者研究から冷静なユーザー調査を行い、既存品から一歩もしくは半歩進んだ周縁商品を確実に押さえていく姿勢が大切です。

コンスタントな得点稼ぎこそが、安定経営のために望まれる姿勢であり、野球で言われる「ホームランは狙って打てるものではなく、ヒットの延長にある」とは、商品開発にも当てはまるのです。

第1章 企業成長のポイントは小ヒット開発

図表2　開発姿勢によるリスクの違い

『小ヒット狙い』の着実なアプローチ	『大ヒット狙い』が陥りやすいパターン
【心理状態】 既存市場をしっかり守りその周縁に、コツコツと新規需要を開拓したい	【心理状態】 画期的な新商品を開発したい、当てたい
【担当者の取り組み姿勢】 堅実な市場研究 消費者（生活者）研究	【担当者の取り組み姿勢】 消費者ニーズの深追い 新奇なアイデアを希求
【企画アクション】 冷静なユーザー調査に基くコンセプト構築	【企画アクション】 新規技術の青田買いによる拙速なコンセプト構築
【開発アクション】 既存市場とその周縁を狙った商品化	【開発アクション】 新奇なアイデアの商品化 新しい技術の商品化
将来へ向けての様々な開発研究をスタートする	先行者利益を見込んだ膨大な先行投資
成功時のリターン：小 リスク：小	成功時のリターン：大 リスク：大

3 中長期視点の重要性

コンスタントな商品開発のためには中長期視点が不可欠

経営上、短期の視点で最も重視されるのは、既存市場（カテゴリー）における既存商品に関するマーケティング諸アクションです。短期的な売上高・シェア・利益を最大にするために様々な検討がなされ、商品開発の課題としては「競争優位のための改良」や「コストダウンのための改良」が発生します。現在の技術で対応可能な改良に関しては、すぐに実施されますが、時には対応できない課題も出てきます。そうした技術課題は優先度をつけて中長期課題として設定されます。

中長期開発課題には、以上のように短期課題から流れ込むものもありますが、基本的には経営戦略上の中期課題・長期課題が中心となります。

経営戦略において、新規市場（カテゴリー）に参入したり既存市場に新規商品を導入したりすることが方向づけされても、消費者の多様なニーズ（顕在・潜在）に対し「魅力ある商品」で応えていくためには、既存の保有技術だけでは充分に対応できません。しかも、強力なM&Aパワーでも持っていない限り、新たな技術というものは一朝一夕に入手できるものではありません。そこで必要になるのは将来を見越した技術開発の着手＝開発投資ということになります。しかも、経営の効率上、限られた投資額で将来に生きる効果的・効率的な開発投資が行われなければならないのです。

したがって、最低でも年に一度（重大課題が発生した場合はその都度）、全課題を棚卸しして、戦略上の必要性と難易度にしたがって優先順位づけを行い、短期・中期・長期の3つの区分に再配分し、予算と開発パワーを割り当てなおす作業が必要となるのです。

これは、トップ層が関与して慎重になされるべき重要な業務です。

| 図表 3 | 商品開発の視点別パワー配分の概念図 |

短期視点

	既存カテゴリー 既存市場	新規カテゴリー 新規市場
新商品開発 新マーケティング	◎	
既存商品改良 マーケティング強化	◉	○

中期視点

	既存カテゴリー 既存市場	新規カテゴリー 新規市場
新商品開発 新マーケティング	◎	
既存商品革新 マーケティング強化	◎	◎

長期視点

	既存カテゴリー 既存市場	新規カテゴリー 新規市場
新商品開発 新マーケティング	○	◉
既存商品革新 マーケティング強化		◎

4 マネジメントにおける商品開発の位置づけ

商品開発は、必ず戦略に先導され、整理されていなければならない

企業経営においては、まず経営トップの視点からビジョン（将来のあるべき姿）が示され、様々な市場環境分析と検討が行われて、それを実現する方策としての長期経営戦略・中期経営戦略が構築されます。全くの起業期の会社で、商品開発が先行しているように見える場合でも、経営者の目は狙いの市場を想定しており、そこへの参入方法をイメージしているものです。

一般的に経営戦略の柱は3本になります。

① 既存カテゴリー競争戦略
② 新カテゴリー参入戦略
③ 新規事業開発戦略

既存カテゴリー競争戦略においては、競合状況が分析・検討され、商品開発の課題としては「商品改良」や「商品アイテムの拡張」などが発生します。また、新ニーズが発見され課題化される場合もあります。

新カテゴリー参入戦略、新規事業開発戦略においては、さらに詳細まで踏み込んだ市場環境分析が行われ、参入可能性が検討されます。その結果から参入計画が組み立てられ、新商品開発構想が作られます。

これらの開発課題は、先に見たように、既存の技術で対応できるものから、実現するのに時間のかかるものまで並べなおされ、戦略上の必要度と難易度に従って短期・中長・長期の課題として整理されるのです。

即ち、必ず戦略に先導されているということです。

したがって理想的には、商品開発担当者も、戦略検討段階から参画することが望ましいといえます。

また、商品開発課題の組織的対応としては、改良やアイテムの拡張は各事業部内で行われることが多く、革新的な改良や新規開発課題は機能横断的なプロジェクトチームや商品開発室で行われるのが一般的です。

図表4　**戦略から導かれる商品開発課題**

```
                    経営ビジョン
                         ↓
                  長期経営戦略・目標
                         ↓
                  第1次市場環境分析
                         ↓
                  中期経営戦略・目標
                   （以下の3本柱）
          ┌──────────────┼──────────────┐
          ❶              ❷              ❸
     既存カテゴリー    新カテゴリー    新規事業
     競争戦略          参入戦略        開発戦略
          ↓                ↓              ↓
     既存品状況分析        第2次市場環境分析
          ↓                ↓              ↓
     商品改良と          新カテゴリー    新規事業
     商品アイテム拡張    参入計画        参入計画
        ┌─┴─┐              │              │
       ┌ ─ ─ ─ ─ ─ ─ ─ ─ ─ ─ ─ ─ ─ ─ ─ ─ 商品開発の位置 ─ ┐
       │ 戦略的   新ニーズ    新商品         新商品         │
       │ 商品改良 への対応    開発           開発           │
       └ ─ ─ ─ ─ ─ ─ ─ ─ ─ ─ ─ ─ ─ ─ ─ ─ ─ ─ ─ ─ ─ ─ ─ ─ ─┘
          ↓                    ↓              ↓
     既存カテゴリーでの    新カテゴリー    新規事業
     競争戦略の展開        市場参入        市場参入
```

第1章　企業成長のポイントは小ヒット開発

5 商品開発の流れ

コンセプト構築を中心にした基本的な6段階

企業マネジメントの中から、商品開発の流れだけを取り出して示すと図表5のようになります。プロセスは大きく6つの段階で成り立っています。基本の流れなのでしっかりと把握しておいてください。

初めに、商品開発課題を抽出・確定するプロセスです。ここで「課題」というニュアンスは、腰を据えてしっかり取り組むという感じです。突如発生したクレームに対処するとか、品質の変化を修正するといった緊急に解決しなければならない「問題」の類ではなく、戦略から導かれ、環境分析・市場分析・消費者分析を踏まえて確定された「開発テーマ」ということです。

次に、商品化するための基本的考え方（＝コンセプト）を組み立てるプロセスです。ここで大切なことは、単に製品仕様（特性）の方向性を決めるということではなく、実際の販売場面をイメージした周辺要素（想定ターゲット・販売チャネル・訴求手段や訴求方法）の概略検討まで含めて行うということです。商品開発において最も大切なプロセスだといえます。

コンセプトが構築されると、続いて、そのコンセプトを「カタチ」にしていくプロセスです。商品本体を開発するプロセス、ネーミングやキャッチフレーズ、パッケージングによって商品の存在を目立たせる手段の検討プロセス、そして価格設定、宣伝や販促などのマーケティング戦略を考えるプロセスです。

発売前に何らかの形で「消費者受容性」を確認するのも大切なプロセスです。最も大掛かりな方法がテストマーケティングの実施ということになります。

本書においては、以上の流れに従って、商品開発上の大事なポイントについて実践経験をベースとした知見を順次解説していきます。

図表5　**商品開発：基本的な6つの段階**

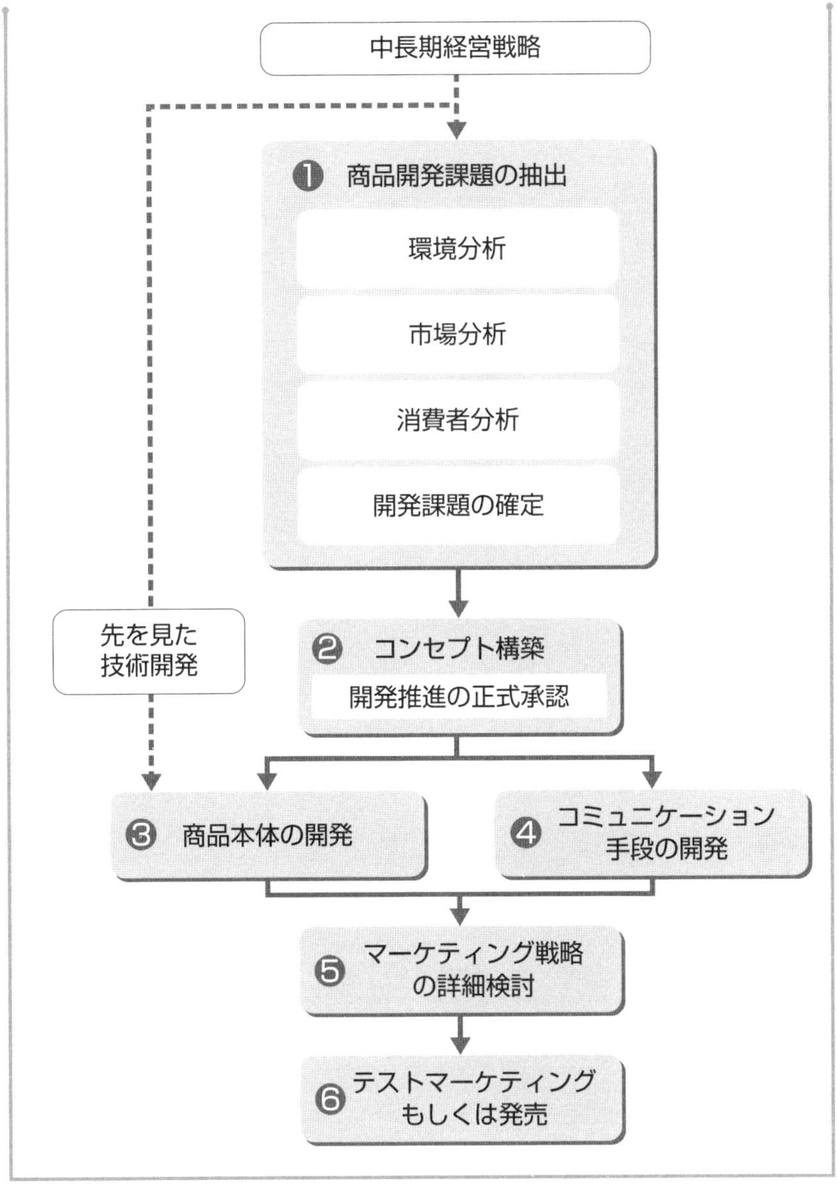

中長期経営戦略

❶ 商品開発課題の抽出
- 環境分析
- 市場分析
- 消費者分析
- 開発課題の確定

先を見た技術開発

❷ コンセプト構築
開発推進の正式承認

❸ 商品本体の開発

❹ コミュニケーション手段の開発

❺ マーケティング戦略の詳細検討

❻ テストマーケティングもしくは発売

第2章

商品開発の基本は課題抽出

CHAPTER 2

6 商品開発の課題を抽出する

経営戦略の3本柱に従って商品開発の課題を抽出・整理する

既存商品の営業・生産・流通が順調に展開され、売上げ・利益が伸びていれば、マーケティングの理想状態ですが、実際には次第にどこかでバランスが崩れはじめ、様々な課題が発生してくるものです。

経営戦略の1本目の柱、既存カテゴリーの競争戦略の検討は、次の3つの観点から行うのが一般的です。

① マーケティング活動の分析・総括
② 市場浸透状況調査と顧客満足度調査
③ 商品ポジショニングのチェック

それぞれの検討を行うと、様々なマーケティング課題が抽出され、その中の一部として商品開発関連の課題が出てくることになります。既存品の改良課題やアイテムの拡張が主なものです。

総合的かつ根本的な検討が必要となる状況は、競合他社が市場参入した場合です。この場合、商品ポジショニングは大きく変わり、ユーザー構成や顧客満足度も変わり、販売戦略も変えざるを得なくなり、結局マーケティング戦略そのものを見直さざるを得ないことになります。商品開発課題としてはコンセプトの再検討という重大テーマとなるのです。

他の2つの経営戦略、新カテゴリー参入戦略と新規事業参入戦略に関しては、より綿密な市場環境分析が必要となり、次のような手順になります。

① 経営資源の棚卸し
② マクロ環境分析・業界状況分析
③ 市場浸透状況調査・顧客満足度調査
④ 投資を含む市場参入戦略の検討
⑤ 商品開発課題への落としこみ

商品開発課題抽出プロセスへの注力で、その後の業務の質やスピードを大きく高めることができます。

第2章 商品開発の基本は課題抽出

図表6　**課題抽出の基本フロー**

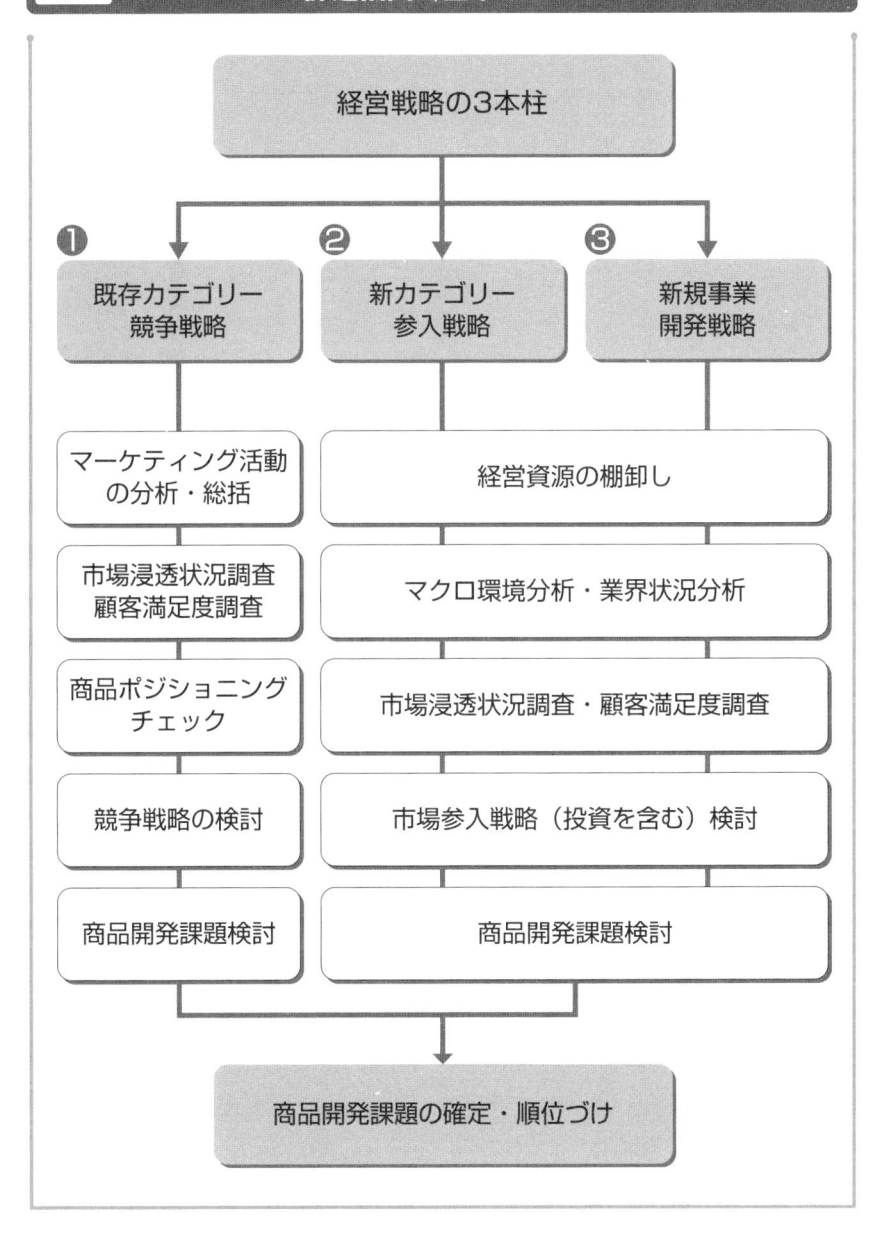

```
              経営戦略の3本柱
      ┌───────────┼───────────┐
      ❶           ❷           ❸
  既存カテゴリー   新カテゴリー   新規事業
   競争戦略       参入戦略      開発戦略
```

❶既存カテゴリー競争戦略	❷❸新カテゴリー参入戦略／新規事業開発戦略
マーケティング活動の分析・総括	経営資源の棚卸し
市場浸透状況調査・顧客満足度調査	マクロ環境分析・業界状況分析
商品ポジショニングチェック	市場浸透状況調査・顧客満足度調査
競争戦略の検討	市場参入戦略（投資を含む）検討
商品開発課題検討	商品開発課題検討

↓

商品開発課題の確定・順位づけ

7 既存カテゴリー（商品）の課題を抽出する

常に競合を意識した差別化視点で検討する

既存カテゴリーの競争戦略検討は、図表7のような流れで各項目の検討を行います。

競争優位に立つためには、基本的マーケティング要素で他社に差をつけることが必要です。したがってここでのポイントは、自社の商品と戦略を「競合との差別化視点」で検討することです。

- 商品の知名率を高めること
- 取扱店率を高めること
- 購入頻度を高めること
- 商品の顧客満足度を高めること
- 商品の顧客イメージを高めること
- また、それらのために
- 宣伝や販売促進の量と質を高めること
- また、その費用のために
- 製造コストを下げること

などが、検討のポイントになります。一般的には、次のような課題が発生してきます。

① コストダウンのための改良
② 顧客満足度やイメージを高めるための改良
③ ターゲット拡大のための改良
④ チャネル拡大のための改良
⑤ 競合品との差別化のための改良もしくは革新
⑥ 商品アイテム拡張のための新商品開発
⑦ 顧客の新しいニーズを満たすための新商品開発
⑧ 「あったらすごい」夢のアイデアの商品化

今は有利な状況であっても、自社が静観していたら他社はどう出てくるかを考えることが重要です。仮に市場を独占している状況であっても、他社が参入してくるとしたらどのような形で参入してくるかという視点で検討しておくことが必要です。

第2章 商品開発の基本は課題抽出

図表7　既存カテゴリー（商品）の課題検討フロー

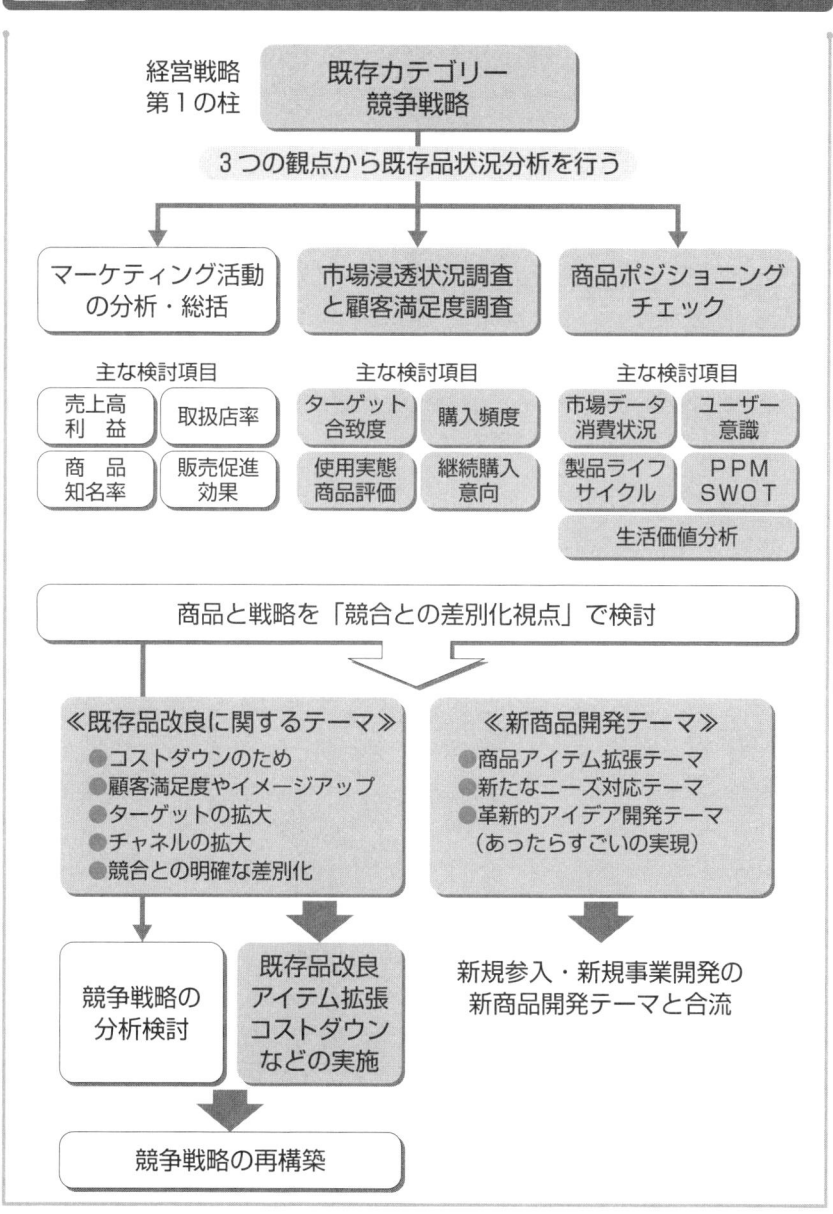

経営戦略
第1の柱 → 既存カテゴリー競争戦略

3つの観点から既存品状況分析を行う

- マーケティング活動の分析・総括
- 市場浸透状況調査と顧客満足度調査
- 商品ポジショニングチェック

主な検討項目
- 売上高利益
- 取扱店率
- 商品知名率
- 販売促進効果

主な検討項目
- ターゲット合致度
- 購入頻度
- 使用実態商品評価
- 継続購入意向

主な検討項目
- 市場データ消費状況
- ユーザー意識
- 製品ライフサイクル
- PPM SWOT
- 生活価値分析

商品と戦略を「競合との差別化視点」で検討

≪既存品改良に関するテーマ≫
- ●コストダウンのため
- ●顧客満足度やイメージアップ
- ●ターゲットの拡大
- ●チャネルの拡大
- ●競合との明確な差別化

≪新商品開発テーマ≫
- ●商品アイテム拡張テーマ
- ●新たなニーズ対応テーマ
- ●革新的アイデア開発テーマ
  （あったらすごいの実現）

- 競争戦略の分析検討
- 既存品改良アイテム拡張コストダウンなどの実施
- 新規参入・新規事業開発の新商品開発テーマと合流

競争戦略の再構築

8 マーケティング活動を分析・総括する

マーケティング指標と「製品力」を関連づけて把握する

売上げが思うように伸びない場合、すぐさま「製品力」(商品力4要素＝製品力・コミュニケーション力・流通力・販促力のうちの製品力)の問題にしてしまわないように気をつけなければなりません。

既存商品のマーケティング活動に関する分析・総括を行う場合、まず、宣伝費用や販促費用を投入して様々な販売活動を行った結果、売上高や利益はどうなったのか、当初の計画を達成できたのかが検討されます。

このとき、宣伝や販促のアクションが計画どおり実行されたのか、そして効果がどのくらいあったのかをしっかり検討しておかないと、計画の未達成原因を「製品力」にかぶせてしまうという過ちが発生します。

それを防ぐためには、外部データによるマーケティング活動の分析・総括が必要になります。

図表8の下段に示すように、市場シェアは取扱店率・商品知名率・購入経験率・再購入頻度などによって決まってきます。そしてさらに、取扱店率には営業のプレゼンテーションや製品そのものに関する流通の満足度が関係してきますし、購入経験率や再購入頻度には広告宣伝・販売促進活動の影響や製品に対する消費者の満足度が影響してくるという関係にあります。

「発売時の流通の満足度が高く、取扱店率はかなり高まったが、テレビCMのインパクトが弱かったために知名率が上がらず、購入経験率が高まらなかった。製品に対する使用者の満足度は高く購入経験者の再購入率は高かったが、購入経験者が広がらなかったので結局売上高は上がらなかった。取扱店も次第に減少してしまった。」というようなケースがあります。

この場合、明らかに製品力の問題ではなく広告のインパクトに問題があったということになります。

30

第2章 商品開発の基本は課題抽出

図表8 **実施したマーケティング活動を分析・総括する**

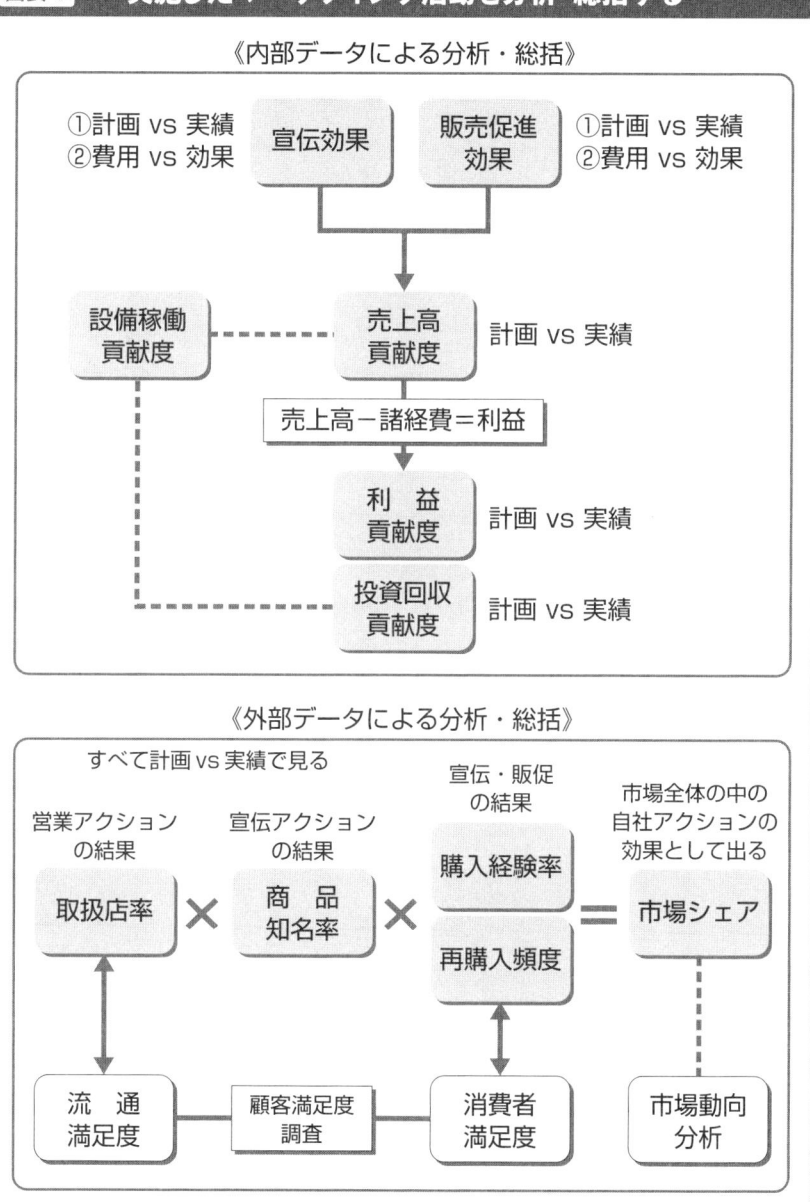

《内部データによる分析・総括》

①計画 vs 実績　　宣伝効果　　販売促進　　①計画 vs 実績
②費用 vs 効果　　　　　　　　効果　　　　②費用 vs 効果

設備稼働貢献度 ------ 売上高貢献度　計画 vs 実績

売上高－諸経費＝利益

利益貢献度　計画 vs 実績

投資回収貢献度　計画 vs 実績

《外部データによる分析・総括》

すべて計画 vs 実績で見る

営業アクション　　宣伝アクション　　宣伝・販促　　市場全体の中の
の結果　　　　　　の結果　　　　　　の結果　　　　自社アクションの
　　　　　　　　　　　　　　　　　　　　　　　　　効果として出る

取扱店率 × 商品知名率 × 購入経験率／再購入頻度 ＝ 市場シェア

流通満足度 ── 顧客満足度調査 ── 消費者満足度　　市場動向分析

9 商品の市場浸透状況を把握する

マーケティング指標を外部データで押さえる

小売店までの浸透状況（取扱店率）は、卸店の納品データから把握できます。調査会社の小売店パネルデータを購入することもできます。取扱店率は、消費者の購入の場をどこまで拡大できたかを示します。

消費者への浸透状況（商品知名率・購入経験率・再購入率など）は、消費者調査によって把握します。大きく育てたい新商品の場合には必ず、発売後一定期間経った時点で「市場浸透状況調査」を実施します。その後も、状況判断のために一定の間隔で同様の調査をするのが一般的です。主力既存商品のマーケティング活動に関する調査は欠かせません。

まず把握するのは、当該商品が想定ターゲットのどの範囲まで知ってもらえたかどうかを示す「商品知名状況」です。商品名を知っている人の割合と、商品特徴がどの程度理解されているかの確認です。

次に、どの程度の人が試し買いをしてくれたかを示す「購入経験率」を捉えます。そして、さらに購入経験者には、再購入状況や継続使用意向などを訊きます。使用中止者の「中止理由」も重要な情報です。

複数回購入している人、継続購入意向のある人をユーザーと定義し、その人々の属性が企画段階で想定したターゲット属性と一致しているかどうかを確認するのも大切なポイントです。図表9のようにずれていた場合には、ターゲット設定や商品設計を修正する必要があるからです。より詳細な情報を知るために「顧客満足度調査」を実施する場合もしばしばあります。

図表9を見ても分かるとおり、市場浸透状況調査は対象者を大量に必要とするため、インターネット調査や電話調査で行われることが多く、訪問面接の場合は数社相乗りのオムニバス形式で行われるのが普通です。

第2章 商品開発の基本は課題抽出

| 図表9 | 市場浸透状況調査の実施例 |

実施要領	●サンプリングにもとづく「郵送調査」「電話調査」「インターネット調査」「訪問面接調査」などによる ●これにつづく「顧客満足度調査」を実施するため商品の購入経験者を必要数把握するので、調査の対象者は推定購入世帯率から逆算する 300人 ÷ 5% ÷ 70% ＝ 8570人以上 把握ユーザー数÷推定購入世帯率÷歩留＝対象者数
調査項目	1. 商品知名率（自然な想起と商品リストによる想起） 2. 商品特徴の理解度 3. 購入経験・再購入状況 4. 購入中止者の中止理由 5. 現在使用者の継続使用意向 6. 対象者属性（特にユーザーには詳細に質問する） 　●デモグラフィック項目 　●商品関連の生活行動 　●商品関連の生活意識

【調査結果】

調査対象者：10000人
　　　　　　　商品知名者2700人：知名率：27%
　　　　　　　　　　　　　　　　ユーザー（300人）

この場合、実際購入世帯率＝3%

想定ターゲット属性
●30〜40代主婦
●簡便志向の強い人
●弁当・夕食時に使用

ギャップの発見

ユーザー属性の分析
●40〜50代主婦
●簡便志向の強い人
●夕食時に使用

「ターゲット設定」または「商品設計」を修正する場合
必要に応じてユーザー対象の『顧客満足度調査』を実施

10 顧客満足度調査から問題点を抽出する

ユーザーに積極的に問いかけて改良・革新のヒントをつかむ

消費者からの意見や要望には、直接商品に関わる多くの改良課題が含まれています。しかし、様々な使用場面における潜在的不満となっている問題点は、寄せられる意見の何十倍もあるといわれています。

ユーザーに積極的に問いかけて情報を収集することで、競合に対する差別化となる改良ポイントを発見できたり、将来的に実現してほしい「夢としての未来像」が浮かび上がり、その実現に向けての研究を他社に先駆けてスタートさせたりすることができます。

実際に購入し、使ってくれた人が最も望ましい調査対象者です。市場浸透状況調査で把握したユーザーが最適ですが、住所のバラつきが大きすぎて調査効率上問題があります。現実的な対象者の把握には、小売店が設定しているカード会員の購入データが有効です。小売店の管理部署を通して対象者の協力依頼を取り付けてから調査を行う形になります。

地域的な偏りや特定小売店の利用者であるという偏りはありますが、一般的な生活場面における自社商品や競合商品の使用状況を把握したり、商品の評価を訊いたりすることに関しては全く問題ありません。

質問項目は、商品を知った契機、購入した動機、使用実態に関する細かい質問、それまでに使用したことのある競合品との比較評価、継続使用意向などです。特に新商品の調査の場合には、開発当初のコンセプトが的外れでなかったかどうかの確認、商品特性は歓迎されているか、使用場面は想定どおりか、ターゲットが狙いどおりであったかなどがポイントです。開発当初「競合品との差別化ポイント」と考えていた点が、真に差別化ポイントであったかどうか明確になります。

図表10　**顧客満足度調査の実施要領**

実施要領	●『市場浸透状況調査』や店頭スキャンパネルによって把握された実際ユーザーを対象に調査を実施する ●「郵送調査」「電話調査」「インターネット調査」でも可能であるが、実際の使用場面で詳細を確認したい場合などは「訪問面接調査」で実施することが多い
調査項目	1．商品を知ったキッカケ 2．商品を購入した場所・購入のキッカケ・理由 3．使用TPO（いつ・だれが・どのような場面で） 4．その場面での使用方法・使用結果 5．ベネフィット（商品特性・効用）の評価 6．パッケージや容器の利便性の評価 7．ネーミングやデザインなどの評価 8．総合的な評価にもとづく継続使用意向 9．総合評価（＝商品の価値）と価格のつりあい 10．以前使用銘柄からのスイッチ理由 11．使用中止理由や他銘柄へのスイッチ理由 12．他銘柄との併用・使い分け状況や理由 13．使用場面や周縁に関する要望や商品ニーズ

【調査結果から問題点や改良のヒントが得られる】

知名契機から	知名率アップの必要性や方策のヒント
購入動機から	取扱店率アップの必要性や販促方策のヒント
使用実態から	1．使用TPOが狙いどおりであったかどうか 2．ベネフィットが狙いどおり発揮されているか 3．パッケージや容器に問題はないか 4．ネーミングやデザインなどに問題はないか 5．総合的な評価と価格がつりあっているか 6．競合品との比較により、諸問題点が明らかになる 7．継続使用意向から今後の販売動向が見える 8．新たなニーズにより商品開発課題の発見

ここから直接「商品改良アクション」に移行することもあるがさらに「商品ポジショニングチェック」を行うことが望ましい

11 ユーザー研究を深める

継続的にユーザー情報を活用し、ユーザー層に働きかけて競争優位を保つ

育成に力を入れている商品の場合には特に、初回の購入者調査の対象者を多めにとっておき、後日、さらなる追跡調査を行って図表11のようにユーザー区分を行い、長期間継続的に情報収集することが有効です。

一定期間の自社品の使用状況と競合品の使用状況によって4つのユーザー区分にしておきます。

- L…自社商品ロイヤルユーザー
- A…使い分けユーザー
- X…競合商品ロイヤルユーザー
- Y…カテゴリーのライトユーザー

自社が、当該カテゴリー市場においてリーダー的立場にある場合、これらのユーザー層から様々な情報を得ながら商品開発を展開し続けることにより、常に競争優位の状態を保つことができます。

仮に二番手にあったとしても、こうしたユーザー研究を継続しながら商品改良・開発を続けていくならば、やがてナンバーワン企業に躍り出ることさえ可能だといえましょう。

こうしたユーザー区分は、商品開発だけでなく、様々なマーケティング施策の検討にも有効です。

ロイヤルユーザーを維持し続けるためには何をすればよいのか、競合品ライトユーザーをブランドスイッチさせるにはどうしたらよいのか、各ユーザー層にはどのような販売促進策が効果的なのか、競合に切り替わってしまったユーザーを引き戻すことは可能なのか、などに関して様々な検討や実験的アプローチを行うこともできるのです。

注意すべき点は、どの企業が調査しているのかを、対象者に悟られないことです。調査機関を利用することはもちろん、調査内容にも配慮が必要です。

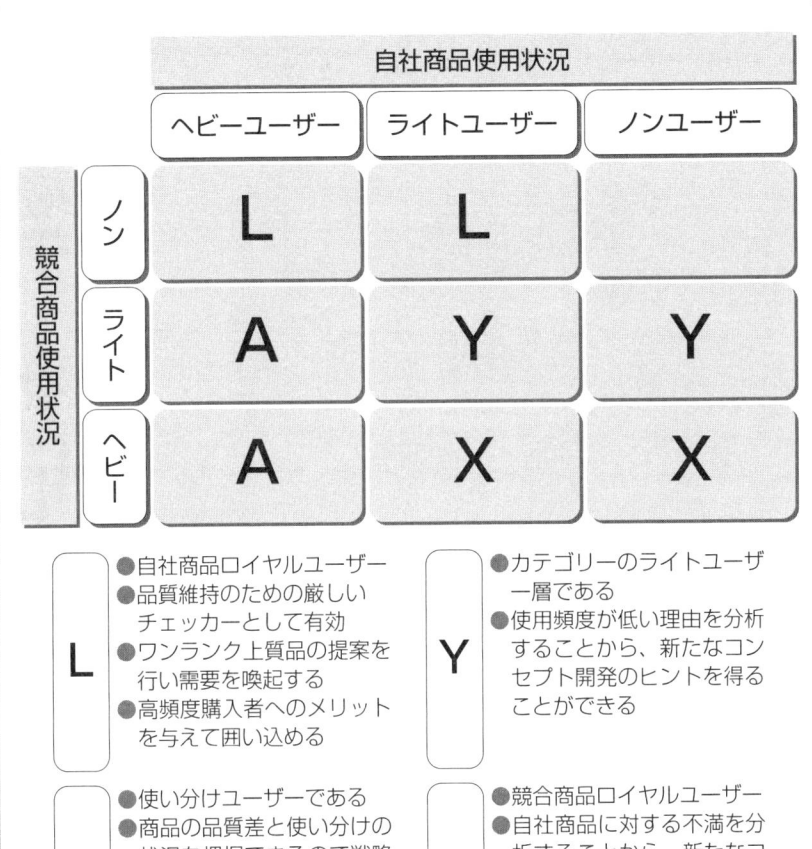

| 図表11 | ユーザー研究実施要領 |

第2章 商品開発の基本は課題抽出

		自社商品使用状況		
		ヘビーユーザー	ライトユーザー	ノンユーザー
競合商品使用状況	ノン	L	L	
	ライト	A	Y	Y
	ヘビー	A	X	X

L
- 自社商品ロイヤルユーザー
- 品質維持のための厳しいチェッカーとして有効
- ワンランク上質品の提案を行い需要を喚起する
- 高頻度購入者へのメリットを与えて囲い込める

A
- 使い分けユーザーである
- 商品の品質差と使い分けの状況を把握できるので戦略検討に有効
- ワンランク上質品の提案を行い需要を喚起する
- 用途提案・関連提案等で自社に誘引できる

Y
- カテゴリーのライトユーザー層である
- 使用頻度が低い理由を分析することから、新たなコンセプト開発のヒントを得ることができる

X
- 競合商品ロイヤルユーザー
- 自社商品に対する不満を分析することから、新たなコンセプト開発のヒントを得ることができる
- 自社品質を高め、サンプル配布で誘引の糸口を作ることができる

ユーザー各層の商品知名率・購入頻度・使用実態・不満・要望などを定期的に把握し、相応の対応策を実施することが基本

12 市場データによるポジショニング

まず、身近なデータを活用してポジショニングを行う

競合が激しい市場では、カテゴリー内における商品の相対的関係を明らかにするために様々なポジショニングマップを作成してマーケティング上の課題を検討します。

まず、各種のマーケティング指標や顧客満足度調査などから得られたデータを使って各商品の相対的な位置（強み・弱み）を明らかにすることができます。

図表12に例示したパターンは、既に見た「外部データ」や「ユーザー調査」から得られた情報を使って商品のポジショニングを行うものです。

上段のポジショニングマップにおける商品Bは、知名率が商品Cより高いのに、取扱店率は商品Cより低いという結果です。ここからは、商品Bに対する営業努力もしくは製品力に問題があるので取扱店率が高まらないのではないかという仮説が導

かれます。営業活動と製品力のチェックが必要です。

ユーザー調査結果から作ったポジショニングマップの例が下段の4つのマップです。クロスする軸を変えることで様々なマップが作成可能です。

ターゲット分布からは、商品が棲み分け状態にあるか競合状態にあるかが分かると同時に、新たな訴求や新商品導入を行う余地のあるセグメントを明らかにすることができます。

ベネフィット・シーン分布の例では、商品BにAが持つベネフィットを1つ追加するとすべての使用場面で使える商品になることが分かります。

機能・価格分布では、機能は同じなのに価格が全く違うことからブランド力の差などが推測されます。

商品満足度と継続使用意向には、はっきりと正の相関があることが分かります。

第2章 商品開発の基本は課題抽出

図表12　市場データによる各種のポジショニング

定点観測型市場データによるポジショニング

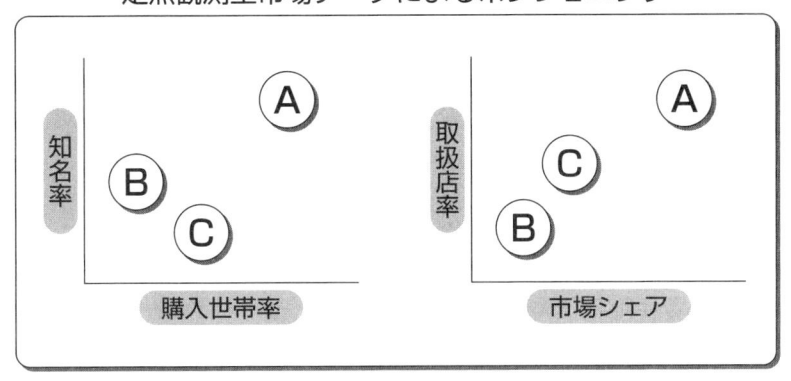

- 知名率 × 購入世帯率：A（右上）、B（中左）、C（下中）
- 取扱店率 × 市場シェア：A（右上）、C（中）、B（左下）

消費状況やユーザー使用実態によるポジショニング

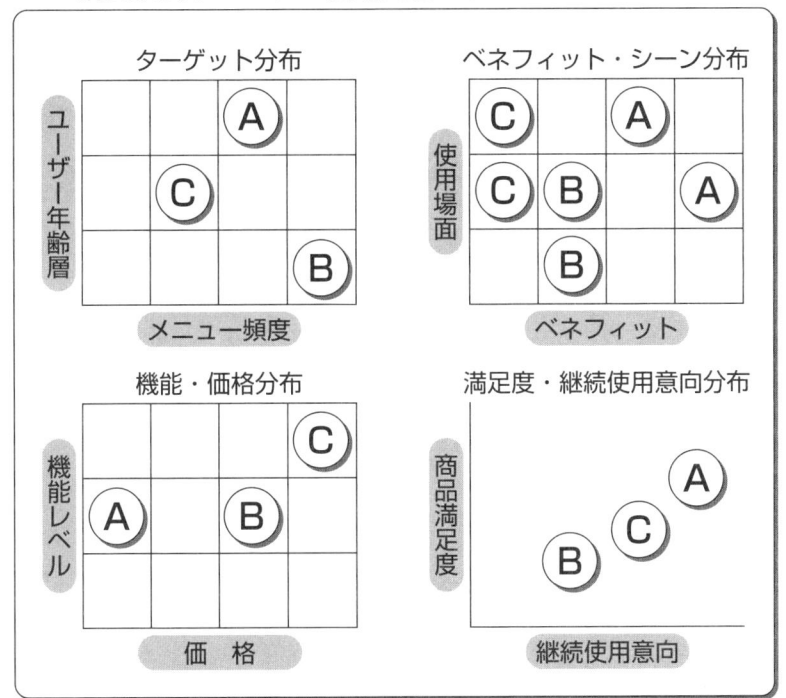

ターゲット分布
ユーザー年齢層 × メニュー頻度：A（右上）、C（中）、B（右下）

ベネフィット・シーン分布
使用場面 × ベネフィット：C（左上）、A（右上）、C（中左）、B（中）、A（右中）、B（下中）

機能・価格分布
機能レベル × 価格：C（右上）、A（左中）、B（中）

満足度・継続使用意向分布
商品満足度 × 継続使用意向：A（右上）、C（中）、B（左下）

13 ユーザーの意識によるポジショニング

改めて消費者意識調査を実施してポジショニングする

各社が消費者（生活者）志向で商品改良を展開し競争し続けた場合に、単純な切り口ではどの商品も同じようなポジションになってしまうことがあります。また、なぜその商品に人気が集中するのか、単純な理由では説明できないことがあります。

そのような場合、ユーザーの意識や態度を細かく調べ、因子分析や主成分分析などの多変量解析を用いてポジショニングを行うことができます。

この調査のポイントの1つは質問項目の作成であり、実施を依頼する調査機関との協働作業になります。

まず、商品開発段階で行った定性調査（グループインタビューなど）の、なるべく元データに近いものを読み直し、消費者の「意識」や「態度」に関連するイメージ用語を抽出します。次に、それをベースにしてその商品やカテゴリーを表現する短文を作ります。

対象者には、その短文が表す内容に対する同意・不同意を（そう思う・そう思わない）の5段階尺度など で測ります。結果を解析する手法と質問形式が連動していますので、実施の都度確認する必要があります。

結果として析出された因子は、いくつかの反応の強い質問項目との相関で示されます。分析者は、調査機関と協働で因子に名前をつけます。この因子名は、その後の諸検討で使われることになるので、誤解を受けにくい分かりやすい表現にします。

図表13では、数種の食品が健康志向因子とグルメ志向因子のクロスで示されています。商品Aはイメージ的に健康志向とグルメ志向が両立しているということを意味します。自社商品がCであり、商品Aがトップシェアであったならば、どうすればCをAに近づけることができるかを検討することになります。

40

図表13　複雑な意識・態度を単純化してポジショニング

質問と評価尺度の例　〈全商品に同じ質問を行う〉

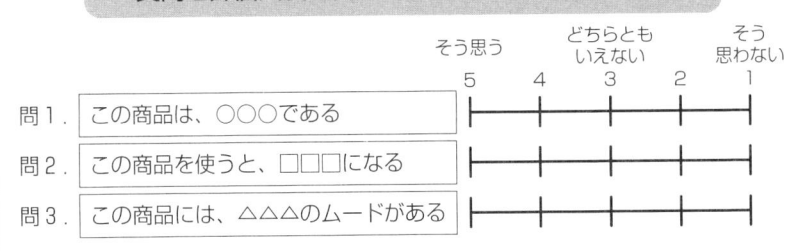

	そう思う		どちらともいえない		そう思わない
	5	4	3	2	1

問1．この商品は、○○○である

問2．この商品を使うと、□□□になる

問3．この商品には、△△△のムードがある

- 質問項目は、当該商品に関するユーザー・グループインタビューなどの定性調査で出てきたイメージ用語をもとに商品企画担当者が充実させる

- 質問項目は、数十にも及ぶことがあるが、因子分析や主成分分析・数量化理論などの多変量解析手法により最終的には3〜5個の説明軸に集約できる

消費者（ユーザー）の意識によるポジショニング・マップ

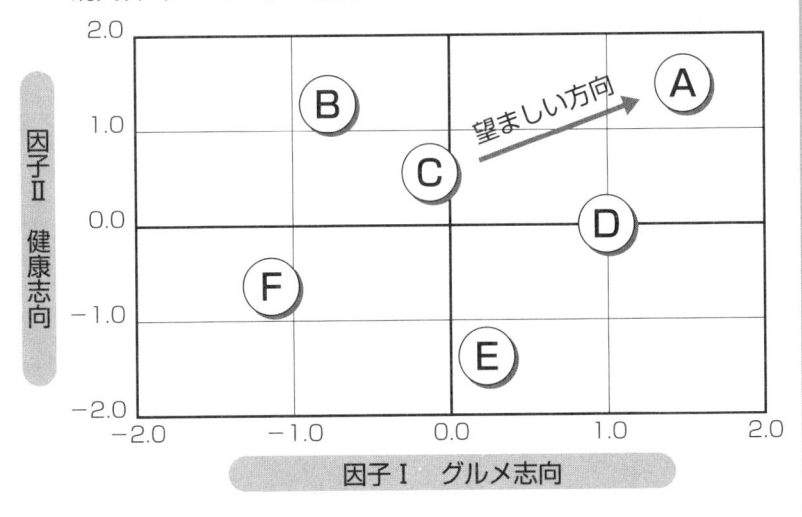

縦軸：因子Ⅱ　健康志向
横軸：因子Ⅰ　グルメ志向

- A：右上（グルメ志向＋、健康志向＋）
- B：左上
- C：中央やや上
- D：右、健康志向0付近
- E：下、グルメ志向やや＋
- F：左下

望ましい方向：右上（Aの方向）

第2章　商品開発の基本は課題抽出

14 生活価値分析によるポジショニング

消費者が感じている商品の価値を複合的に捉えることができる

コンシューマーインサイトの一手法（第4章で説明）から作成される「生活価値マップ」上に既存商品をポジショニングする分析方法があります。

図表14は、「食事とその準備」に関する主婦の態度や意識を分析・洞察した結果から作成された「生活価値マップ」の一部分を取り出したものです。

- 調理が簡単にできる価値
- 申し訳が立つ価値
- 食の満足が得られる価値

という3つの大項目の中に、その詳細としてのいくつかの価値が組み込まれた形になっています。

あるカテゴリーの商品A～F6品の特性を主婦の視点で評価してもらい、該当する価値項目に商品名を書きこむというポジショニング作業を行っています。

全体的に見て、このカテゴリーの商品には、簡単に調理できるものは多いが、食の満足が得られる商品や栄養バランスのよいものが少ないことが分かります。

単品で見た場合、Aという商品は、「調理の手間がかからず」「手作り風に仕上がり」「本格的な味を家庭で楽しめる」という、主婦にとっては非常に頼もしい商品であり、Eという商品は、「手作り風に仕上がり」「こだわりの味を家庭で楽しめる」が、調理は簡単ではない、Fという商品は、「誰にでも調理できる」が、この表の範囲では、他に目立った価値がありません。

自社商品に対して消費者がどのような価値を認めているかが明確になり、開発時の狙いどおりになっているか、競合商品との比較で優位に立っているかどうかなどが診断できます。明確な差別化ができているかどうかが診断できます。

また、空白になっている価値に焦点を当てることで、新商品のコンセプト発想を行うこともできます。

図表14　生活価値マップへのポジショニング

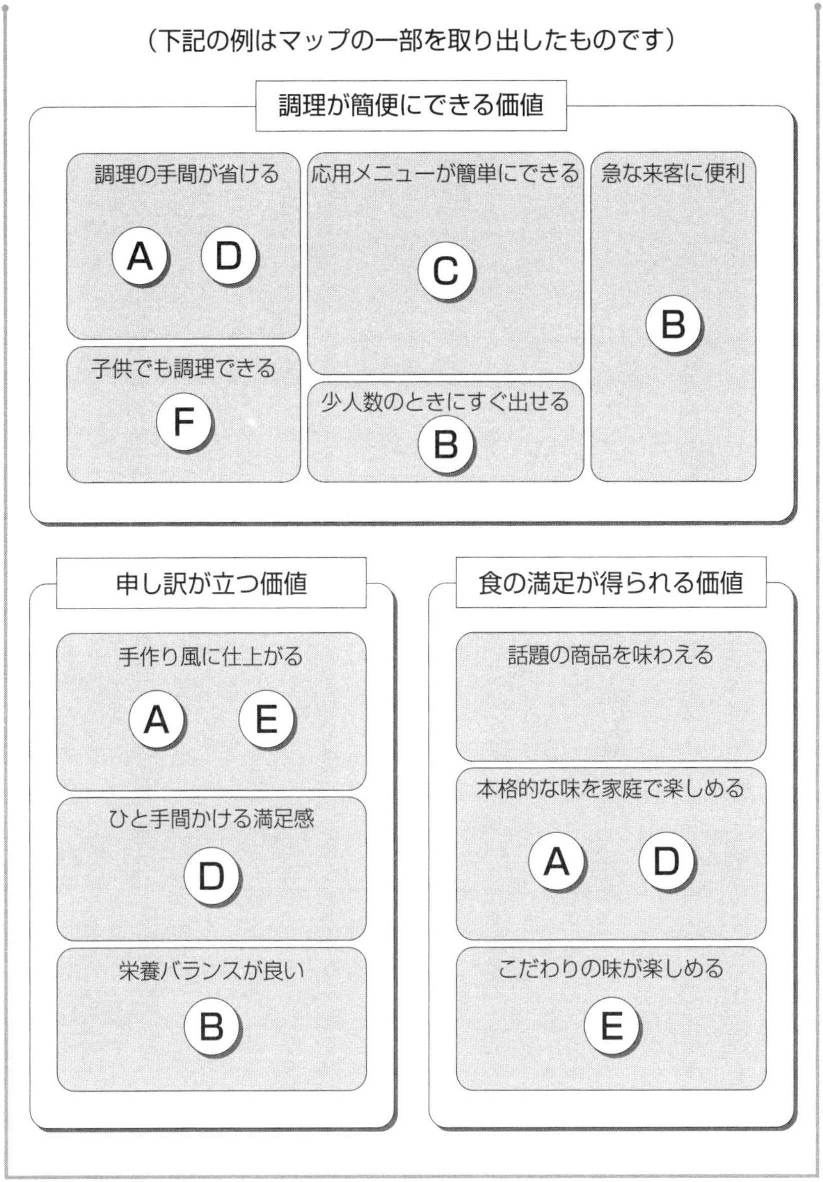

（下記の例はマップの一部を取り出したものです）

調理が簡便にできる価値

- 調理の手間が省ける　A　D
- 応用メニューが簡単にできる　C
- 急な来客に便利　B
- 子供でも調理できる　F
- 少人数のときにすぐ出せる　B

申し訳が立つ価値

- 手作り風に仕上がる　A　E
- ひと手間かける満足感　D
- 栄養バランスが良い　B

食の満足が得られる価値

- 話題の商品を味わえる
- 本格的な味を家庭で楽しめる　A　D
- こだわりの味が楽しめる　E

第2章　商品開発の基本は課題抽出

15 SWOT分析視点の重要性

単独の分析ではなく、各分析の中にこの視点を組み込んで検討する姿勢が必要

マーケティング戦略を検討・策定するには、自社が関与する業界・市場にどのような競争要因が働いているかを知る必要があります。その中で自社にどのような「強み」と「弱み」があるかを分析し、戦略を明らかにしていく方法がSWOT分析の考え方です。

具体的には、競争要因ごとに、どのような機会と脅威があるかを明らかにします。続けて、その競争要因ごとの自社の強みと弱みは何かを考えていきます。

① 市場の機会を自社の強みで取り込むには、どうすればよいのかを検討

② 自社の強みで市場の脅威を回避できないか、逆に自社の強みで脅威を機会として吸収できないかの検討

③ 市場の機会を、自社の弱みで取り逃がさないためには何が必要かの検討

④ 自社の弱みが市場の脅威と重なって最悪の事態を招かないようにするにはどうするかの検討

以上4つの視点で、攻めと守りの戦略を検討します。

この分析を、商品開発の課題検討に使う場合は、市場環境にフォーカスして、直接商品に関連する生活トレンドの変化・消費者意識の変化・新規メーカーの参入・原料価格の変化・流通チャネルの変化・様々な規制の緩和などの局面で行います。

しかし、この分析を単独で実施するよりも、これまでに見てきた様々な市場研究・ユーザー研究・商品ポジショニングのプロセスに、この考え方を「検討の視点」として常に絡ませて実施することが最も有効だといえます。そうすることによって、自社商品と競合商品が分析ステージに出現するたびに、自社の強みと弱みを検討する形になるからです。

第2章 商品開発の基本は課題抽出

図表15　**SWOT分析による検討**

	市場環境の分析結果	
	機会 (opportunity)	脅威 (threat)
自社の強み・弱み　強み (strength)	市場の機会を自社の強みで取り込むには、どうすればよいのかを検討する	自社の強みで市場の脅威を回避できないか、逆に脅威を機会として吸収できないかを検討する
弱み (weakness)	市場の機会を自社の弱みで取り逃がさないためには何が必要かを検討する	自社の弱みが市場の脅威と重なって最悪の事態を招かないようにするにはどうするかを検討する

≪検討の手順≫

1．市場環境の分析を行う
　　内外の経済状況・規制緩和などの法的状況・競合他社状況・新規参入の可能性・原料や部品の供給状況・流通チャネルの状況・生活トレンドの変化・消費者の購入意識の変化や代替品の出現　etc

2．自社の「強み」「弱み」を洗い出す
　　ブランド力・商品力・販売促進力・流通チャネル網・開発力・技術力・調達力・生産力・設備力・人材力・資金力　etc

3．上記4つのセルのそれぞれの戦略を検討する

　※この分析視点を、すべての市場研究・ユーザー研究・商品ポジショニングの検討プロセスに絡ませて行う姿勢が重要

16 PPMによるポジショニング

現状の整理に有効な方法であるが、短絡的な意思決定は避けたい

市場には必ず需要の限界があるため、新商品を開発し導入する一方で商品スクラップ（場合によっては事業のスクラップもある）をしなければなりません。そのための状況判断にはPPM分析が有効です。

一般的には、図表16のように既存商品や事業を4セル（軸は2区分）または9セル（軸は3区分）にプロットして検討します。ここで「負け犬」が淘汰の候補になるわけですが、このポジショニングから正しい意思決定をするためにはいくつかの注意が必要です。

① 分析時に市場動向予測をしっかり行わなければなりません。自社や他社の今後のアクションを仮定して、市場（ユーザーと流通）がどう反応するかシミュレーションを行い、自社に有利な状況作りを目指さねばならないということです。

② 「負け犬」だからといって不用意に撤退してしま
った場合、自社の将来の戦略上重要な役割を果たすことになるかもしれない基幹技術や設備を失ってしまう場合があります。コアコンピタンス分析をからめて充分な検討をする必要があります。

③ また、自社商品のマトリックスからは、新たな成長の機会となる商品やカテゴリーの方向性は見えてこないという点に注意しなければなりません。すなわち、現状の整理には有効であっても未来の方向づけには適さないということです。

④ 特に、手の打ち方によっては「花形」になる可能性のある「問題児」に関する戦略検討は、より広い視野での検討を行う必要があります。商品改良や差別化の検討に走る前に、それまでに実施してきたマーケティング活動の分析・総括をしっかり行わなければなりません。

図表16　PPM分析による検討

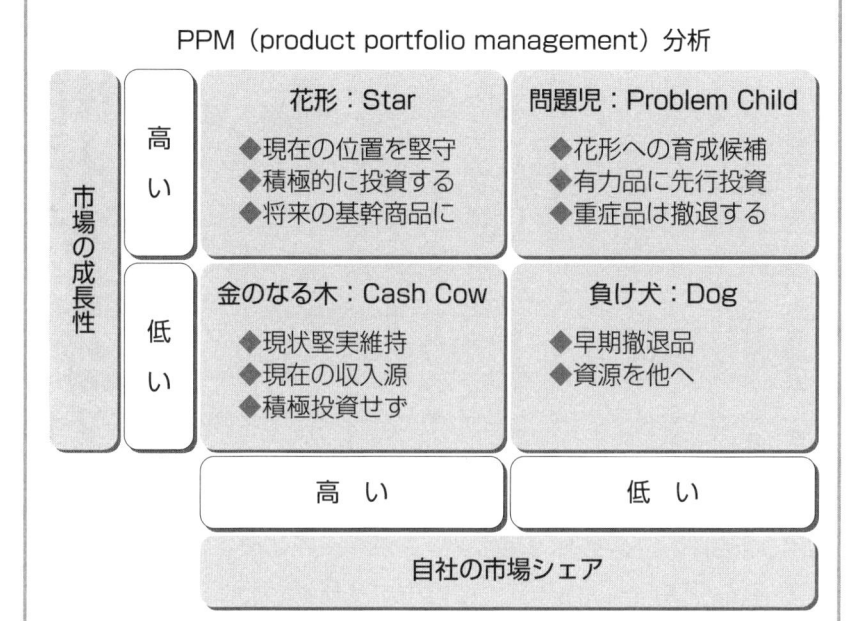

PPM（product portfolio management）分析

	高い（市場の成長性）	
	花形：Star ◆現在の位置を堅守 ◆積極的に投資する ◆将来の基幹商品に	**問題児：Problem Child** ◆花形への育成候補 ◆有力品に先行投資 ◆重症品は撤退する
	金のなる木：Cash Cow ◆現状堅実維持 ◆現在の収入源 ◆積極投資せず	**負け犬：Dog** ◆早期撤退品 ◆資源を他へ
	高い	低い

市場の成長性（縦軸：高い／低い）
自社の市場シェア（横軸：高い／低い）

≪PPM分析実施上の注意点≫

1. 企業は、継続的に新事業および新商品を開発し育成していくものであるから、各セルに位置づけられる事業や商品はそれぞれ過去の来歴や今後の可能性を持っている。したがって、それぞれがどのようなライフサイクルにあるかという視点を重ねて見なければならない。

2. 各事業や商品に関して、個別の市場環境や自社の強みや弱みが必ずあるので、SWOT分析視点を重ねて行わなければならない。

3. 1と2を総合した視点に他ならないが、自社のコアコンピタンスがどこにあるかを見極めておかなければならない。分析の結果として「負け犬事業」から撤退してしまったところ、長期的な戦略において重要な役割を果たす基幹技術が失われてしまったなどという最悪の事態もありうるから。

17 商品ライフサイクルによるポジショニング
各ステージを先取りして対策を考えておく

これまでに見た様々な角度からの商品ポジショニングは、ある時点において市場に広がっている商品を、市場の客観データや消費者意識などによって位置づけ、分析整理して競争優位な状況を作り出すための方策でしたが、市場の成長・成熟という時間軸での対応の変化も合わせて考えておく必要があります。

① 「導入期」「成長前期」には先行者利益を享受するため、積極的に広告宣伝を展開し、商品知名率・取扱店率を高め、同時に販売促進を展開しトライアルユーザーを広める必要があります。もたもたしていると成長が遅れ、他社の早期参入を招くことになります。

② 「成長後期」には一般的に他社の参入があるので、差別的優位性を強調しながら、販売戦略・戦術面でもすばやく対応し、戦いながらシェアを維持拡大することになります。成熟期に入る前に可能な限りシェアを高めておくことが有利です。

③ 「成熟期」には、多様なユーザーニーズに対応したり、潜在ニーズを刺激するための新商品導入をしたりして需要を喚起しなければなりません。

この段階では、革新的な改良を加えた新商品で再び成長ステージを目指す姿勢も大切です。

新商品を導入した直後から「商品改良課題」が発生すると覚悟しておかなければなりません。トライアルユーザーから思わぬ問題指摘を受けたり、チャネル拡大対応のための課題が出たりするからです。

こうした走りながらの課題解決は、臨機応変・敏捷に対応しなければならないので、事業部内で対応できるようにしておき、大幅な革新課題が発生したときに再びプロジェクトチームを編成するのが一般的です。

| 図表17 | 商品ライフサイクルによる検討 |

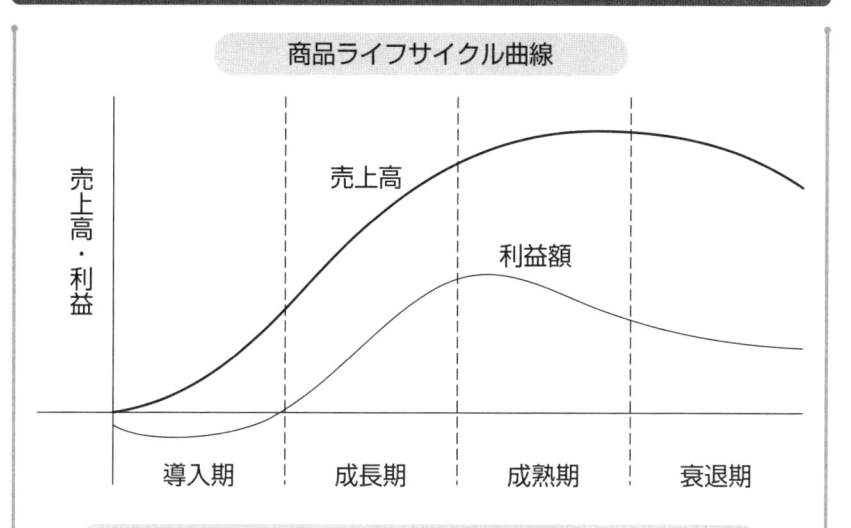

商品ライフサイクル曲線

縦軸：売上高・利益／グラフ上の曲線：売上高、利益額
横軸：導入期／成長期／成熟期／衰退期

どの位置にあるかによって商品改良・開発テーマが変わる

【導入期】トライアルユーザーが当初の想定ターゲットとずれてないことを確認し、彼らの評価を踏まえながら、商品の微調整を行う。

【成長期】新たな企業の参入があるので、競合商品を意識した品質改良（特性付加、グレードアップ）、アイテム追加などが必要となる。可能な限り新しいセグメントやチャネルに参入するための商品開発も行う。

【成熟期】競争が一層熾烈になるため、消費者層を引きつけるためには、品質向上や商品特性の差別化において、明確な機能拡充や利便性拡大などが不可欠となる。大幅なモデルチェンジや新スタイルの導入で、消費者に新たな刺激を与える必要もある。

【衰退期】この段階では多くの企業が市場から撤退する。残った企業も、商品のアイテム数を減らし、健全な商品に集中した効率のよいマーケティングを展開するよう努力する。商品開発においては既存市場の周辺ニーズに新たな市場形成の可能性を探索したり、新アイデアを商品化するための研究開発に注力する。

18 新規参入するときの検討ポイント

固定観念に捉われずに参入のキッカケを探す

新規参入という場合、同一事業部門内の新規カテゴリーに参入する場合（経営戦略第2の柱）と、新規事業を起こす場合（経営戦略第3の柱）とがあります。

検討のプロセスはいずれも同様であり、検討のポイントは、自社の力によって、市場環境・消費者状況のどの部分に切り込む余地があるかを見極めることです。

まず、自社の力を把握するためには、経営資源の棚卸しを行わなければなりません。過去の事業展開やマーケティングアクションを総括し、生産設備や流通システムなどの有形資産から、新商品企画力やブランド力などの無形資産までを明らかにします。

次に行うことは、市場環境分析です。これには、社会動向・経済動向・技術動向・生活トレンドなどに代表されるマクロ環境分析と、参入しようとしている業界に関する細かな状況分析との2つが必要です。

このプロセスにおける分析者の注意点は、いかに固定観念・既成概念に捉われずに、情報を集められるか、情報を読み込めるかという点です。なぜならば、市場への新規参入のキッカケを見つけるということは、現状を打破するポイントを発見することに他ならないからです。

新規参入のキッカケを見つけるために最も重要な検討作業は、市場を構成する消費者（生活者）の分析です。先に述べた市場浸透状況調査や顧客満足度調査（ユーザー調査）を行い、既存商品の不満点を把握したり、未充足ニーズを発見したりすることが狙いです。

既存商品に関する不満点が発見できれば、それを改良することにより差別化することができます。また、未充足ニーズを発見できれば、それを充足する商品を開発することで隙間参入できるわけです。

50

| 図表 18 | 参入戦略の検討フロー |

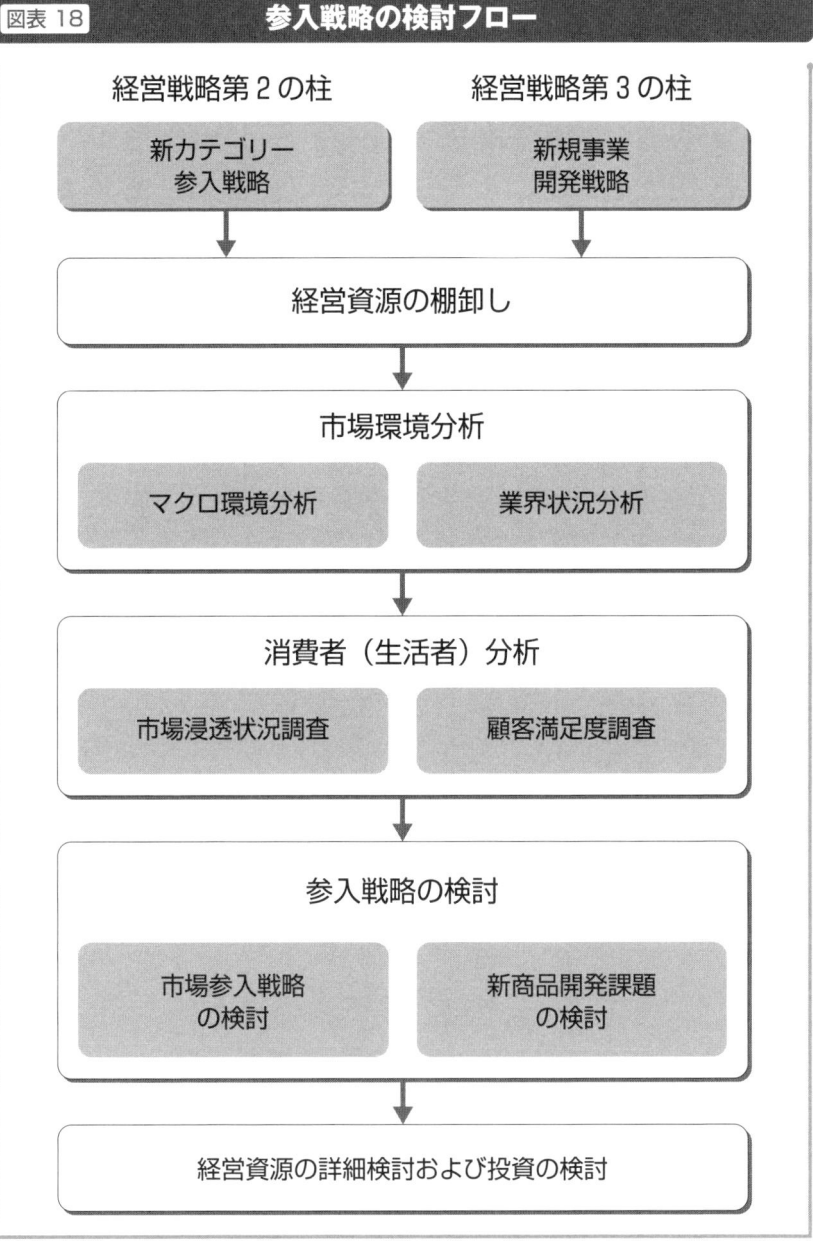

```
経営戦略第2の柱            経営戦略第3の柱
┌──────────┐          ┌──────────┐
│ 新カテゴリー   │          │  新規事業    │
│  参入戦略     │          │  開発戦略    │
└─────┬────┘          └─────┬────┘
      │                        │
      └───────────┬────────────┘
                  ▼
     ┌────────────────────────────┐
     │       経営資源の棚卸し        │
     └──────────────┬─────────────┘
                    ▼
     ┌────────────────────────────┐
     │         市場環境分析          │
     │  ┌──────────┐  ┌──────────┐ │
     │  │ マクロ環境分析│  │ 業界状況分析 │ │
     │  └──────────┘  └──────────┘ │
     └──────────────┬─────────────┘
                    ▼
     ┌────────────────────────────┐
     │       消費者（生活者）分析      │
     │  ┌──────────┐  ┌──────────┐ │
     │  │市場浸透状況調査│  │顧客満足度調査│ │
     │  └──────────┘  └──────────┘ │
     └──────────────┬─────────────┘
                    ▼
     ┌────────────────────────────┐
     │        参入戦略の検討         │
     │  ┌──────────┐  ┌──────────┐ │
     │  │ 市場参入戦略 │  │新商品開発課題│ │
     │  │   の検討    │  │  の検討    │ │
     │  └──────────┘  └──────────┘ │
     └──────────────┬─────────────┘
                    ▼
     ┌────────────────────────────┐
     │ 経営資源の詳細検討および投資の検討 │
     └────────────────────────────┘
```

第2章 商品開発の基本は課題抽出

19 経営資源の棚卸しポイント

経営資源をベースに競争優位を構築する

新規参入のための戦略構築を行うには、経営資源の棚卸しと市場環境分析（消費者分析を含む）を行わなければなりませんが、その実施順序に関しては、どちらを先にするか2通りの考え方があります。

参入を狙っている事業・カテゴリーに関連した市場環境分析を先に行い、参入戦略・商品開発の方向性を設定してから自社の経営資源の棚卸しを行うならば、ポイントを決めた棚卸しができて効率的です。これは、競争優位の源泉は市場環境（外部）にあると考える立場のアプローチです。

一方、競争優位の源泉は企業内にあるとする（コアコンピタンス重視の）立場では、経営資源の棚卸しを重視し、先に実施するという形をとります。市場にあるチャンスをものにするために、自社の経営資源が不足している場合、それを外部から取り入れ

なければならないことになります。それを繰り返していくと、どうしても企業はいびつに肥大してしまいます。

基本的に、小ヒット狙いで企業を安定的に成長させることを重視する筆者の立場では、経営資源の棚卸しを先に行う後者のアプローチを基本とします。そうすることにより、常に経営資源全般のバランスを把握したうえでの戦略展開が可能になるからです。

もちろん、大きなチャンスが明確な場合、不足している経営資源を入手して積極的参入をするという選択を全くしないということではありませんが、時と場合によるということです。

実務的には図表19に示したように、商品開発力・マーケティング力・生産力・流通力・管理力などの区分で、大区分・中区分・詳細項目の順に行います。

52

第2章 商品開発の基本は課題抽出

図表19　経営資源の棚卸し項目

マーケティング力

既存商品力
- 商品知名率
- 使用経験率
- 現在使用率
- ロイヤルティー
- 生産コスト
- 他社比較の強弱

営業力
- 営業マンの人数
- 営業マンの資質
- 1人あたり売上高
- 1人あたり利益高
- 他社比較の強弱

販売促進力
- 対売上高費用率
- 懸賞応募件数・率
- キャンペーン企画力
- プロモーション企画力
- 他社比較の強弱

宣伝力
- 対売上高費用率
- 商品知名率
- ブランド知名率
- 社名知名率
- 広告宣伝企画力
- 他社比較の強弱

ブランド力
- ブランド知名率
- 使用経験率
- 現在使用率
- ロイヤルティー
- 他社比較の強弱

商品開発力

新商品開発力
- 過去3年間の新商品の売上・利益貢献度
- 他社比較の強弱

商品開発体制
- 開発環境
- 開発人数
- 開発予算
- 他社比較の強弱

基礎研究力

応用研究力

流通力

販売チャネル網
- エリア別カバー状況
- チャネル別カバー率
- 他社比較の強弱

配荷力
- デポ数・配送車台数
- 問屋ネットワーク

食品の場合
- 常温・チルド・冷凍温度帯カバー率

- 他社比較の強弱

生産力

原料調達力

生産力
- 生産品目
- 生産力
- 稼働率
- 他社比較の強弱

工場・設備力

製造技術力

生産管理技術力

品質管理技術力

管理力　他

情報管理力
- 販売情報ネットワーク
- 物流情報ネットワーク
- 生産情報ネットワーク
- 原料調達ネットワーク
- 顧客情報ネットワーク

人材調達育成力

資金力
- 財務諸表
- キャッシュフロー
- 他社比較の強弱

20 マクロ環境分析のポイント

全体をマクロに押さえ、ポイントはミクロまで掘り下げる

企業経営に関するマクロ環境分析は、毎年一定の時期に、例えば年度計画を策定するための事前作業、中期計画のローテーションを検討するための事前作業として行われるのが一般的です。図表20に示すように、定期的に発信される情報源を押さえておくことでかなりの情報が入手できます。

マクロ環境情報を毎年定期的に把握・分析することには2つの狙いがあります。1つはトレンドやサイクル的な変動を捉えること、もう1つは、そうした緩やかな流れの中に突然現れる特異な変化の芽を捉えることです。そうした流れや変化に適切に対処することがビジネスチャンスになるのです。

新規事業や新カテゴリーへの参入を検討するときには、狙いとする事業やカテゴリーに関連する項目についてさらに情報源を広げ、重点的に収集し、洞察を加えることが必要になります。

特に、モノを作るメーカーにとっては、関連する技術動向や消費者動向に関する情報について深く掘り下げた収集・分析・洞察・予測が必要になります。

多様化する消費者の価値観やニーズをビジネスチャンスにしていくためには、それらを明らかにする調査や研究が必要であると同時に、それに応える商品を開発するための幅広い技術情報（周辺異分野まで必要）を把握していなければならないからです。

現在では、技術情報調査や消費者研究を実施する部署や担当者を常設している企業も少なくありません。消費者研究部署では近年、特に商品開発に関するアプローチとして、コンシューマーインサイトという考え方が重視されています。本書でもその具体的方法に関して後述します。

図表20　マクロ環境分析項目

有効な情報源を確保し、定期的に状況チェックを行う

≪情報源≫

分類	項目	情報源
社会動向	●各産業に関わる法律改正・規制緩和 ●人口動態：少子高齢化の進展 ●世帯構成の変化：世帯人数の減少 ●女性の社会進出 ●雇用形態の変化・就業実態	●審議中の法律に関しては衆議院のホームページ ●総務省統計局のホームページ掲載の諸情報から人口動態や就業状況 ●各種シンクタンクの情報
経済動向	●金融・財政政策：不良債権処理 ●経済成長・景気循環：長期低成長 ●貿易自由化・為替変動状況 ●国家予算・地方自治体予算の状況 ●グローバリゼーションの進行 ●情報化社会の進展	●日々の新聞や雑誌の記事 ●経済産業省のホームページ掲載の諸情報から ●各種シンクタンクの情報 ●海外の諸情報はJETROのホームページから
産業動向	●農林水産業　●製造業 ●流通業　●情報通信業 ●エネルギー産業　●金融業 ●医療福祉　●各種サービス	●日々の新聞や雑誌の記事 ●各業界の専門新聞や雑誌または関連ホームページ ●各種シンクタンクの情報
技術動向	●IT関連技術の進展 ●バイオ関連技術の進展 ●医薬・医療関連技術の進展 ●環境保護関連技術の進展 ●各種産業関連技術の進展	●学会・大学などの定期刊行物に掲載された諸論文 ●業界技術情報誌の記事 ●インターネットによる特許広報や出願状況分析からの技術動向情報
消費者トレンド意識	●健康志向　●自然志向 ●簡便性志向　●快適志向 ●安全性志向　●シンプル志向 ●癒し志向　●潤い志向 ●モノよりコト志向　●24時間志向 ●ブランド志向　●高級志向 ●低価格志向　●エコロジー志向	●広告会社の発表する各種レポート ●NHK生活時間調査 ●各種調査会社の動向調査やシンクタンクの情報 ●新聞や雑誌、業界誌などの特集記事や連載記事

第2章　商品開発の基本は課題抽出

21 業界状況分析のポイント

チャレンジ参入でもニッチ参入でも、業界を知り尽くさなければ参入成功は難しい

新カテゴリーや新規事業への参入には、当該業界の様々な利害関係集団の影響を大きく受けます。業界状況分析の対象は、自社を取り巻く供給者・競合他社・仲介者・顧客となります。

分析は、図表21に示す9つの視点に関して、様々な2次情報を収集することから始め、冷静な分析・洞察にもとづき近未来の予測を行います。自社が参入した場合の状況の変化まで予測を試みます。

ポイントは、それらの分析・洞察の中から、自社の参入の切り口＝戦略的攻略の糸口を発見するまで、あらゆる角度から粘り強く検討を続けることです。

最も直接的な利害関係者は、競合他社です。新規参入の自社が他社より優位な戦いを展開するためには、競合他社以上に顧客や仲介者を満足させなければなりません。そのためには、競合他社のこれまでの商品展開や戦略展開を充分研究し、それに負けない商品や戦略を企画・開発しなければならないのです。

特に、競合他社と同一ターゲットに対し同一カテゴリーで真正面からぶつかるチャレンジ参入の場合、競争優位を確保するのは並大抵ではありません。そのための方策としては、商品力において明確な差別化を確保するか、同レベルの商品を決定的にローコストで生産し、販売戦略展開で明確な差をつけるか、大きく2つに分かれます。

もう1つの方法は、ニッチ参入戦略です。主要な競合他社が無視してしまうような市場の隙間（ニッチ）に特化・専門化して直接対決を回避する方法です。この場合は、業界市場のどこに自社が特化できる隙間があるのかを徹底研究しなければなりません。いずれにしても周到な戦略構築が不可欠です。

第2章 商品開発の基本は課題抽出

図表21　業界状況分析の視点

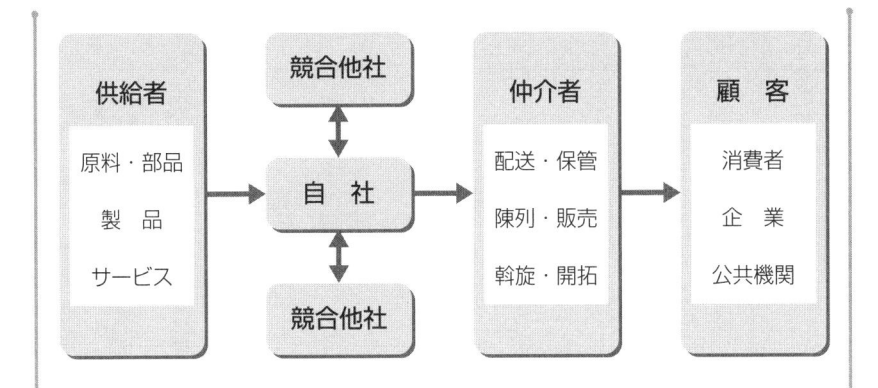

```
                    競合他社
                      ↑↓
供給者    →    自　社    →    仲介者    →    顧　客
原料・部品                    配送・保管      消費者
製　品                        陳列・販売      企　業
サービス                      斡旋・開拓      公共機関
                      ↑↓
                    競合他社
```

1. 売上高規模の時系列推移、今後の動向推計
2. 売上げの増加・減少の外的・内的要因、トピックス
3. 参入企業・撤退企業の状況、今後の予測
4. 企業別売上高・シェアの推移、今後の予測
5. 主要商品の売上高・シェアの推移、今後の予測
6. ヒット商品の出現状況、主要商品の撤退状況
7. 供給者の状況・トピックス、今後の動向予測
8. 仲介者の状況・トピックス、今後の動向予測
9. 主要顧客層の状況・トピックス、今後の動向予測

「チャレンジ参入」と「ニッチ参入」

```
            「競争」か「棲み分け」か
              ↓              ↓
チャレンジャー  競　争        棲み分け   ニッチャー
（フォロワー）
         ↓         ↓
    低コスト生産   差別化
```

22 4つの視点から市場参入の可能性を探索する

競争戦略をとるか棲み分け戦略をとるか、しっかりと見定める

市場参入のための「攻略の糸口」や「隙間」の探索は、4つの視点から行います。

① 商品戦略の視点

競合品が、消費者のどの層を対象に（ターゲット）、どのような生活場面（シーン）を想定し、どのような商品特性（ベネフィット）を提供しているかを明らかにします。競合品のターゲットが、その商品に充分満足していない場合や、未充足のニーズを発見できた場合には、それらが競争優位のための差別化ポイントとなります。競合品とは別の層に焦点を当てて新たなニーズを発見できれば、それを充足する商品を開発してニッチ参入の選択ができます。

② 供給戦略の視点

競合品の商品供給状況をみて、空白チャネルや空白エリアがあったとき、そこに自社の強み（生産能力や配送能力）があった場合は同レベル商品で参入が可能です。チャネルやエリアでの棲み分けです。

③ コミュニケーション戦略の視点

競合品の媒体展開や広告投入量に弱点がある場合、自社がそれを上回る展開を行うことで、同レベル商品での市場参入が可能です。しかし、その ためには充分な費用の捻出が必要とされ、結局、その「低コスト生産」が条件となります。

④ プロモーション戦略の視点

販売促進に関する諸施策の実施状況においても、自社が競合他社を上回る展開をすることができるならば市場参入は可能です。この場合も、「低コスト生産」が条件となります。

図表22　攻略の糸口を検索し参入プランを構築

商品戦略の視点	供給戦略の視点	コミュニケーション戦略の視点	プロモーション戦略の視点
ターゲット	販売エリア	広告投入量	チラシ投入 値引き販売
ベネフィット	販売チャネル	訴求内容	関連商品 陳列販売
シーン	生産能力	媒体展開	サンプル配布
未充足ニーズ	配送能力	パブリシティ 広報活動	プレミアム キャンペーン

戦略の見定め

- 競争
  - 低コスト生産
    - 価格差優位
    - コミュニケーション優位
    - プロモーション優位
    - 供給力優位
  - 差別化
    - ベネフィット
    - シーン
    - コミュニケーション
    - プロモーション
- 棲み分け
  - エリア
  - チャネル
  - ターゲット
  - グレード

第2章　商品開発の基本は課題抽出

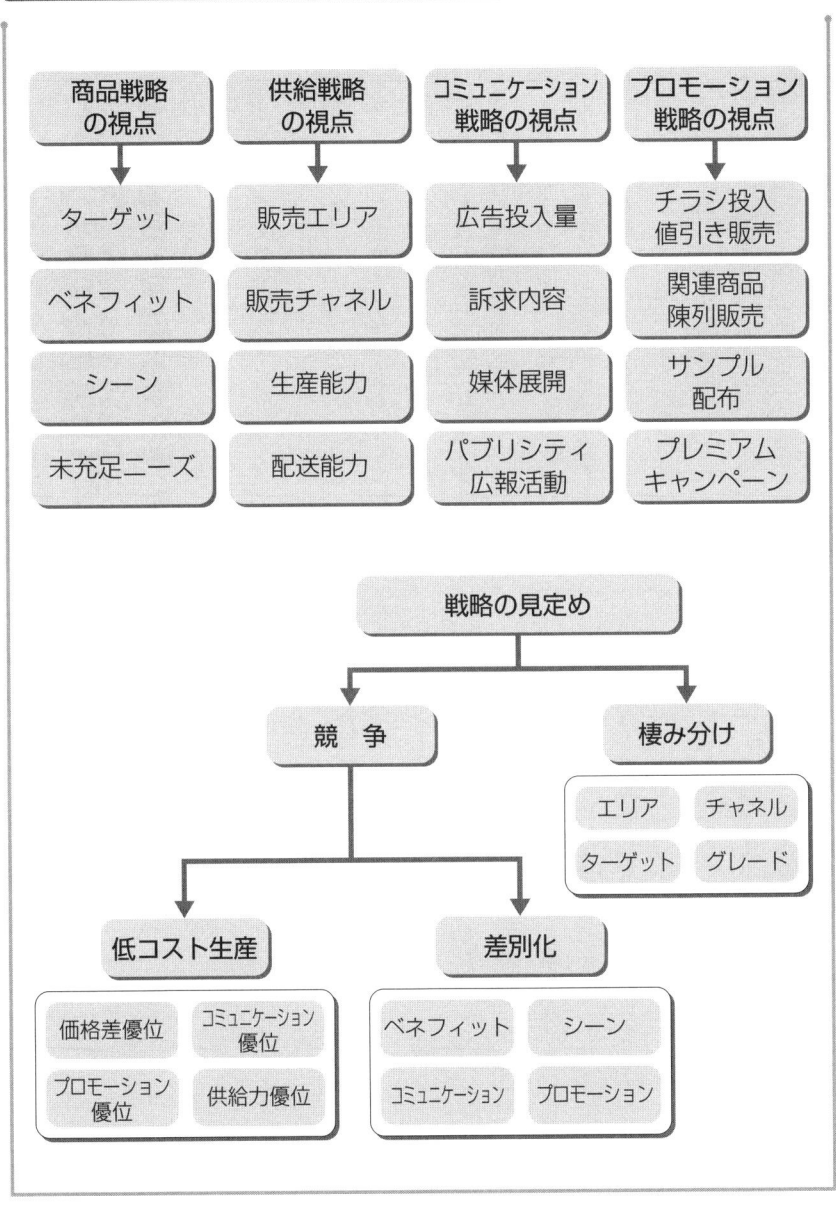

23 商品開発課題は6つに整理できる

課題を整理し優先順位を決め、効率的な商品開発を推進する

既存カテゴリー競争戦略の検討過程から出てくる商品開発課題は、以下の3つです。

① 既存商品のコストダウン

ストレートに利幅を増やす狙いもありますが、主な狙いとしては、市場での激しいシェア争いに勝ち抜くための諸経費（宣伝費・販促費）を生み出すことです。競争優位の基本条件です。

② 差別化のための改良・革新

自社商品をより魅力的なものに改良・革新し、シェア競争が優位に展開できるようにします。競合他社品に追いつかれてシェア減少の危機に落ち入らぬために、不断の改良姿勢が必要とされます。

③ 浮上した新ニーズの商品化

既存カテゴリーのユーザー研究から、既存品の改良では間に合わない新しいニーズの商品化が求められることがあります。絶好のチャンスです。

新カテゴリーに関しても発生しますが、主として、新カテゴリー参入や新規事業参入時に多く発生する課題としては以下の3つです。

④ 技術シーズの商品化

⑤ 保有資源活用のための商品開発

消費者に対する「新たな提案」をする形であるため、商品特性の検討と消費者受容性の確認は慎重に行わなければなりません。

⑥ 斬新なアイデアの商品化

「あったらすごい」アイデアを商品化する新価値創造型（夢はあるが難易度は高い）課題です。ベンチマーク対象がある場合とない場合、また実現難易度も様々です。優先順位づけと取り組み体制の全社的オーソライズをすることが成功の鍵です。

第2章 商品開発の基本は課題抽出

図表23　課題は6つのパターンに整理される

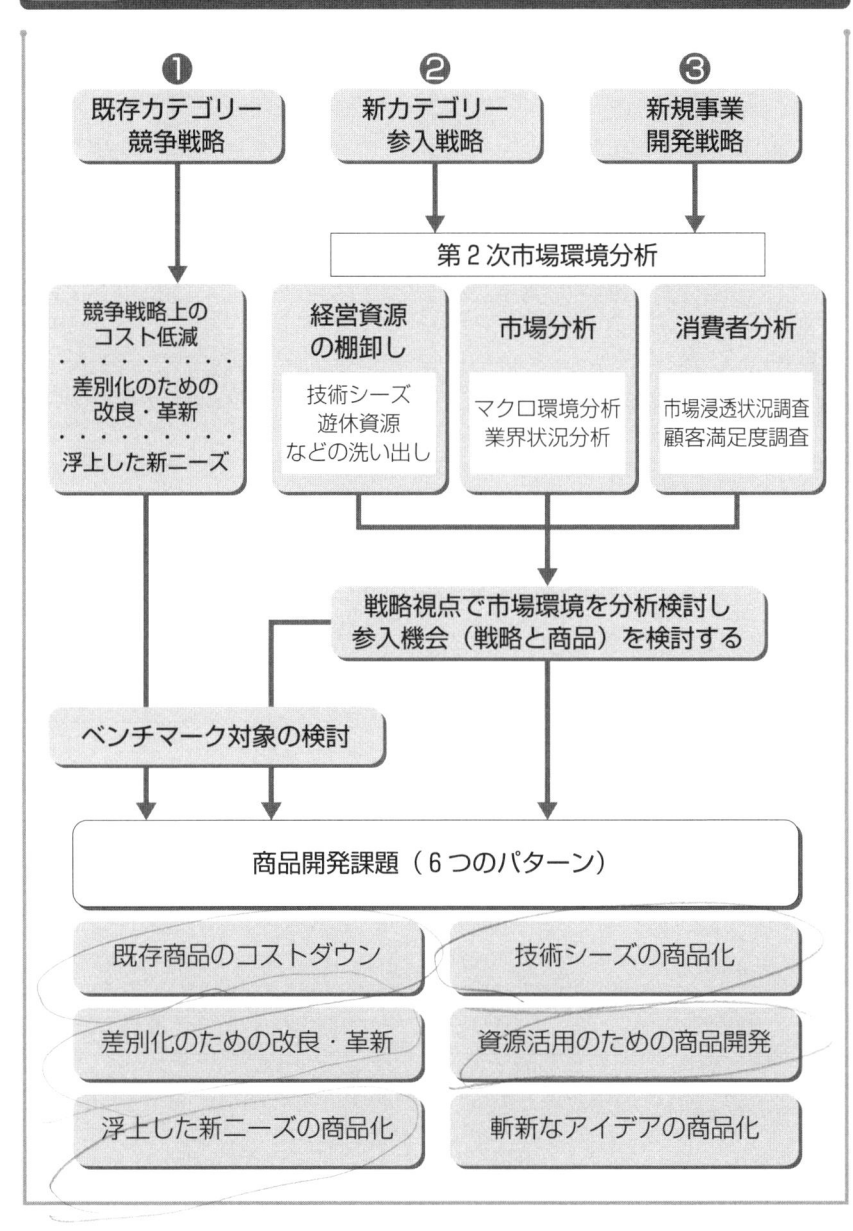

❶ 既存カテゴリー競争戦略
❷ 新カテゴリー参入戦略
❸ 新規事業開発戦略

第2次市場環境分析

- 競争戦略上のコスト低減
- 差別化のための改良・革新
- 浮上した新ニーズ

- 経営資源の棚卸し
  - 技術シーズ
  - 遊休資源
  - などの洗い出し

- 市場分析
  - マクロ環境分析
  - 業界状況分析

- 消費者分析
  - 市場浸透状況調査
  - 顧客満足度調査

戦略視点で市場環境を分析検討し参入機会（戦略と商品）を検討する

ベンチマーク対象の検討

商品開発課題（6つのパターン）

- 既存商品のコストダウン
- 差別化のための改良・革新
- 浮上した新ニーズの商品化
- 技術シーズの商品化
- 資源活用のための商品開発
- 斬新なアイデアの商品化

第3章

小ヒットを生み続けるしくみ

CHAPTER 3

24 小ヒットを生むための取り組み姿勢

センスだけでは、ヒット商品を生み続けることはできない

ある商品開発企画者のアイデアがヒットに結びつくと、「あの開発者にはセンスがある」と賞賛されます。そこでセンスのある人を開発部門に集めようということになって、「ところでセンスとは何？」と改めて考えてみると難しいものです。

様々な成功事例や筆者の経験から推測すると、どうやら「消費者のニーズ（顕在・潜在）を敏感に感じ取り、企業の持つ可能性とをうまく結びつける感性や執念」ということになるかと思います。

しかし、さらによく観察すると、そうしたセンスが発揮されるためには、社内および身近なところにそれなりの必要条件があることが分かります。それを整理すると図表24のようになります。

備わっている中で、センスのある企画者がそれらを結びつけ「創発」を生むという図式です。

なお、さらに深く観察すると、商品開発企画者が取り組む課題が、創発が生まれるためには、社内で重視され、ある程度のプレッシャーがかかっていること、そして一方では、様々な部門の支援が得られ、開発のための予算や行動にある程度の自由が保障されていることが必要だと分かります。

また、小ヒットをコンスタントに生み続けようとした場合、取り組み姿勢として次の3点が大切です。

① 欲張らず、既存市場とその周縁にフォーカスする
② 現在のユーザーを対象に冷静なコンシューマーインサイトを実施し、コンセプト構築をする
③ アイデアをすばやく試作し、想定ターゲット層に提示しながらコンセプトを磨き上げる

力・設備力を伴った技術開発部門が「しくみ」として調査力・発想力を伴った商品企画部門があり、技術

| 図表 24 | **商品開発力を構成する4つの要素** |

市場調査
企業調査
消費者調査
生活者研究
（費用・人材）

商品企画部門

推測力
発想力
提案力
説得力
（人材・ノウハウ）

調査力 ⇔ アイデア発想力

創発

技術力 ⇔ 設備力

自社現状
自社開発力
特許情報
技術提携力
（費用・人材）

技術開発部門

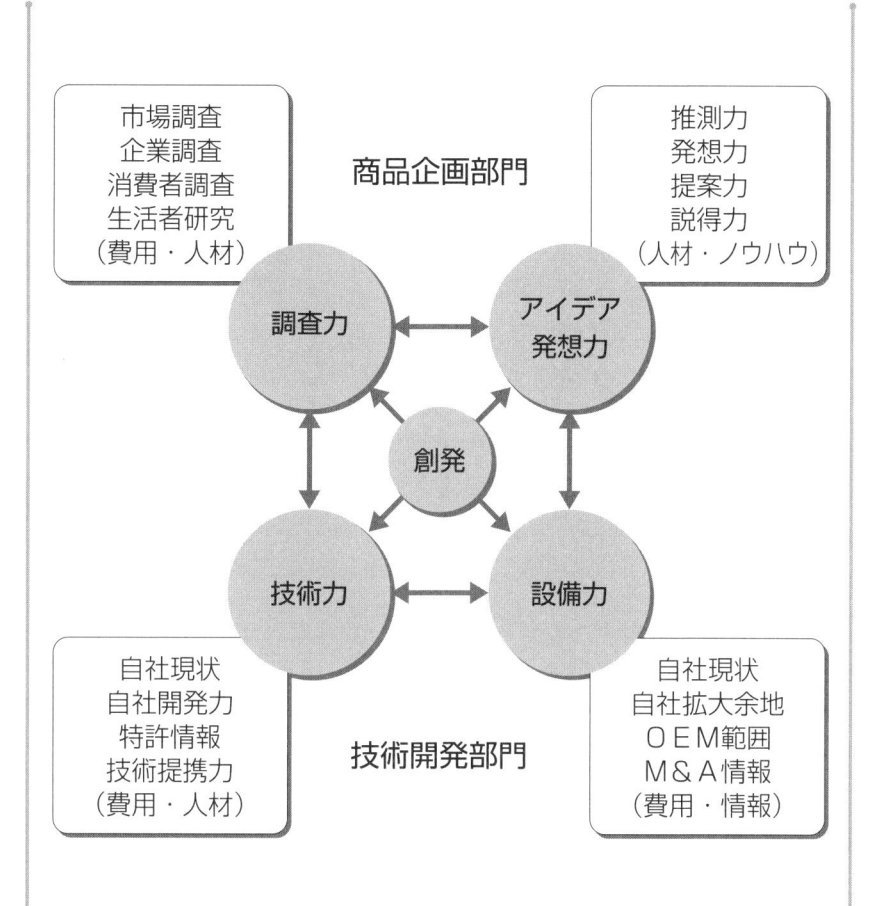

自社現状
自社拡大余地
ＯＥＭ範囲
Ｍ＆Ａ情報
（費用・情報）

≪開発を支える社内環境≫

- 開発課題が重視され、ある程度のプレッシャーがかかっていること
- 様々な支援（時にはトップの支援）が得られること
- 開発のための予算や行動に、ある程度の自由が保障されていること

第3章　小ヒットを生み続けるしくみ

25 消費者の行動や意識を知る方法

消費者の行動や意識の変化が把握できるコンシューマーインサイト

消費社会の進展につれて、消費者（生活者）の価値観は多様化し、選択眼も著しく向上し、平均を中心として高い集中を示していた消費者行動の分布は変化し、両翼に幅広く分散する状況になっています。

そしてさらに、消費者の行動の多くの部分が自己実現的行動になってきたといわれる今日、マーケティングの課題を、消費者行動の背後にある認識の複雑さ（一見非論理的に見えることや無意識に影響されていることなど）まで読み込むことによって洞察することが不可欠だといわれています。それをリードする考え方がコンシューマーインサイトです。

コンシューマーインサイトの手法としては、深層心理学的なアプローチ手法（絵画統覚検査法・違背実験・文章完成法など）や、新しくはフォトエッセイやコラージュ法などがありますが、これらのほとんどは専門的な訓練や経験が必要とされる方法なのです。

しかし、実際に現在のような市場状況で、複雑な消費者心理と社内資源を踏まえた効果的なマーケティング戦略を構築するためには、各企業のマーケターが自分自身の手で消費者研究を行い、深い読み込みと充分な洞察を加えたうえでマーケティング戦略を構築することが必要とされているのではないでしょうか。

筆者はマーケティング指導の中で、誰にでもできるコンシューマーインサイト「消費者の生活行動や意識に関する定性情報を、できるだけ簡単に集め、できるだけ簡単に読み込み、洞察を加えられる方法」の構築を模索し続けてきました。

本書では、その一貫として検討した、いわば「手作りのコンシューマーインサイト」を組み込んだ商品開発プロセスを紹介します。

| 図表 25 | 消費者研究方法の変化 |

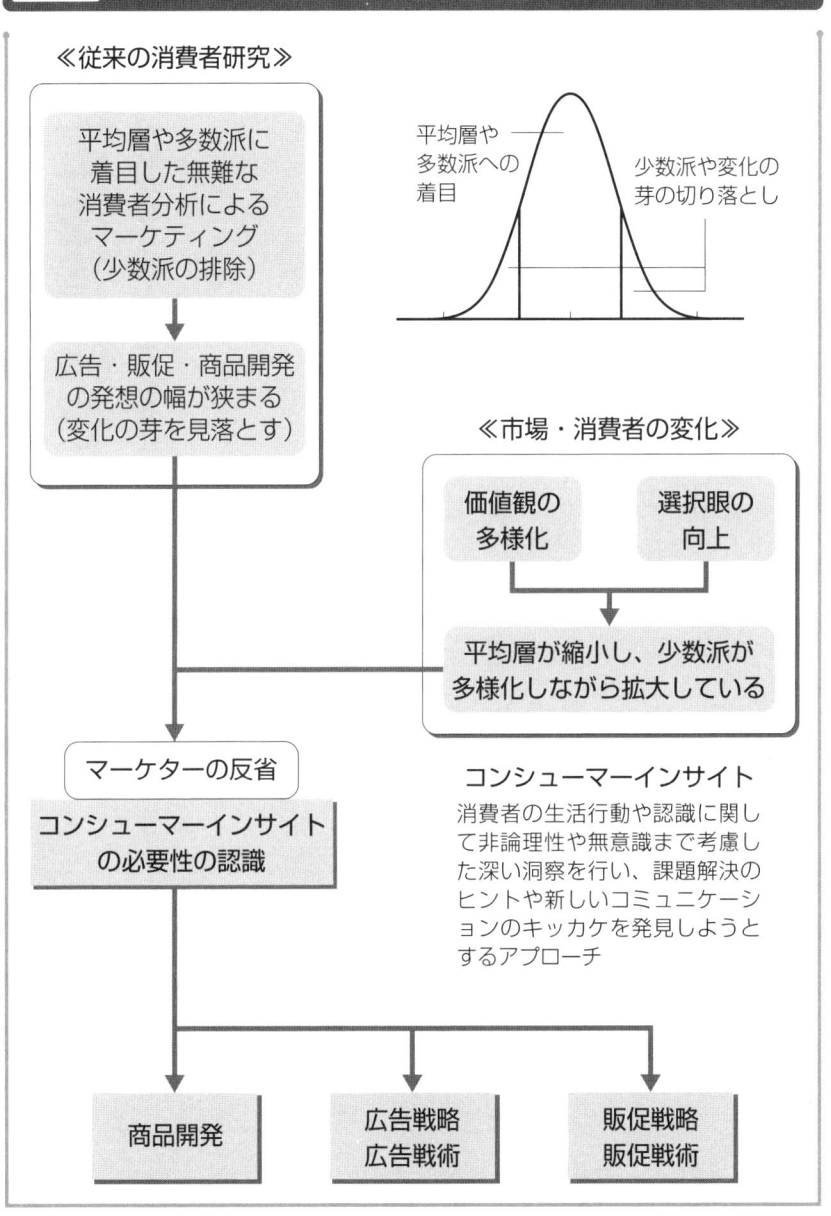

≪従来の消費者研究≫

- 平均層や多数派に着目した無難な消費者分析によるマーケティング（少数派の排除）
  - ↓
- 広告・販促・商品開発の発想の幅が狭まる（変化の芽を見落とす）

（正規分布図）
- 平均層や多数派への着目
- 少数派や変化の芽の切り落とし

≪市場・消費者の変化≫

- 価値観の多様化
- 選択眼の向上
  - ↓
- 平均層が縮小し、少数派が多様化しながら拡大している

マーケターの反省

コンシューマーインサイトの必要性の認識

コンシューマーインサイト
消費者の生活行動や認識に関して非論理性や無意識まで考慮した深い洞察を行い、課題解決のヒントや新しいコミュニケーションのキッカケを発見しようとするアプローチ

- 商品開発
- 広告戦略　広告戦術
- 販促戦略　販促戦術

26 コンシューマーインサイトのための定性情報を集める

可能な限り既存の方法を活用して組み立てる

「手作りのコンシューマーインサイト」を実施するには、可能な限り既存の情報収集ノウハウを活用することがポイントです。

最も手軽な定性情報収集方法であり馴染み深いものは、グループインタビューです。特定セグメントに焦点を絞り、代表的な属性を持つ対象者に1組5〜6人で何組か集まってもらい、あるテーマに関して様々な雑談をしてもらう形で情報収集するものです。

従来のグループインタビュー（グルイン）は、複数の商品コンセプトアイデアを提示してその魅力度を測ったり、試作品の評価をしてもらい改良のヒントを得たりというパターンが多かったのですが、コンシューマーインサイトに活用する場合は、あるテーマ（例えば、入浴・お掃除・洗濯・家族の夕食など）に関してなるべく幅広く雑談的に話し合ってもらう形で情報収集します。

グルインは司会者（モデレーター）がコントロールしますが、モデレーターはなるべく話が広がるように心がけます。後でテキスト情報にして背景にある心理を推測したり、未来へ向けての行動の展開を予測したりする形で活用するので、少しでも関連あることが幅広く広がるのが理想的です。

その他の情報収集手段としては、個人的な繊細なテーマに関するパーソナルインタビュー・様々な行動観察・自記式の行動日記・特定のテーマに関するミニエッセイなどがあります。

それらの情報を読み込み、様々な洞察を行うための情報処理に関しては、KJ法をベースとしながら、後のアイデア発想に使いやすく改良した簡単な方法を考案しました。36項以下で「KA法」として紹介します。

| 図表26 | コンシューマーインサイトに用いる定性情報 |

グループインタビュー	●特定セグメントに焦点を絞り、代表的な属性を持つ対象者を集めてインタビューを行う（通常1グループは5～6名で行う） ●参加者が他の参加者の意見や反応に刺激されて発展的な意見交換ができる可能性がある反面、付和雷同してよくない結果を生む危険性もあるのでモデレーター（司会者）の手腕に負うところが大きい ●また、対象者の個性が強く出るので結果の読み取りには慎重さを必要とする ●大サンプルの定量調査より質問の融通性が高く、短期間で費用的にも安価にできる
パーソナルインタビュー（デプスインタビュー）	●特定セグメントの代表的な対象者にインタビューするという点ではグループインタビューと同じだが、個人的な繊細なテーマに関する質問を行う場合や、テーマを掘り下げて深く探求したい場合に行う（当然1対1で行う） ●質問の展開や深さ、さらに結果の読み取りまでインタビュアーの手腕に左右される
観察（オブザベーション）	●課題に関した生活行動を観察することから様々な定性情報を得る方法 ●自然状態の観察と実験室での観察がある
行動日記	●特定のテーマに関して「行動」と「そのときの気持ち」を日記の形式で記録してもらう ●同時に「写真」を撮ってもらうこともある
ミニエッセイ	●特定のテーマに関して、これまでの経験を思い出し、短いエッセイ風に書いてもらう ●「写真」を添えてもらう場合もある

観察・行動日記・ミニエッセイ　に関しては33項以降に詳細を示す

第3章　小ヒットを生み続けるしくみ

27 コンシューマーインサイトを商品開発に組み込む

アイデア収集からコンシューマーインサイトによるアイデア発想への転換

商品開発において、メンバーが挑む最大の難所であり醍醐味でもあるのはコンセプト構築です。消費者（生活者）に「素晴らしい！ 全く自分のために創ってくれた○○だ！」と言わしめるようなインパクトのあるコンセプトを構築することが理想です。

従来、コンセプト構築をするためには、ターゲットを対象に、課題に関するアンケートで不満やニーズを探り、技術的可能性を睨みながらアイデアを検討していくのが基本でした。

しかし、生活上の基本ニーズがほとんど満たされてしまった現在、消費者（生活者）から「ニーズ」や「ウォンツ」を引き出すことは難しくなってきています。社内でアイデア募集をしても、多様化した価値観と厳しい選択眼を持つ消費者（生活者）に受け入れられるコンセプトアイデアはなかなか出てきません。新しい切り口で消費者（生活者）にインパクトを与えるコンセプトを開発するためには、新しいアプローチが必要になってきたのです。

こうした要求に応える方法の1つが、図表27に示すように、商品開発プロセスの最初の「アイデア収集からアイデアスクリーニング」という部分を「コンシューマーインサイト」に置き換えるという考え方です。商品開発プロセスに組み込んだコンシューマーインサイトの手順は、次の4段階になります。

① 課題周辺の生活シーンに関する定性情報をできるだけたくさん集める（生活研究）
② 生活情報の深い読み込みと洞察を行う
③ アイデア発想のヒントや刺激情報を集める
④ 商品コンセプトのアイデア発想を行う

70

図表27　商品開発プロセスを革新する

従来のプロセス

課題
↓
アイデアの収集
消費者ニーズの調査
チャネルからの希望
社員提案制度
などでアイデアを収集
↓
アイデアスクリーニング
↓
コンセプト構築
↓
コンセプトテスト
↓
コンセプト確立
↓
- 製品開発
- 戦略検討

→ プロセスの革新 →

新しいプロセス

課題
↓
- 課題周辺の生活シーンに関する定性情報を集める（生活研究）
- 生活情報の深い読み込み
- アイデア発想のためのヒントや刺激を集める
- 商品コンセプトのアイデア発想

↓
初期試作品をベースにコンセプトを磨きあげる
↓
コンセプトの確立
試作品完成度の向上
↓
- 製品開発
- 戦略検討

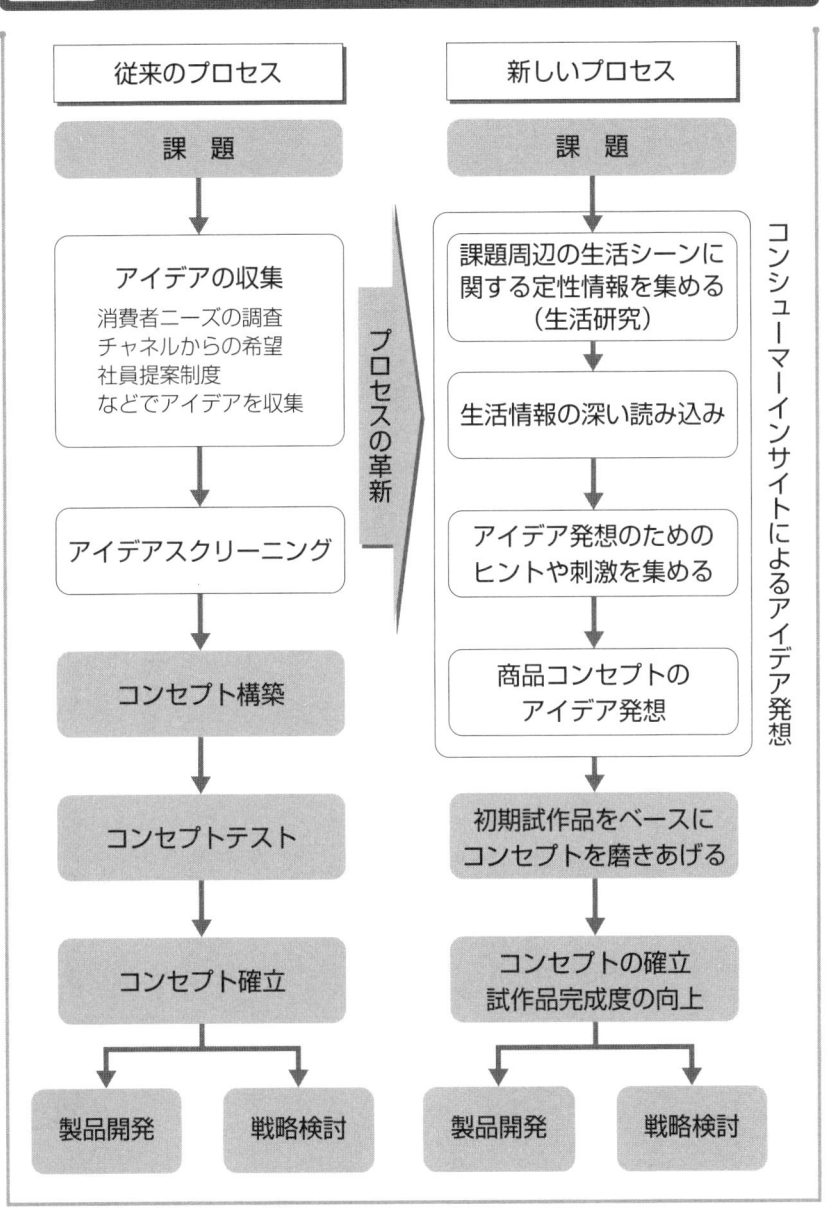

コンシューマーインサイトによるアイデア発想

第3章　小ヒットを生み続けるしくみ

28 小ヒットのためには小創発が必要

コンシューマーインサイトは小創発のキッカケを作る

筆者は、少なくとも商品開発においては、そのようなことはありえないと考えます。では、突然のひらめきは一体何なのかといえば、それは常々（はじめは意識的にやがて無意識に）考えていたことの結論が突然出た（関連する要素が新たな脈絡でつながった）ということなのではないでしょうか。

無から有を生み出すことはありうるのでしょうか。

確かに新しいものが創り出されるためには、計算できないキッカケのようなものが必要でしょうが、それは無からの発生ではなく、様々な素材を組み合わせたり、壊したりしているうちに、ふと何かが浮かび上ってくる、自分が知っていた道筋とは少し違うところに、しかし、あえて試みた網の目の一点に何かが実を結ぶといった性質のものではないでしょうか。

そうした「創発のモデル」を描くならば、「素材」と「刺激」がスパークして新たな「より高度なもの」が生まれるということになるでしょう。

コンシューマーインサイトによるコンセプト構築プロセスは、この「創発のモデル」を、コンセプトのアイデア発想に当てはめた形になっているのです。

開発課題周辺の生活シーンに関する様々な定性情報が素材にあたります。それを深く読み込むということは、たくさんの素材を頭の中にしっかり叩き込むということです。発想のためのヒントや刺激を集めるということは、文字どおり「刺激」を取り込むことであり、それによってアイデアがスパークするという図式です。

本書が目指すのは、安定成長のための小ヒットをコンスタントに出し続けるための方法論です。大ヒットの芽を約束することはできませんが、小ヒット・中ヒットの芽は必ずつかめるはずです。

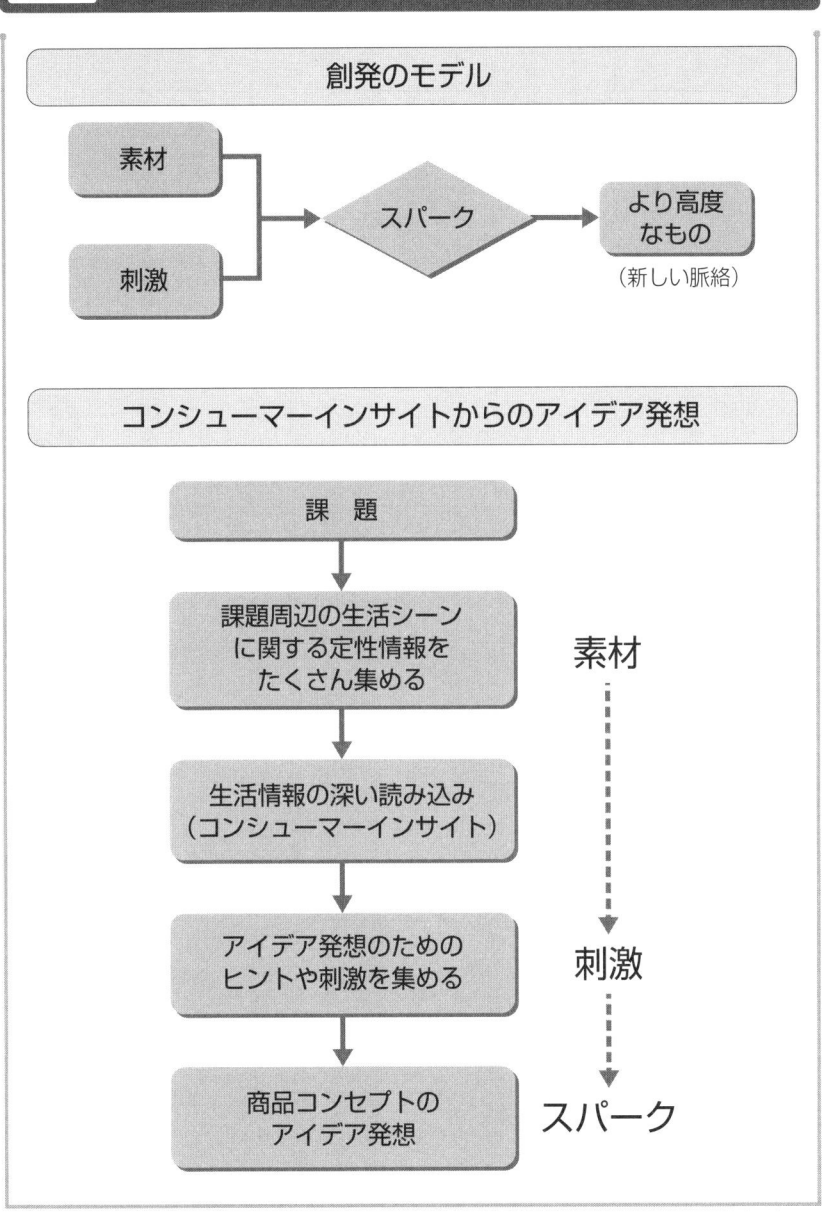

図表 28　**創発のモデルを商品開発に導入**

創発のモデル

素材　＋　刺激　→　スパーク　→　より高度なもの（新しい脈絡）

コンシューマーインサイトからのアイデア発想

課題
↓
課題周辺の生活シーンに関する定性情報をたくさん集める　……　素材
↓
生活情報の深い読み込み（コンシューマーインサイト）
↓
アイデア発想のためのヒントや刺激を集める　……　刺激
↓
商品コンセプトのアイデア発想　……　スパーク

第3章　小ヒットを生み続けるしくみ

29 小ヒットのためのモノづくり体制

コンセプトをすばやくカタチにするための工夫

小ヒットをコンスタントに出し続けるためには、構築された商品コンセプトをすばやくカタチにするモノづくり体制が必要です。小回りのきく小チーム編成の開発部隊が臨機応変に組織されるのが理想です。

そうした体制があっても、「こんなに良いコンセプトを構築したのに、うちの技術者はなかなかカタチにしてくれない」という不満がよく出るものです。よくある問題点と対処法は次のとおりです。

①なかなか着手されない

開発コンセプトの優先順位をはっきりさせること、コンセプト数に合ったチーム編成、またはチーム編成に合った開発テーマ設定が必要です。

②難問にぶつかって停滞（技術や設備がない）

欲しい技術がどこにあるのかを探索するしくみが必要です。特許や実用新案からの探索方法はもちろんのこと、交流のある設備機械業界・包装資材業界・原材料業界などからの探索方法や探索ルートを、経験にもとづくしくみとして共有化しておくことが必要です。技術提携・業務提携や生産委託で解決できることが多くあります。

③進捗が遅すぎる

自前の技術はあるのだが、その商品が使われる場面が、技術者にイメージされてないためにカタチがまとまらないという状況です。これを解決するためには、技術者にユーザー状況を体験してもらうことが必要です。特に、コンセプト構築の段階から技術者が参画するコンカレントな開発のしくみが有効です。

概して研究所や技術部門は官僚的になりやすく硬直しがちです。臨機応変の対応・柔軟性がポイントです。

図表29　モノづくり体制の問題点

良いコンセプト（＝消費者が強く支持）を
作ったのになかなかカタチにならない

- なかなか着手されない
- 難問にぶつかった
- 進捗が遅すぎる

課題設定の問題	取り組み体制の問題	技術レベルの問題	生産体制の問題	関連情報の問題
重要度があいまい	チーム数が少ない	自社技術が不足	自社設備が不足	使用場面が見えない

- 課題設定の問題／取り組み体制の問題 → 開発課題の優先順位づけや開発体制の強化などが必要
- 技術レベルの問題 → 生きた情報探索のしくみの充実
- 生産体制の問題 → 生きた情報探索のしくみの充実
- 関連情報の問題 → 使用場面を体験する → 早い段階からの技術者の参画

固定的な情報収集システムの構築だけではなく、業務上のおつきあいからの臨機応変な情報収集体験を経験的なしくみとして共有化する

- 技術提携／業務提携／アウトソーシング
- 業務提携／OEM契約／M&A

しくみの構築と、運用の柔軟性がポイント

第3章　小ヒットを生み続けるしくみ

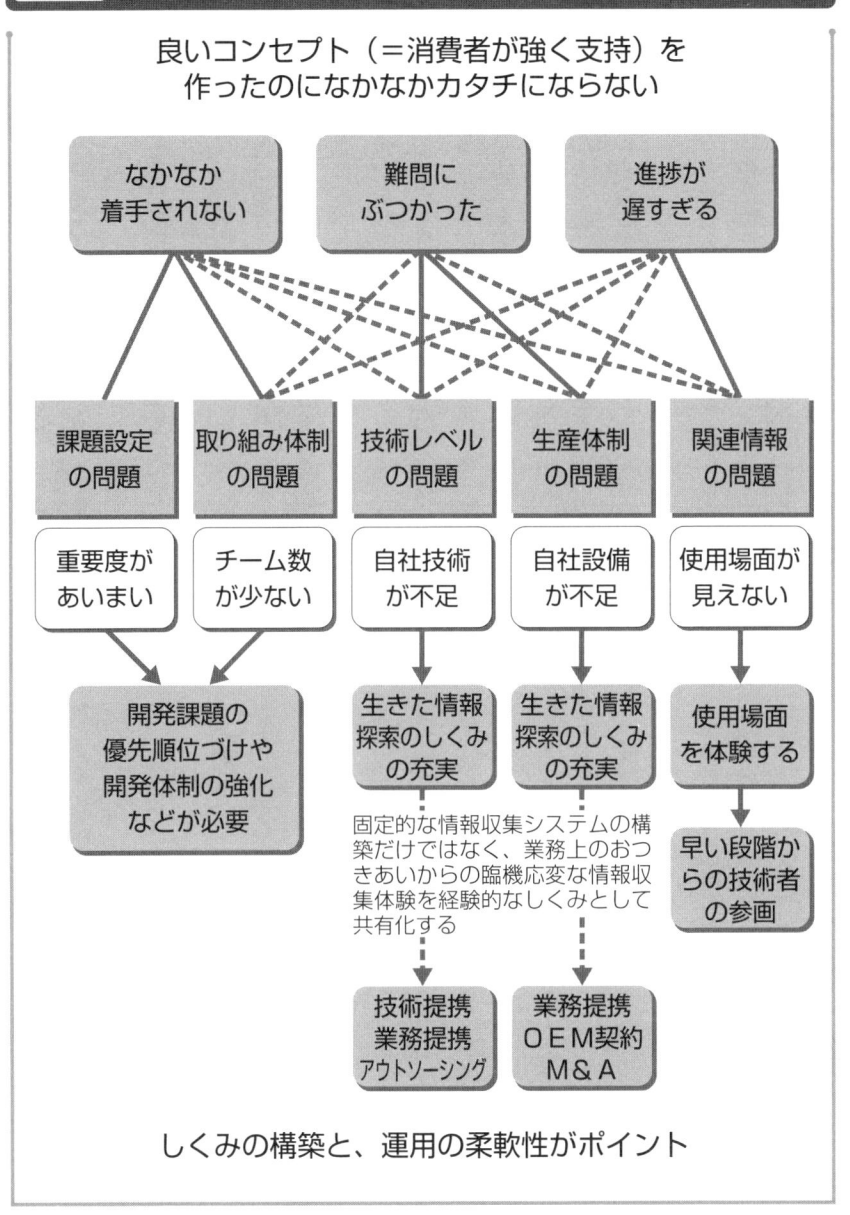

30 創発を生み出すための組織と人

開発業務に専念できるように配慮する

重要な開発課題の場合、必要な人材を日常の組織から完全に切り離して集め、「特別プロジェクトチーム」を編成して取り組むのが一般的です。

単純な部分改良やアイテム拡張は別として、新規の開発課題に関しては、プロジェクトチームを編成し取り組むことが望まれます。機能別組織に籍を置いたままのチーム編成では、人事評価や帰属意識の問題がありメンバーが開発に専念しにくいからです。

ここで重要なのは、メンバーの選出です。

よく行われている方法は、チームリーダーに関しては、取締役会において開発課題の優先順位を決める際に同時に最適任者を決定し、メンバーに関してはチームリーダーに編成の権限を委譲するという方法です。創発を生み出すためには、あるべき姿として次のポイントが大切です。

① 強い取り組み意欲で
② 忌憚のない対話と議論を行い
③ 相互啓発を喚起し
④ 外部から必要なものをどんどん取り入れて
⑤ 強い方向性を生み出すことに集中する

そのためには、メンバー選出やチームの運営に関して次のような配慮が必要です。

- 同質メンバーで固めない
- 1つの部屋に全員の机を集める
- 全員で情報を共有する
- 特に初期段階は、全員で行動し体験を共有する
- 少しでも関係あることは、すぐやってみる
- 「一見無駄」を容認し、検討の幅を広げる
- 必要に応じてメンバーの補充・入れ替えも行う

図表 30　開発に専念できるプロジェクトチーム

| プロジェクトチームの
あるべき姿 | → | そのためには |

- 明確な目標の設定
- 大幅な権限委譲
予算と環境の確保

　→　課題設定・優先順位の決定
　　　・チームリーダーの選出は
　　　取締役会レベルで決定する

↓

- 強い取り組み意欲
- 忌憚のない対話と議論
- 相互啓発の喚起
- 外部から必要なものを
どんどん取り入れる

　→
- 社内公募でやる気の
あるメンバーを集める
（リーダーが能力を見極める）
- 同質メンバーで固めない
- １つの部屋に全員集合
- 全員で情報を共有する
- 特に初期段階では全員で
行動し、体験を共有する
- 関係あることはすぐ実行
- 「一見無駄」の容認
- 必要に応じて、メンバー
の補充・入れ替えも行う

↓

強い方向性を創発する

↓

高いヒット率

31 創発を生み出す環境を作る

創発を期待するチームには、創発にふさわしい環境を用意する

商品開発プロジェクトチームのメンバーに対し、創発に対する適度なプレッシャーをかける意味でも、業務推進用の部屋と設備（事務用品やOA機器）を用意することが有効です。

コンシューマーインサイトにもとづき、消費者受容性の高い（＝顕在・潜在ニーズに合致した）商品を開発するという使命を持つプロジェクトメンバーにとって、発想・企画を行う部屋は「企業の中にありながら、消費者（生活者）とつながっているタイムトンネル」のようなものであることが理想です。

もちろん、常に社内の関係部署や社外の関係者や消費者（生活者）と接触しながらの業務推進ですから、出たり入ったりのあわただしい行動パターンになるのですが、いくつかの節目に、じっくり考えねばならない場面があります。そのようなときに、そこにこもり、それまでに収集し検討したプロセスや成果物を一覧しながら、1人あるいは数人で、さらに洞察を深めることができる部屋があることが有効となります。

良い環境があれば良いアイデアが生まれるというのではない、日常的な思いがけない場所でふとしたきっかけでアイデアが思い浮かぶものであり、そんな贅沢な環境を求めるのは「開発精神にもとる」という考え方もありますが、しっかりとしたコンシューマーインサイトを行わなければ鋭い発想の切り口が出にくくなってきた現状では、精神論だけでは取りこぼしが多くなってしまうというのも事実です。

比較的簡単に環境を整えることができる現在、図表31に示した程度の部屋と設備は、決して贅沢なものとはいえないでしょう。継続的に使い回しができるものでもありますので、用意することをお奨めします。

| 図表 31 | **チームが一丸となるための環境** |

《業務推進用の部屋》

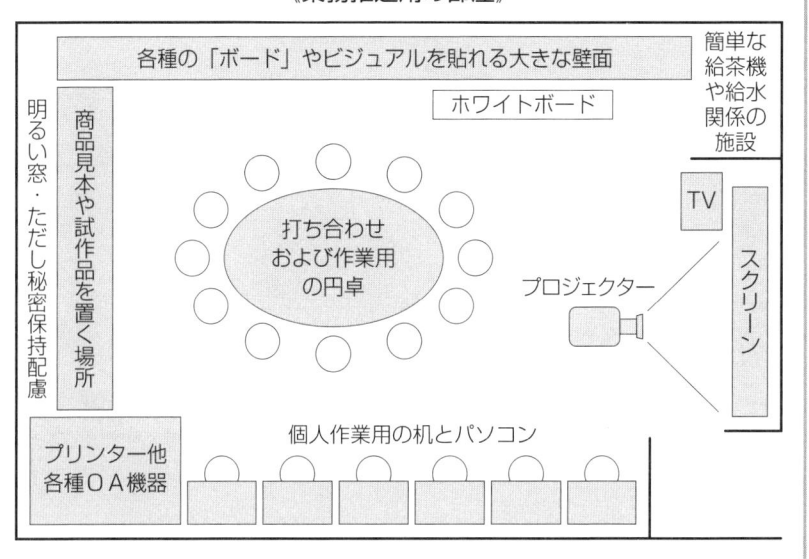

```
┌─────────────────────────────────────────────────┬─────┐
│  ┌──────────────────────────────────────────┐   │簡単な│
│  │  各種の「ボード」やビジュアルを貼れる大きな壁面  │   │給茶機│
│明│  └──────────────────────────────────────────┘   │や給水│
│る│ ┌──┐        ┌──────────┐                       │関係の│
│い│ │商 │         │ ホワイトボード │                  │施設  │
│窓│ │品 │        └──────────┘                       │      │
│・│ │見 │     ○ ○ ○ ○ ○                           ├─────┤
│た│ │本 │    ○           ○                         │ TV  │
│だ│ │や │   ○   打ち合わせ  ○                       │     │ス
│し│ │試 │    ○ および作業用 ○    プロジェクター        │     │ク
│秘│ │作 │     ○  の円卓   ○                         │     │リ
│密│ │品 │      ○ ○ ○ ○                           │     │ー
│保│ │を │                                             │     │ン
│持│ │置 │                                             │     │
│配│ │く │                                             │     │
│慮│ │場 │        個人作業用の机とパソコン                │     │
│  │ │所 │                                             │     │
│  │ └──┘                                             │     │
│  │┌────────┐ ┌──┐┌──┐┌──┐┌──┐┌──┐            │     │
│  ││プリンター他│ │  ││  ││  ││  ││  │            │     │
│  ││各種OA機器 │ │  ││  ││  ││  ││  │            │     │
│  │└────────┘ └──┘└──┘└──┘└──┘└──┘            │     │
└──┴────────────────────────────────────────────┴─────┘
```

周囲の壁や机の活用、振り向けばすぐに様々なビジュアル（図・写真・グラフ・マップ）や商品サンプルが目に入るようにしておく

≪コンシューマーインサイトの質を高めるポイント≫

1．課題に関する生活シーンが手に取るように見えること
2．定性情報から生活シーンをありありと想像できること
3．苦しまずにのびのびとアイデア発想ができること
・・・・・・・・・・・・・・・・・・・・・・・・・・・・・・・
【必要条件1】　それらを助ける「ツール」が用意されること
【必要条件2】　のびのびと作業ができる環境があること

第4章

コンシューマーインサイトの進め方

CHAPTER 4

32 商品開発のためのコンシューマーインサイト

豊かなアイデア発想のための地味な準備作業

商品開発のためのコンシューマーインサイトの心臓部は、前半の2つのステップです。

①課題周辺の生活シーンに関する定性情報をできるだけたくさん集める

まず、過去に行ったグループインタビュー情報を活用します。長く継続している事業の場合、既存商品の開発段階や改良にあたって実施したグループインタビューの記録が残っています。その中から、商品周辺の生活シーンに関する部分を抜き取って読み込むことができます。また、読み込む中から、さらに詳細を知りたいポイントが浮かんできたり、範囲を広げて知りたい生活シーンが浮かんできた場合には、あらためてグループインタビュー（26項参照）を実施したり他の形の情報収集を追加で行ったりします。

「観察」「日記」「ミニ・エッセイ」による収集方法については、次項以下で説明します。

②生活情報の深い読み込みと洞察を行う

定性情報は、そのままテキスト化された形では、長さも内容も表現形式も様々で変化に富んでいます。そこで、2つの読み込み方法をとります。

1つは、それぞれのテキストをじっくり読み込んで、背景に潜む心理を想像しながら特徴的な生活シーンをイメージに残すことです。

もう1つは、テキストを出来事単位に分解して、個々の背景心理（価値観）を洞察しながらカード化します。大きなマップに一覧化し、生活シーンの全体像を再構成して俯瞰するためです。

具体的手法は、KA法として36項以降で詳細に説明します。

82

図表32　商品開発のためのコンシューマーインサイトの流れ

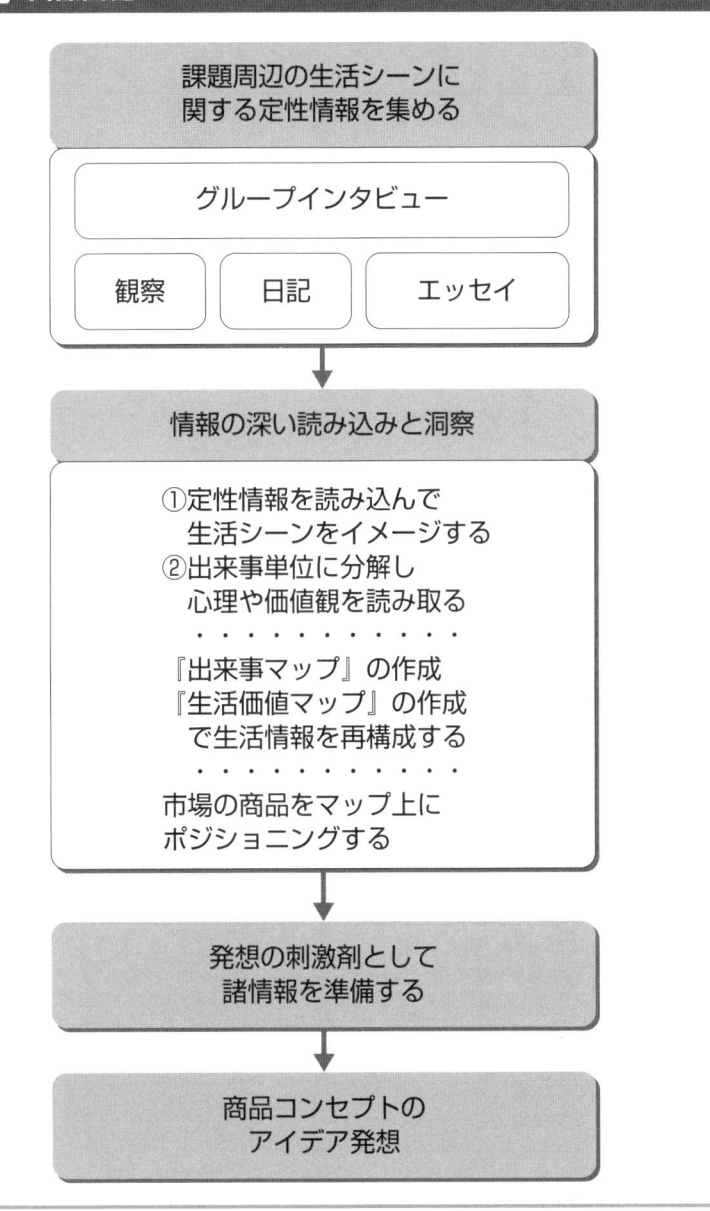

課題周辺の生活シーンに関する定性情報を集める

- グループインタビュー
- 観察
- 日記
- エッセイ

情報の深い読み込みと洞察

①定性情報を読み込んで生活シーンをイメージする
②出来事単位に分解し心理や価値観を読み取る
・・・・・・・・・・・
『出来事マップ』の作成
『生活価値マップ』の作成
で生活情報を再構成する
・・・・・・・・・・・
市場の商品をマップ上にポジショニングする

発想の刺激剤として諸情報を準備する

商品コンセプトのアイデア発想

33 観察による情報収集のポイント

観察を有効にするためには充分な準備と配慮が必要

観察による情報収集の最大のメリットは、本人が気づかない手順や手加減、癖、感情の表出などを客観的に外部から把握することができる点です。

観察から得た様々な「驚き」や「違和感」について個人インタビューを行うことで、改良や革新のヒントが直接出てくることもよくあります。理由が分からない行動もあり継続的研究課題となりますが、後日それが解明されたときには、しばしば改良や革新のヒントに結びつきます。

基本的な準備や実施、データ処理に関しては図表33の《実施プロセスと注意ポイント》に示すとおりですが、ラボにおける再現観察を行う場合や家庭を訪問して観察する場合などには、色々な配慮が必要となります。例えば調理行動の観察をキッチンラボで実施する場合、最低、次のような配慮が必要です。

① 可能な限り企業名を伏せる（調査機関の活用）
② 仮題で依頼し、余計な事前学習を防止する
③ 当日は材料購入から行わせて、同行し観察する
④ 他の人の行動が見えないように仕切りをする
⑤ 了解のうえでビデオ撮影をさせてもらい、疑問点の確認や質問は対象者と一緒にビデオを見ながら行うこととし、観察中には一切質問しない
⑥ 料理を自宅に持ち帰ってもらい、残った分の食べ方や活用の仕方に関して追跡質問を行う

当然、テーマによって配慮する点は増減するので、事前に時間をかけて周到な準備をする必要があります。

家庭訪問をして家事に関する行動観察をする場合や、車に同乗する運転観察などに関しては、微妙な問題が多々ありますので、実施経験を積んだ調査機関に依頼することが望ましいでしょう。

84

| 図表 33 | 観察（オブザベーション）の要領 |

自然な状態を観察する

小売店店頭の買物行動	レストランでの食事行動	家庭での調理行動
家庭での掃除行動	家庭での洗濯行動	家庭での食事行動
通勤時の自動車運転	レジャー時の自動車運転	レジャー施設での諸行動

など様々な状況

ラボでの再現観察

キッチンラボでの料理	模擬店での買物行動
美容院ラボでの化粧	美容院ラボでの洗髪
浴室ラボでの掃除	テーマ別洗濯実演

など様々

≪実施プロセスと注意ポイント≫

課題の整理　課題担当者
- 集められる限りの既存消費者情報をKJ法などで整理し、これから明らかにしたい事柄を明確にしておくこと

対象者の選択　調査機関
- 対象者の選択には、事前に課題周辺のアンケートを実施して幅広い層を選出することが望ましい（例）5タイプ×3名=15名
- 対象者には事前に「記録をとらせてもらう」ことの了解を得る

観察の準備　課題担当者 & 調査機関
- 可能な限り自然な状態で観察できるよう環境を準備する
- 対象者に「観察者」の姿が見えないことが望ましい
- 記録（VTR録画やテープ録音など）の準備をする

本観察　課題担当者 & 調査機関
- 記録と記録結果の利用法に関して再度了解をもらう
- 課題担当者は全員観察に加わる
- 中立的立場の調査機関の参加も重要
- 既成観念を捨てて、無心に観察することが大切

記録映像からテープ起こし　調査機関
- 行動をシートに書き出す（1項目100字以内が目途）
- 基礎資料としては個人別に時間の経過どおりに書き出す

KA法による読み込み　課題担当者 & 調査機関
- 全対象者のシートをKA法（後述）で読み込み価値分析をする
- 行動中心の「出来事マップ」と価値中心の「価値マップ」を作る

マップをベースに諸検討　課題担当者
- 課題解決のための検討を行う
- 商品開発課題の場合はコンセプトの「アイデア発想」を行う
- 戦略課題の場合は戦略の切り口を抽出し方法論を検討する

第4章　コンシューマーインサイトの進め方

34 行動日記による情報収集のポイント

一見平凡な記録の細部に新しい可能性が見つかる

生活行動の局所にフォーカスして深い情報を入手するには観察とそれにもとづく個人インタビューが有効ですが、もう少し広い範囲の生活行動情報を入手するためには、テーマを決めて一定期間の行動日記を書いてもらう方法が有効です。

条件に合う対象者を選び、記入しやすい日記帳を用意して、テーマに関係あることをすべて記入してもらうようにします。

① 背景としての状況や動機
（WHY・SITUATION・MOTIVE）

② 行動とその結果
（WHO・WHEN・WHAT・WHERE・HOW）

写真を添付してもらうことにより具体性や臨場感が出るので「使いきりカメラ」を渡しておけば、結果とした状況を把握できる可能性は高まります。

手間取ることになるかもしれませんが、後のデータ処理はやや形式で記入してもらうならば、文字数だけを指定して、対象者の思うまま

また、文字数だけを指定して、対象者の思うまま気楽に記入してもらうことができます。慣れない人にも記入フォームに工夫をすることで、慣れない人にも書いてもらうことになります。

その他の日記に関しては、改めて対象者を選んで一定期間日記行動に関しては、改めて対象者を選んで一定期間日記を書いてもらうことになります。

で非常に便利です。の日記データが同社のホームページから入手できるのあり、一般世帯（夫婦と子供）の食生活や購買シーンタベース＆ネットワーク）（㈱ドウ・ハウス提供）が既存のデータベースとしては、「生活行動日記データベース＆ネットワーク」（㈱ドウ・ハウス提供）がして簡略フォトエッセイ的な効果が得られます。

図表34　**行動日記依頼の要領**

家の掃除に関してありのままを記入してください

- 状　況
  - （～だったとき）
  - （～だったので）
- 動　機
  - （～と思いつき）
  - （～と考え）

→ 行　動（～した） →

- 結　果
  - （～となった）
  - （～だった）
  - （～と感じた）
  - （～と思った）

上記のような枠（空欄）をたくさん並べた日記帳を渡して記入してもらうと後のデータ処理が楽であり、「写真」を撮ってもらうと非常に有効

≪実施プロセスと注意ポイント≫

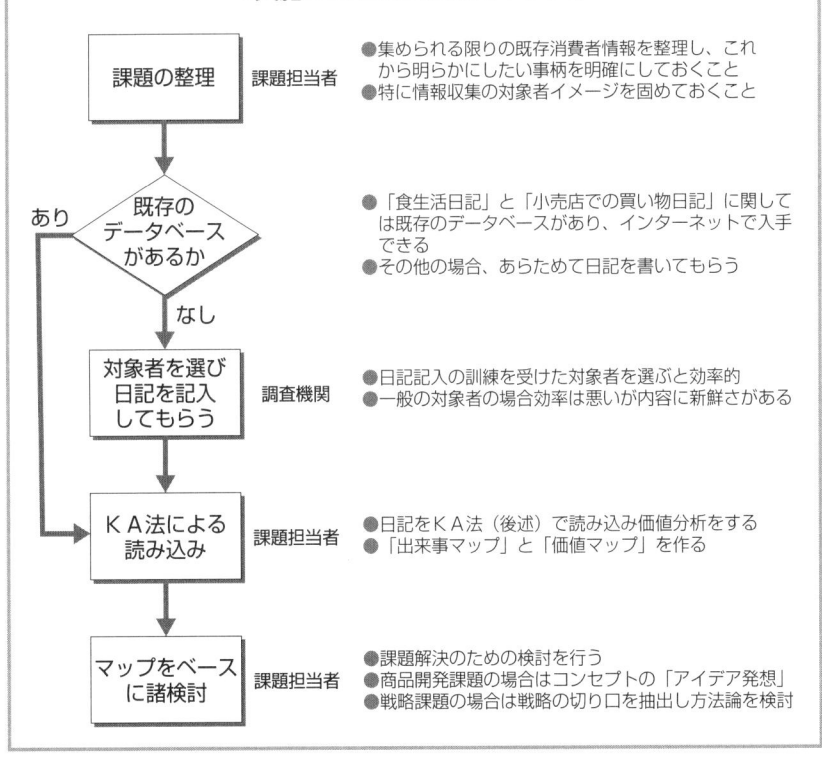

課題の整理　課題担当者
- 集められる限りの既存消費者情報を整理し、これから明らかにしたい事柄を明確にしておくこと
- 特に情報収集の対象者イメージを固めておくこと

↓

既存のデータベースがあるか
- あり／なし
- 「食生活日記」と「小売店での買い物日記」に関しては既存のデータベースがあり、インターネットで入手できる
- その他の場合、あらためて日記を書いてもらう

↓なし

対象者を選び日記を記入してもらう　調査機関
- 日記記入の訓練を受けた対象者を選ぶと効率的
- 一般の対象者の場合効率は悪いが内容に新鮮さがある

↓

KA法による読み込み　課題担当者
- 日記をKA法（後述）で読み込み価値分析をする
- 「出来事マップ」と「価値マップ」を作る

↓

マップをベースに諸検討　課題担当者
- 課題解決のための検討を行う
- 商品開発課題の場合はコンセプトの「アイデア発想」
- 戦略課題の場合は戦略の切り口を抽出し方法論を検討

第4章　コンシューマーインサイトの進め方

35 ミニエッセイによる情報収集のポイント
―IT時代にマッチしたスピーディーで応用のきく定性情報収集手段

日記情報よりも簡易的な方法としては、ITネットワークを活用してテーマに関するミニエッセイ（最大400字程度）を収集する方法があります。時間的にも費用的にも非常に効率のよい方法です。

基本的にはインターネットリサーチのためのネットワークを活用することをお奨めします。そこにおける対象者については、リサーチに協力する確認が取れているほか、年齢・性別・居住エリアが明確で、日常の関心事・趣味などに関してもある程度の事前把握ができてきているからです。もちろん、さらに細かな条件でスクリーニングすることも可能です。

方法としては、一般的な調査と同様に調査機関を通して希望するテーマに関するエッセイを募集する方法と、実際の社名や担当者名で依頼する方法とがあります。単純にエッセイを収集して状況分析するだけならば前者の方法で充分ですが、1対1の対話感覚で相手の反応を得たいときや、特別興味を引くエッセイを送ってくれた対象者にさらに突っ込んだ内容の質問を行う場合、また何らかの提案をして反応を得ようとする場合などは、後者の方法をとることで微妙な内容に関する本音や忌憚のない意見を得ることができます。

さらに一歩踏み込んだ活用方法としては、エッセイを寄せてくれた対象者の中から数人を選び出しネット上でグループインタビューを実施することもできます。この場合にも、担当者がメンバーの1人として参加する、モデレーター（司会者）役で参加する、匿名で参加する、実名で参加するなどの選択ができます。

注意点としては、問いかける姿勢・聞く姿勢・答えやすく・素直に・礼節を保つことが大切です。対話は分かりやすく・手短に・隠さず・答えやすく・素直に・礼節を保つことが大切です。

| 図表 35 | **テーマ別ミニエッセイ依頼の要領** |

> 最近旅行に行ったときのことについて教えてください
> ×月×日、○○の目的で誰々と○○の交通手段を使って△△に旅行した。そしたら・そのとき・・・・・そして・・・・・・という感じで書いてください
> ○○・・・・・については少し詳しく教えてください
>
> もし「写真」などありましたら添付していただけると幸いです

最大400字程度のミニエッセイを書いてもらう

≪実施のプロセスと注意ポイント≫

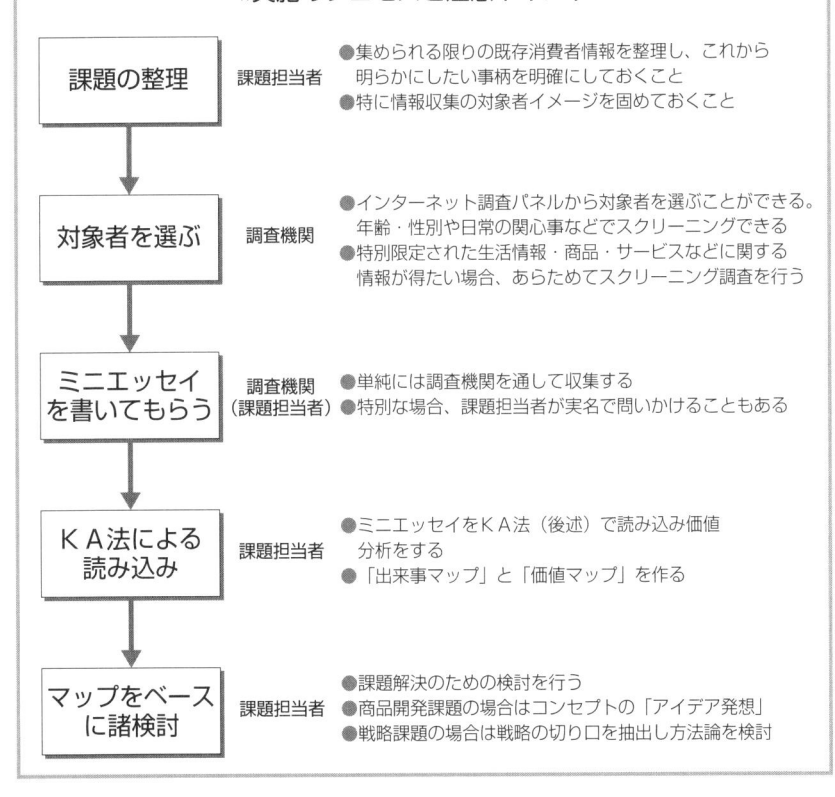

プロセス	担当	注意ポイント
課題の整理	課題担当者	●集められる限りの既存消費者情報を整理し、これから明らかにしたい事柄を明確にしておくこと ●特に情報収集の対象者イメージを固めておくこと
↓		
対象者を選ぶ	調査機関	●インターネット調査パネルから対象者を選ぶことができる。年齢・性別や日常の関心事などでスクリーニングできる ●特別限定された生活情報・商品・サービスなどに関する情報が得たい場合、あらためてスクリーニング調査を行う
↓		
ミニエッセイを書いてもらう	調査機関 (課題担当者)	●単純には調査機関を通して収集する ●特別な場合、課題担当者が実名で問いかけることもある
↓		
KA法による読み込み	課題担当者	●ミニエッセイをKA法（後述）で読み込み価値分析をする ●「出来事マップ」と「価値マップ」を作る
↓		
マップをベースに諸検討	課題担当者	●課題解決のための検討を行う ●商品開発課題の場合はコンセプトの「アイデア発想」 ●戦略課題の場合は戦略の切り口を抽出し方法論を検討

第4章 コンシューマーインサイトの進め方

36 コンシューマーインサイトからアイデア発想までのプロセス

各種定性情報をテキスト情報にして読み込みを行う

ある課題に関して「グループインタビュー」「観察」「日記」「ミニエッセイ」などの方法で収集した定性情報は、読み込みと洞察（インサイト）のために、すべてテキスト情報にします。

ビデオや写真などの画像は非常に情報量が多いので、数人で何回か繰り返して見てテキスト化します。

この段階では、様々な大きさのテキスト情報が山のように雑然と積みあがった形になります。１００件以上になることも珍しくありません。

基本作業として行わなければならないのは、テキスト情報全件の「読み込み」作業です。

個々のテキスト情報は、いくつかの出来事が（時には複雑に）結びついた形になっています。そこで、まずは無心にテキスト情報を読んで生活場面や背景をイメージします。（写真やビデオが大きな助けです。）

この段階でヒントやアイデアが出てくれば幸運といえるので、しっかり記録しておきます。内容の重複しているものは除外しながら全テキストを読み込みます。かなりの作業ですが必須作業です。決してあせらずに行うことが大切です。

ここで出てきたヒントやアイデアをもとにコンセプト構築をして課題解決案として提案することもできますが、この段階では「説得力」の乏しいもの、思いつきと同様に扱われてしまいがちですからここでは自重します。同じアイデアでも、背景を伴う全体像の中で説明されないと、妙に軽く見えるものです。

そうした不幸を避けると同時に、入手した定性情報を最大限活用するために次の作業「テキスト情報の分解・カード化」「マップの作成」そして「アイデア発想」へと進みます。

図表 36 **コンシューマーインサイトからアイデア発想まで**

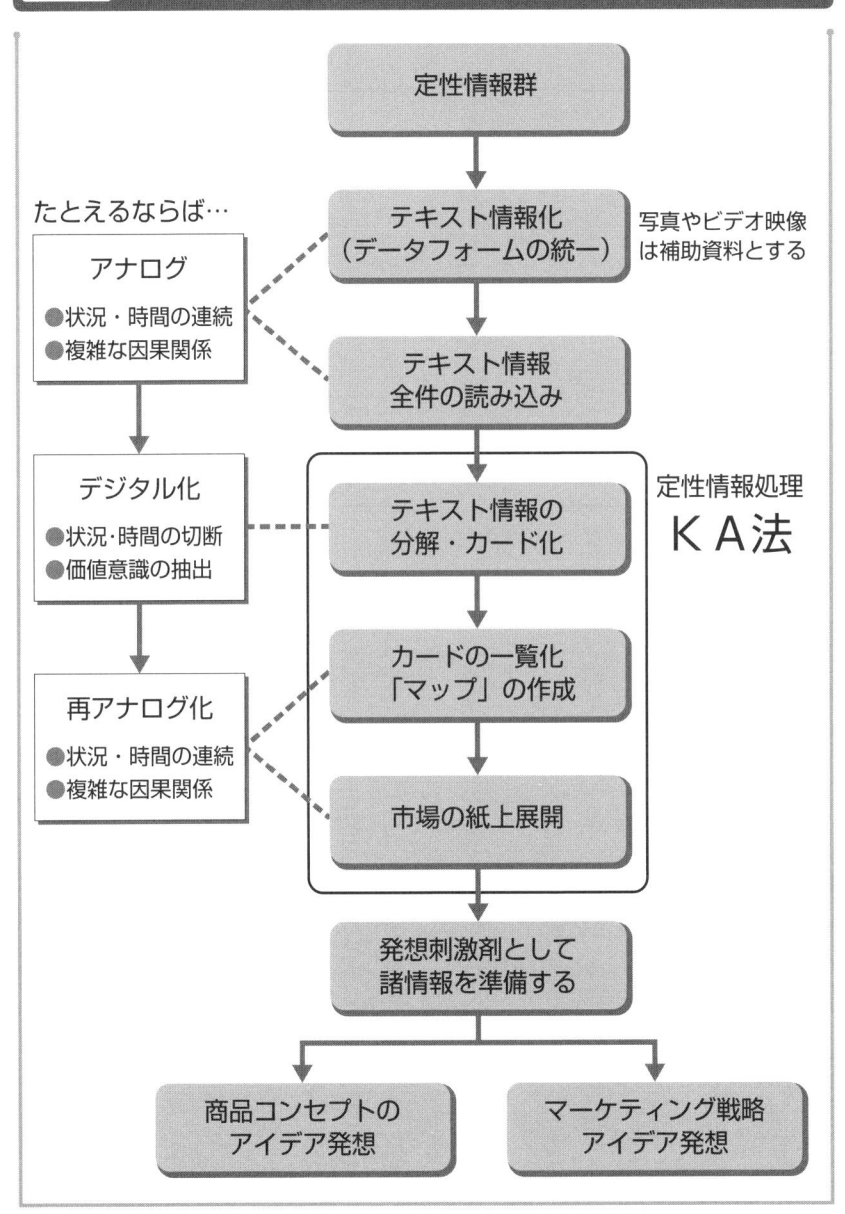

たとえるならば…

アナログ
- 状況・時間の連続
- 複雑な因果関係

↓

デジタル化
- 状況・時間の切断
- 価値意識の抽出

↓

再アナログ化
- 状況・時間の連続
- 複雑な因果関係

定性情報群
↓
テキスト情報化
（データフォームの統一）　　写真やビデオ映像は補助資料とする
↓
テキスト情報全件の読み込み
↓
【定性情報処理 KA法】
- テキスト情報の分解・カード化
↓
- カードの一覧化「マップ」の作成
↓
- 市場の紙上展開

↓
発想刺激剤として諸情報を準備する
↓
- 商品コンセプトのアイデア発想
- マーケティング戦略アイデア発想

第4章 コンシューマーインサイトの進め方

37 定性情報処理KA法の使い方（1）

コンシューマーインサイトのための「定性情報処理KA法」

テキストデータの分解・カード化による洞察が「定性情報処理KA法」のポイントです。

KA法では、複合的な出来事や状況で構成されているテキスト情報を、一つ一つの出来事に分解し、それぞれを1枚のカードに書き出します。微妙なニュアンスや含みのある生きた情報としての個々のテキスト情報を、いわば「観察フィールド」として読み込み、洞察し、カード化していきます。

ただし、ここでは、戦略やコンセプトのアイデア発想に役立つようにデータを処理しなければなりません。

そこで、このデータの分解・カード化作業には、いくつかの工夫が盛り込まれています。使用するカードの形式もその工夫のひとつです。ここで使用するカードは図表37に示すとおり、3つの部分（出来事・キーワード・生活価値）に分かれてます。

それぞれの部分は、おおよそ次の要領で記入します。

【出来事】

テキスト情報に盛り込まれている出来事を、ひとつずつピックアップし、短文にして記入します。文章は、状況・動機・行動・結果などの要素の組み合わせで30文字程度にしておくと、後の処理に便利です。

【キーワード】

これは、出来事の場面を生き生きとイメージさせるための補助と、テキスト情報に含まれている微妙なニュアンスを少しでも残そうという狙いです。

【生活価値】

ここには、出来事に関連する「生活価値」を洞察（想像したり推測したり）して記入します。

カードの記入要領は重要なポイントなので、次項以降に具体例で説明していきます。

| 図表 37 | **KAカードを作成する** |

≪KA法で使用するカードのフォーム≫

出来事	
キーワード	生活価値

（パソコン上に作成）

● 出来事は、次の要素の組み合わせで30文字程度の簡潔な短文で記入

状況・動機	行動	結果
〜だったので 〜と考え	〜や〜を 〜した	〜となった 〜できた

● キーワードは、場面を生き生きと表現する分かりやすい言葉で記入

● 生活価値は、背景に感じられる「価値観」を洞察して記入

テキスト情報１件からできるカードのおおよその枚数

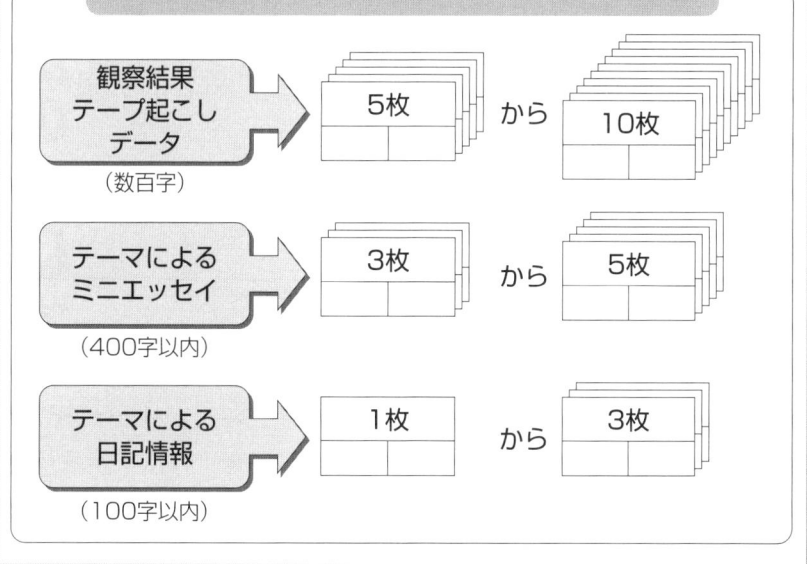

観察結果 テープ起こし データ （数百字）	⇒	5枚	から	10枚
テーマによる ミニエッセイ （400字以内）	⇒	3枚	から	5枚
テーマによる 日記情報 （100字以内）	⇒	1枚	から	3枚

第4章 コンシューマーインサイトの進め方

38 定性情報処理KA法の使い方（2）

テキスト情報の読み込みは楽しみながら行う

テキスト情報には、出来事や状況がストレートに読み取れるものと、即座には読み取れないが、その文章から想像・推測するといくつかの「ありうる」状態や行動が浮かんでくるものとがあります。

図表38の事例1は、一般家庭における主婦の食シーンに関する行動日記からひいたテキスト情報の例です。150文字程度の情報ですが、いくつかの出来事が直接読み取れます。課題「おつまみ」に焦点を当てて行った読み取り例が、図の3枚のカードです。

- ピーマンとベーコンを炒めてビールに合いそうなおつまみを作った
- ピーマン・ベーコン炒めは、自分と子供たちのおかずにもなった
- ピーマンとベーコンが常備してあったので手早く料理ができた

これが、「子供のおかず」という課題であったならば、ピーマンとベーコンの炒め物を「子供が喜んで食べた」ということに、「晩酌」という課題であったならば、「風呂上がりにビールを飲む」ということに着目ポイントが移行するということになります。

また、「おつまみ」の場合でも、この3枚だけが正解であるということではなく、読み取る人によって様々な変化やニュアンスが生ずるのが自然ですし、面白みでもあります。

事例2は、あまりに出来事そのものなので、その背景を想像・推測してみた場合の例です。この場合、情報の読み込みを行う個人の生活体験そのものや様々な生活場面への立ち会い経験が豊かであるほど、色々な背景・場面が思い浮かんでくるという点で非常に面白い情報処理の場面です。

| 図表 38 | **KAカードの作成ステップ❶** |

テキスト情報から出来事をピックアップ

事例 1 　出来事がそのままストレートに読み取れる例

夕方、自分と子供の夕ご飯の準備をしていたら、いつもより早く主人が帰宅した。風呂上がりにビールを飲むというので、おつまみを作らなければならない。冷蔵庫の材料を眺めたら、常備しているピーマンとベーコンが目にとまった。さっと炒めておつまみを用意した。子供も喜んで食べたので、私たちのおかずの一品にもなってしまった。

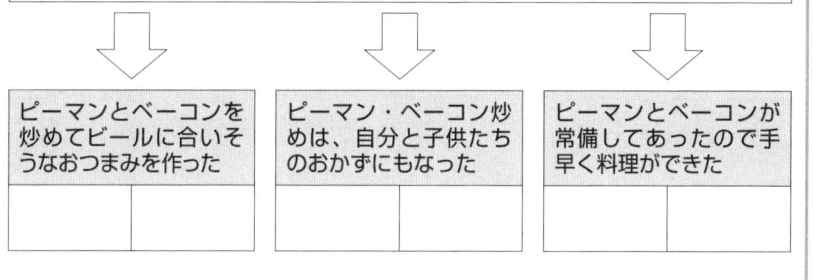

⬇　　　　　⬇　　　　　⬇

| ピーマンとベーコンを炒めてビールに合いそうなおつまみを作った | ピーマン・ベーコン炒めは、自分と子供たちのおかずにもなった | ピーマンとベーコンが常備してあったので手早く料理ができた |

事例 2 　状況が即座に読み取れない例＝推測をする

主人の「つまみ」は、自分で好きなものを買ってきてもらう。

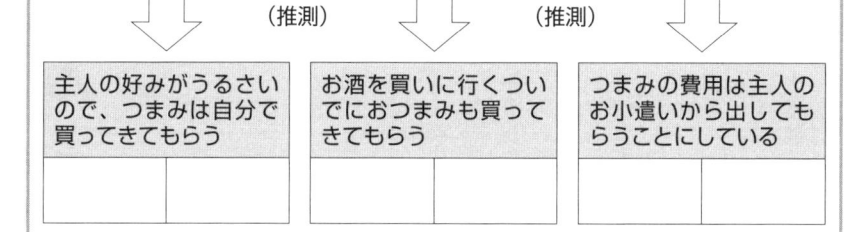

⬇　　（推測）⬇　（推測）⬇

| 主人の好みがうるさいので、つまみは自分で買ってきてもらう | お酒を買いに行くついでにおつまみも買ってきてもらう | つまみの費用は主人のお小遣いから出してもらうことにしている |

（注）あくまでも読み取り例であり、これが正解というわけではない。

39 定性情報処理KA法の使い方（3）

生き生きした場面を率直なキーワードで表す

一つ一つの出来事に、その状況のイメージ化を助けるキーワードを発想して記入するステップです。大きく捉えれば、この段階から「アイデア発想」は始まっているといえます。この状況を表すキーワードは、商品コンセプトの発想・キャッチフレーズの発想・ネーミングの発想などの大事なキッカケになる可能性が高いからです。

事例1では、次のような場面がイメージされます。
- ビールをぐいぐい飲んでいるお父さん
- 手間が省けて喜んでいるお母さん

事例2では、常備食材の威力を再確認したお母さん

ここでのキーワードは、「ちゃっかり・しっかり」した奥さんの姿や仲の良い夫婦が目に浮かびます。特に気取ったものである必要はありません。素朴な表現・泥臭い表現でかまいません、直観的に浮かんだものをいくつか書き出してて、適当と思うものを選べばよいのです。

次に、キーワード発想要領をあげておきます。
① テキストを素直に読んで、場面を思い浮かべる
② その場面で「一番動いている」のは何か？人か？物か？人と物の関係か？物と物の関係か？それとも、人の心か？を想像してみる
③ その場面で「一番喜んでいる」のは誰か？何か？
④ その場面で「一番輝いている」のは誰か？何か？
② と同様に想像してみる
② と同様に想像してみる
⑤ 自分がその場面にいたらどうか？を想像してみる

結局、イメージされた場面の人や物の生き生きした様子を、感じたまま率直に表現すればよいのです。

96

| 図表 39 | **KAカードの作成ステップ❷** |

状況を表すキーワードを記入する

事例 1

夕方、自分と子供の夕ご飯の準備をしていたら、いつもより早く主人が帰宅した。風呂上がりにビールを飲むというので、おつまみを作らなければならない。冷蔵庫の材料を眺めたら、常備しているピーマンとベーコンが目にとまった。さっと炒めておつまみを用意した。子供も喜んで食べたので、私たちのおかずの一品にもなってしまった。

ピーマンとベーコンを炒めてビールに合いそうなおつまみを作った	ピーマン・ベーコン炒めは、自分と子供たちのおかずにもなった	ピーマンとベーコンが常備してあったので手早く料理ができた
ビールが進んじゃう	あら手間が省けちゃった	手際バッチリね

事例 2

主人の「つまみ」は、自分で好きなものを買ってきてもらう。

（推測）　　　　　　（推測）

主人の好みがうるさいので、つまみは自分で買ってきてもらう	お酒を買いに行くついでにおつまみも買ってきてもらう	つまみの費用は主人のお小遣いから出してもらうことにしている
おまかせネ	ついでにおねがいネ	ちゃっかりしっかり

（注）あくまでも読み取り例であり、これが正解というわけではない。

第4章 コンシューマーインサイトの進め方

40 定性情報処理KA法の使い方（4）

小さな出来事にも「価値」は潜んでいる

最後に出来事に潜む「生活価値」を洞察して記入します。ここでいう「生活価値」とは、テキスト情報からピックアップした出来事＝場面に関連した「価値」のことで、いくつかのパターンがあります。

① 出来事の中の「モノ」が発揮する「価値」
事例1でみると、「ビールのおいしさを引き立てるおつまみ」が「価値」を発揮しています。

② 出来事の中の「コト」が発揮する「価値」
事例1でみると、「食材を常備しておくコト」が手早い料理をお膳立てしたという「価値」です。

③ 出来事の関与者が感じる「価値」
事例2でみると、奥様は、「文句が回避できる」「買ってきてもらえる」「財布がいたまない」という「価値」を感じています。

④ 第三者が感じる「価値」

事例2でみると、読み取りを行う人が、この出来事に「夫婦愛」という「価値」を感じるかもしれません。そのときは、別にもう1枚カードを起こします。

「生活価値」洞察の要領は、状況キーワードを発想する要領に時間軸を付け加えて重層化することです。

① 出来事の場面を中心に「前の場面」と「後の場面」をセットで想像します。

② 各場面の間で「何か変わったモノ・コト・ヒトはないか？」をみます。そして、その変化の意味を考えます。

するとその中に生活価値が浮かんできます。あまり根を詰めず、BGMでも流しながら気楽に進めるのがいいようです。適当に休みながら、しかし粘り強く取り組むことが肝心です。

| 図表 40 | **KAカードの作成ステップ❸** |

生活価値を洞察する

事例 1

夕方、自分と子供の夕ご飯の準備をしていたら、いつもより早く主人が帰宅した。風呂上がりにビールを飲むというので、おつまみを作らなければならない。冷蔵庫の材料を眺めたら、常備しているピーマンとベーコンが目にとまった。さっと炒めておつまみを用意した。子供も喜んで食べたので、私たちのおかずの一品にもなってしまった。

↓ ↓ ↓

ピーマンとベーコンを炒めてビールに合いそうなおつまみを作った	ピーマン・ベーコン炒めは、自分と子供たちのおかずにもなった	ピーマンとベーコンが常備してあったので手早く料理ができた
ビールが進んじゃう / ビールのおいしさ促進価値	あら手間が省けちゃった / おつまみおかず兼用価値	手際バッチリね / 食材を常備しておく価値

事例 2

主人の「つまみ」は、自分で好きなものを買ってきてもらう。

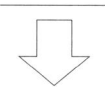

↓（推測） ↓（推測） ↓

主人の好みがうるさいので、つまみは自分で買ってきてもらう	お酒を買いに行くついでにおつまみも買ってきてもらう	つまみの費用は主人のお小遣いから出してもらうことにしている
おまかせネ / 文句回避できる価値	ついでにおねがいネ / ついでにできる価値	ちゃっかりしっかり / 別財布の価値

（注）あくまでも読み取り例であり、これが正解というわけではない。

41 「出来事マップ」「生活価値マップ」を作成する

情報の共有化を行い、一気にまとめあげる

カード記入が終了すると、KJ法の出番です。カードを構造化してマップ作りをします。

記入された「出来事」を小項目として扱って構造化したものを「出来事マップ」と呼び、「生活価値」を小項目として扱って構造化したものを「生活価値マップ」と呼びます。作成要領は次のとおりです。

● 情報の共有化・カードの整理

各種の定性情報（テキスト情報）を読み込む作業は、一般的には数人で手分けをして行います。そこで、マップ作成の事前作業として、各自が作成したカードを互いに読みあげることで情報の共有化が行われます。

同時に重複をなくします。

出来事の内容が同じでも読み取った「生活価値」が違う場合には残しておかなければなりません。価値の違いはしばしば新しい「芽」につながります。

● 「出来事マップ」の作成

カードの「出来事」を小項目としKJ法で行いますが、中項目・大項目のラベルには、できるだけ分かりやすい表現を使います。

数人が共同でマップを作成する場合と、同じカードをもとに各自が個々にマップを作る競作形式がありますが処理量やスケジュールの都合で決めます。

● 「生活価値マップ」の作成

カードの「生活価値」を小項目とするKJ法です。

● マップ処理のKJ法との若干の違い

① 1枚のカードが2つのグループに関連する場合は、カードを2枚作成して両方に入れます。

② 関連ブロックを近くにおきますが、関係線は引きません。後のアイデア発想の自由度を高めておくためです。

図表41　**マップの作成要領**

情報の共有化（カード整理） → 出来事マップの作成 → 生活価値マップの作成

「○○○○」に関する「出来事マップ」または「生活価値マップ」

……… 出来上がりイメージ ………

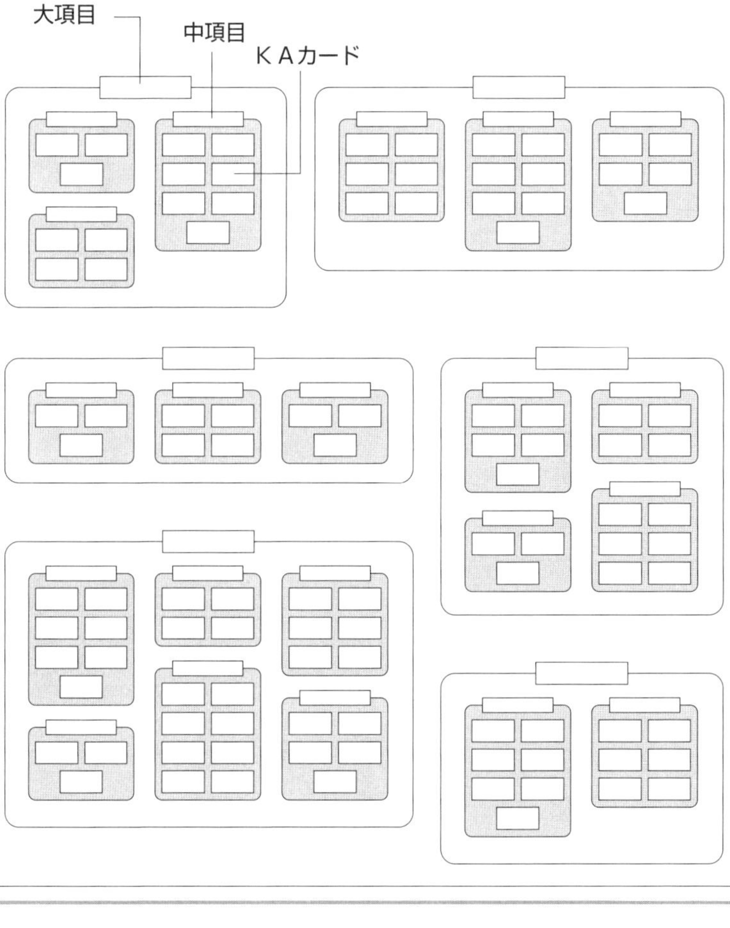

大項目　中項目　ＫＡカード

第4章　コンシューマーインサイトの進め方

42 市場の商品をマップにポジショニングする

コンシューマーインサイト最後のステップ

完成した「出来事マップ」「生活価値マップ」と市場の商品を関連づける作業を行うことで、消費者（生活者）の行動や意識と商品（メーカー意図）とを関連づけてみることができます。先に見た「生活価値分析によるポジショニング」にも使えます（14項）。

例えば、「家庭における主婦の洗濯行動」に関する「出来事マップ」「価値マップ」の上に、市場にある各種の洗剤や柔軟剤をポジショニングする作業を手順で示すと、次のとおりです。

① 各種の洗剤や柔軟剤を購入する
② 商品名・規格・価格・購入場所のリストを作る
③ 同じリストに、そのメーカーが最も強調していると商品特徴・想定していると思われるターゲット・使い方に対する提案などをキャッチフレーズや説明から読み取り記入する（コンセプト分析）
④ 各種の洗剤や柔軟剤を実験室で試用評価し、結果をリストに記入する
⑤ パッケージをデジタル写真に撮ってパソコンに取り込み商品リストに貼り付ける
⑥ 商品リストとマップを付き合わせながら、メーカーの狙いと合致する生活価値（もしくは出来事）のところに商品の写真を貼り付ける（大きさは、マップの拡大と写真の縮小で調節する）

以上で、いわば紙上に市場が再現されたわけです。

与えられた開発課題よりも幅広い生活研究テーマ設定で定性情報を収集し「出来事マップ」「生活価値マップ」を作成することがマップの活用範囲を広げるポイントです。例えば、課題が洗剤の容器の検討であっても、主婦の洗濯行動全体を視野に入れた定性情報を収集しておくということです。

| 図表 42 | **紙上に市場を再現する** |

市場の商品を購入する → 商品リストを作成する（コンセプト分析） → 商品の各種評価を行う → パッケージ写真を撮る → マップにポジショニング

1）「出来事マップ」に貼り付ければ、出来事ベースで市場を俯瞰できる。
2）「生活価値マップ」に貼り付ければ、生活価値ベースで市場を俯瞰できる。

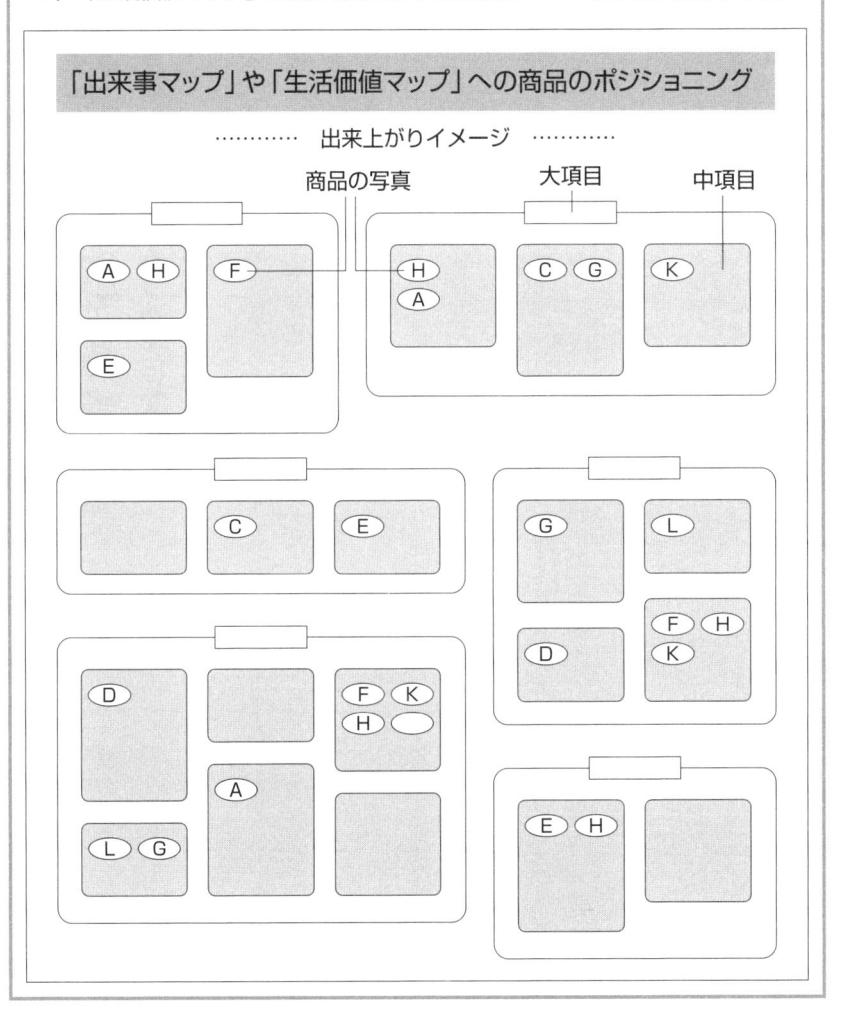

「出来事マップ」や「生活価値マップ」への商品のポジショニング

……… 出来上がりイメージ ………

商品の写真　　　大項目　　　中項目

（A H）（F）　　（H A）（C G）（K）
（E）

（C）（E）　　（G）（L）
　　　　　　　（D）（F H）（K）

（D）（F K）（H）
（A）
（L）（G）　　（E H）

43 発想刺激剤としての変化情報を収集する

世の中の変化情報が発想のキッカケになる

コンシューマーインサイトによる商品開発のプロセスも、2枚のマップまで来れれば、商品コンセプトのアイデア発想に移ることができます。特徴的な出来事や生活価値に着目してアイデア発想を実施するのです。

しかし、定性情報を読み込んで作成したマップには「出来事」や「生活価値」に重み付けがされてないので、着目ポイントが選びにくいという性質があります。

実はこの「重み付けがされてない」という性質が大切なポイントなのです。例えば、支持率や頻度で重み付けがされていると、どうしても支持率や頻度が高い「出来事」に引っ張られがちになり、平均層や多数派への着目（＝少数派や変化の芽の切り落とし）という従来どおりの商品コンセプト検討・戦略検討にとどま

ってしまい、コンシューマーインサイトの意味がなくなってしまうのです。このマップには、平均や最頻値から遠く離れた項目も平等に扱われるというメリットがあるのです。

しかし、この状態では、どんな基準で着目する「出来事」や「生活価値」を決めればよいのか分かりにくいのも事実です。

そこで必要なのが、「世の中の変化情報」の収集です。「世の中の変化」を敏感に捉えて、着目ポイントを決めるガイドラインにすると同時に発想の刺激剤にするのです。

図表43の例は、社会・経済状況などのマクロ環境から食に関連するあらゆる業界の変化、消費者の食生活・食意識の変化などに関する2次情報を収集して、変化の芽を読み取ることをイメージしたものです。

図表43　普段からチェックしておくべき環境変化情報《食品事業の例》

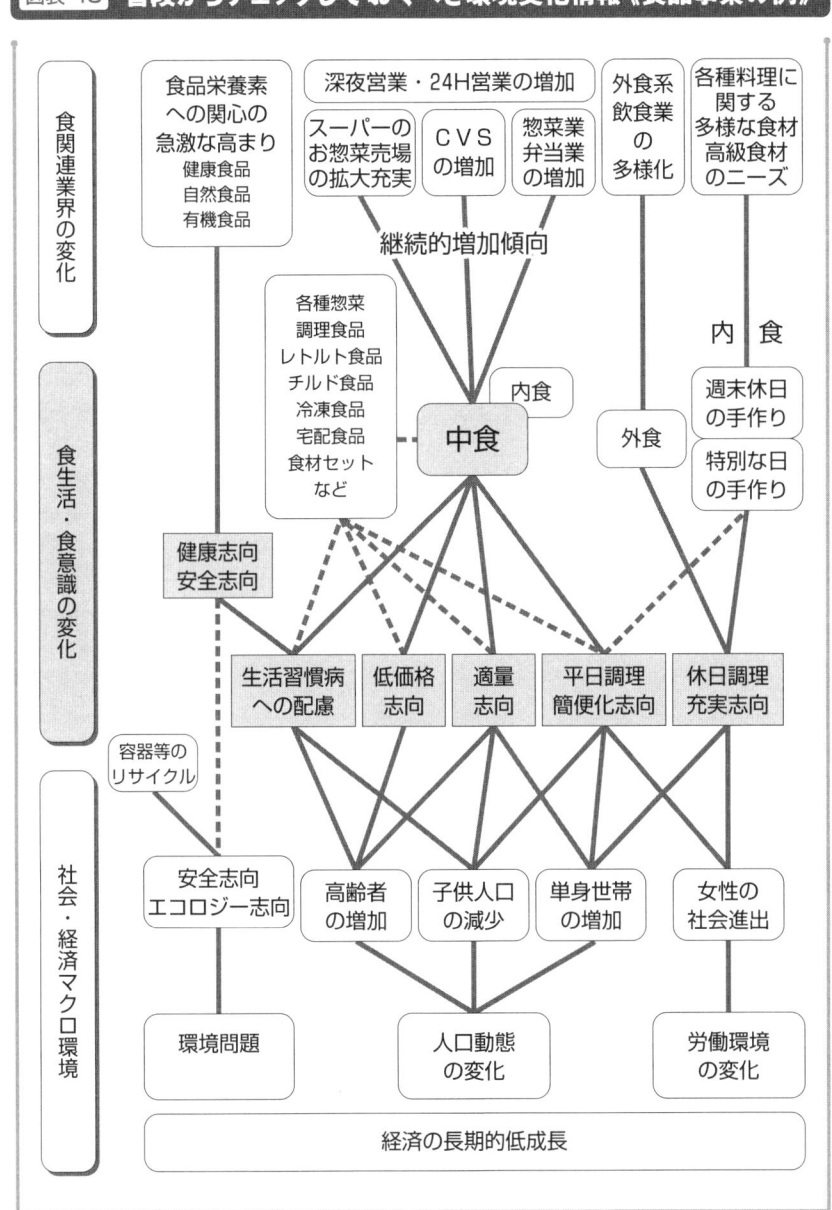

食関連業界の変化
- 食品栄養素への関心の急激な高まり
  - 健康食品
  - 自然食品
  - 有機食品
- 深夜営業・24H営業の増加
  - スーパーのお惣菜売場の拡大充実
  - CVSの増加
  - 惣菜業弁当業の増加
- 外食系飲食業の多様化
- 各種料理に関する多様な食材高級食材のニーズ

継続的増加傾向

各種惣菜／調理食品／レトルト食品／チルド食品／冷凍食品／宅配食品／食材セット　など

内食

中食　内食　外食
- 週末休日の手作り
- 特別な日の手作り

食生活・食意識の変化
- 健康志向／安全志向
- 生活習慣病への配慮
- 低価格志向
- 適量志向
- 平日調理簡便化志向
- 休日調理充実志向

社会・経済マクロ環境
- 容器等のリサイクル
- 安全志向／エコロジー志向
- 高齢者の増加
- 子供人口の減少
- 単身世帯の増加
- 女性の社会進出

環境問題　／　人口動態の変化　／　労働環境の変化

経済の長期的低成長

第4章　コンシューマーインサイトの進め方

44 重点テーマの検討を深める

競合品との差別化のキーポイントになる

発想刺激剤としての世の中の変化情報は、収集範囲が非常に広いため、一時に収集するというよりも普段からの関心による注意深い収集が決め手になります。

そして、もうひとつ大切なことは、事業に関連する変化の中で特に重要と思われる点に関しては、改めてテーマ化して研究を怠らないということです。

例えば「高齢者の増加という変化に関して自社事業ではどのような点に注意しなければならないか」というテーマは、多くの企業で検討を要するテーマです。

図表44に示したものは、高齢者にとっての配慮点を検討した例です。大きくはフィジカル面とメンタル面に分け、前者については商品そのものと商品の扱いに関してどうあるべきかを示しています。

これらの諸点に配慮することは企業の社会的責任を果たすという点からも大切なのですが、あるポイントを徹底して追求していくと、厳しい競争市場における他社品との差別化ポイントに成長するというメリットが生まれる可能性もあるのです。

どのような事業においても、次の諸点は差別化観点からの重要な研究テーマになるでしょう。

① 年齢別・性別の衣食住レジャーなどへの関心度の違い、時間や支出の振り分け方の違い
② スーパー・CVS他様々な小売店における購買行動研究や各種の消費行動研究
③ ブームに左右されやすい健康志向とブームに左右されにくい健康志向の研究
④ ライフステージ変化と生活変化の研究、特にリタイア後・子供の独立後の夫婦など
⑤ ライフスタイルと生活行動の関連研究、年齢層別に様々なライフスタイル研究が必要

図表44　高齢者に対するフィジカル面・メンタル面の配慮

❶ 高齢者にとって必要なフィジカル面での配慮

	商品そのものに関して	商品の扱いに関して
シンプル	商品名・特徴・注意点・使用法等の分かりやすさへの配慮	開閉しやすさ・動かしやすさ等の簡便性への配慮
ライト	重くない・固くない等体へのやさしさに配慮	軽い・薄い・短い・小さい等取り扱いやすさへの配慮
フレキシブル	動きやすい・種類が多い等融通性への配慮	手順や扱いが大雑把でもうまくできる等の配慮
セイフティー	物性や容器・包装 等安心・安全への配慮	火や刃物を使わずにできる等安全性への配慮

❷ 高齢者にとって必要なメンタル面での配慮

喜び
- （親和感）
  - ノスタルジーなど感情・感覚面で自分に馴染む
  - 話題性がありコミュニケーション手段として使える
- （達成感）
  - 「価値観」「思い入れ」「こだわり」に合致するコトやモノが体験できる

第4章　コンシューマーインサイトの進め方

第5章

商品コンセプトの構築プロセス

CHAPTER 5

45 商品コンセプトとは

商品コンセプト構築は商品開発上の最重要課題

商品コンセプトは、「消費者(生活者)の感動を先取りした商品・サービス構想」と定義できます。そして、商品やサービスを開発するときに、社内の商品開発関与者が共通認識として持つ「商品開発基本構想」に他なりません。

商品コンセプトは通常、次の3要素によって構成されています。

① ベネフィット
　生活がプラスに変わる効用・効果

② ターゲット
　その変化を最も望む人・喜ぶ人

③ シーン(シチュエーション)
　その変化が起こる生活場面

商品コンセプトの構築とは、この3要素のアイデアを発想し組み立てると同時に「3要素を総合的に表す

キャッチフレーズ風な表現」= **商品コンセプト名を練**り上げることです。

花王のヒット商品『クイックルワイパー』の開発時のコンセプトは、次のように推測できます。

● ベネフィット……水なしで雑巾がけができる
● ターゲット……お手軽志向の万人向け
● シーン……ほこりがちょっと気になるとき
● 商品コンセプト名「使い捨てモップ型雑巾」

こうした要素から成り立つコンセプトの構成を図式化すると、図表45のようになります。

商品コンセプト名は、最も集約すると「仮ネーミング」になりますが、消費者(生活者)の感動ポイントが曖昧なうちに無理に一語に集約してしまうことは危険を伴います。少々長くても商品特性をしっかり表現できることが大切です。

110

第5章 商品コンセプトの構築プロセス

| 図表45 | 商品コンセプトの構成要素 |

ベネフィット
生活がプラスに
変わる効用・効果

商品コンセプト名
「3要素」を総合的に表す
キャッチフレーズ風な表現

ターゲット
生活の変化を
最も望む人・喜ぶ人

シーン
（シチュエーション）
変化が起こる
生活場面

《コンセプトとネーミング・パッケージの関係》

**ネーミングとはコンセプトを
最もよく「象徴」する言葉**

・写ルンです　・ウォークマン　・勘定奉行
・カビキラー　・熱さまシート　・爽健美茶
・日清具多　・ヘルシア緑茶　　など

**パッケージ（デザイン）とは
コンセプトをきっちり表現するもの**

「目立つ」「分かりやすい」「らしさ」がポイント

46 コンセプトアイデアのまとめ方

発想の背景からコンセプト名までの記入要領

コンセプト構築のためのアイデア発想・検討要領について説明を行うに先立って、発想されたアイデアをどのような形でまとめるのか、フォームへの記入の仕方を見ておきます。出来上がりのイメージが分かっているとプロセスも理解しやすくなるからです。

図表46は、㈱紀文食品で実際に商品化された商品のコンセプトアイデアシートです。本書で紹介しているコンシューマーインサイトを行ってアイデア発想をしたものです。

まず、発想の背景を記入します。市場に関する2次データによると、卵焼きの市場規模は540億円もあるのに家庭用はわずか47億円に過ぎない。変化情報からは中食（調理済食品を購入して家庭内の食事に利用する）の増加傾向が明瞭。そこで「卵焼き」に関する定性情報の読み込み・洞察を行った。シートには以上

の経過とそこで発見した事柄を列記してあります。

次いで、コンセプトの要素検討を行い、ベネフィット・ターゲット・シーンを発想して記入します。アイデア段階ですから「不確かなこと」「こうあってほしいと思う希望」でもかまいません。そこから自然に「実現したい商品特徴」が浮かんできますので、まとめて下の欄に記入します。

最後に「コンセプト名」を考えます。ベネフィット・ターゲット・シーンを率直に表すよう心がけます。

図表46に示したコンセプトアイデアシートは、実は後のステップ「コンセプトの磨き上げ」を実施した後の完成度の高いものです。最初のアイデア記入は、実際にはもう少し未整理な項目の羅列という感じです。この段階では、きれいに整理されたものよりも、多くの期待要素を含んだものであるほうがいいでしょう。

図表46　コンセプトアイデアシート（例）

2003/10/10　森　博樹

発想の背景（マクロ環境～市場情報～生活情報）

- 540億円もある卵焼き市場は、業務用が主で家庭用はわずか47億円しかない。中食の割合が高まっているという変化情報と家庭での卵焼きの頻度の高さを考えると市場拡大の可能性は大きい。
- 食生活日記（定性情報）を入手し、卵焼きに関するコンシューマーインサイトを行った。「出来事マップ」から以下のことを発見した。
  ① 卵焼きは常備の卵でできる簡単料理の代表だが、忙しいときにはチラッと「めんどうだ・・・」と感じてしまうことがある
  ② 厚焼きに挑戦したが、上手くできなかった
  ③ 「だし巻き」をふんわりジューシーに仕上げるのは難しい
  ④ 子供が卵焼きの大きさで喧嘩をしたことがある
  ⑤ 卵焼きはお弁当には必需品である

ベネフィット：生活がプラスに変わる効用・効果

① お弁当作りの手間が省ける
② 忙しい朝食の準備が助かる
③ 手間いらずで厚焼タイプが
④ 本格「だし巻き」が楽しめる
⑤ 切る手間がはぶける

コンセプト名（特徴をしっかり表す）

5つに切れてるふんわりした厚焼きの卵焼き

ターゲット：変化を最も喜ぶ人

【主婦20代～60代】
中でもコアターゲットは
お弁当作りをする主婦

シーン：（シチュエーション）変化が起こる生活場面

- お弁当のおかず
- 朝食を中心とした副菜
- 冷蔵庫の常備アイテム

実現したい商品特徴

- 本格的な厚焼タイプの卵焼き・本格的な「だし巻き」卵焼き
- 4切れか5切れで同じ大きさに切れているタイプ
- 長期保存が利くように殺菌工程・包装資材を整える
- 100グラム100円小売価格を実現する

第5章　商品コンセプトの構築プロセス

47 アイデア発想のための情報準備

発想の幅を広げるために充分な情報の準備をする

商品開発課題の6パターンを思い出してください。

① 既存商品のコストダウン
② 差別化のための改良・革新
③ 浮上した新ニーズの商品化
④ 技術シーズの商品化
⑤ 保有資源活用のための商品開発
⑥ 斬新なアイデアの商品化

それぞれに、解決の方向性や商品コンセプト検討のためのアイデア発想を行わなければなりません。発想のための情報の全体像は図表47のとおりです。

既存商品周辺に関する定量情報については、シェア争いの中でマーケティング戦略立案の必要性から収集したものが蓄積されているのが一般的であり、アイデア発想にも役立ちます。新カテゴリー参入や新規事業に関する定量情報については、市場情報・消費者情報とも、改めて収集することになります。参入戦略検討に必須であると同時に、アイデア発想にも役立ちます。

定性情報の場合は、新カテゴリーや新規事業に関しては全くないのがあたりまえで、既存商品に関してもあまり持っていないのが一般的です。それは、定性情報の性質（微妙なディテールや背景心理が必要になるのは、焦点が絞られたときが多いということ）からも説明できます。

したがって、定性情報に関してはほとんどの場合、その課題ごとに収集・加工・洞察を行うことになります。第4章で説明したコンシューマーインサイトも基本的には個別のテーマで実施するものです。ただし、先述のとおり、情報収集テーマを与えられた課題よりも少し広く設定しておくと、できあがったマップ類の利用範囲が大きく広がるという利点があります。

114

図表47　発想のヒントはどこかに潜んでいる

市場状況分析
- 市場規模・競合状況
- 商品リスト・取扱店率
- 回転率・販売シェア

↓

消費者（生活者）研究
- 定量情報（各種）
- 定性情報（各種）

ユーザー調査（定量情報）

ターゲット分布（ユーザー属性）	ベネフィット×価格ポジションマップ
ベネフィット×シーンポジションマップ	ユーザーイメージポジションマップ
商品ライフサイクルポジションマップ	PPM分析ポジションマップ
SWOT分析ポジションマップ	生活価値分析ポジションマップ
不満・改良希望	新たなニーズ

定性情報によるコンシューマーインサイト

- 生活価値マップ
- 出来事マップ
- 商品のポジショニング

発想刺激剤としての変化情報

社会・経済・文化などの諸情報	対象となる業界関連業界の情報	消費者（生活者）に関する諸情報

第5章　商品コンセプトの構築プロセス

48 ターゲット視点から発想する

ユーザー層の実態や変化に着目して発想する

最も基本的なアイデア発想のひとつは、ターゲット視点から情報を読み込むアプローチです。

自社の既存品に関するユーザー調査結果や、参入を狙う市場の商品に関するユーザー調査結果を読み込んだり、対象商品が使われる生活場面に関するコンシューマーインサイトを行った結果から、ターゲット視点で特徴や変化を発見し新しい商品コンセプトの切り口にします。

実際のケースでは、アイデアがすぐにコンセプト案にまとまって、消費者（生活者）の受容性調査に移行するケースは少なく、いくつかの関連作業を経てコンセプト案にまとまるのが一般的です。したがって、ここで例示するアイデア発想・検討パターンの事例は、発想のキッカケからそれに続く関連アクションという組み合わせで示されます。

ユーザー情報から「年齢層別に使用量に差がある」ことが分かった場合、すぐさま「様々な容量のものの開発」「使いきりタイプの開発」などというアイデアが出てきます。単に容量だけを変更したコンセプト案ならばすぐにまとまるので受容性調査に移行できますが、使いきりタイプを検討する場合には、いろいろなものを参考にして「どのような形態にするか」の検討をしてからコンセプト案がまとまります。

コンシューマーインサイトから「意外な属性の人が使い始めている」ことが分かった場合や「特定層に新しい生活価値が発見された」場合には、その層向けのコンセプトのアイデア発想を行うと同時に、同様な属性の人が現在どれくらいいるのか、これから増えるのか、あるいはその層の周辺へ広がる可能性はどれくらいかを調査・検討する必要があります。

116

第5章 商品コンセプトの構築プロセス

図表48　ターゲット視点からの発想

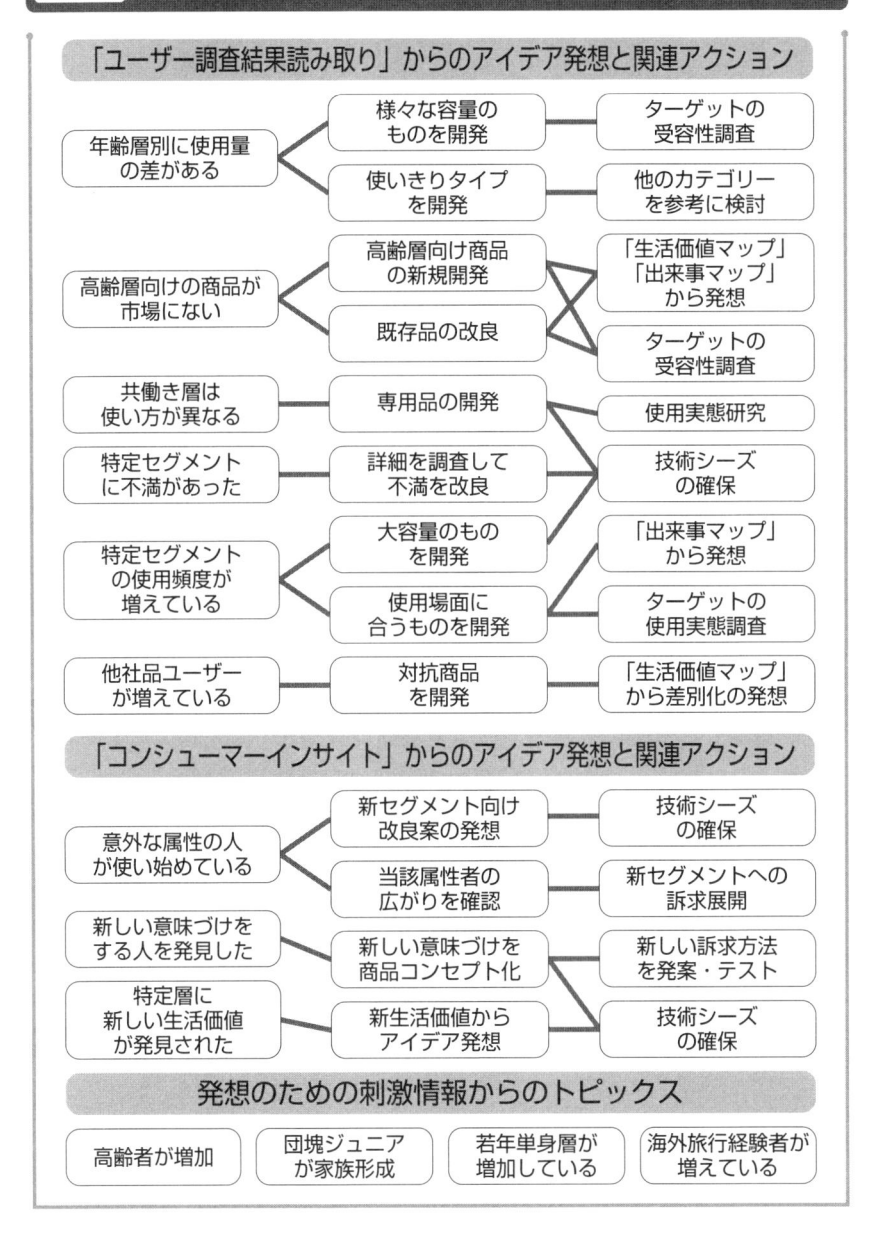

「ユーザー調査結果読み取り」からのアイデア発想と関連アクション

- 年齢層別に使用量の差がある
  - 様々な容量のものを開発 → ターゲットの受容性調査
  - 使いきりタイプを開発 → 他のカテゴリーを参考に検討
- 高齢層向けの商品が市場にない
  - 高齢層向け商品の新規開発 →「生活価値マップ」「出来事マップ」から発想
  - 既存品の改良 → ターゲットの受容性調査
- 共働き層は使い方が異なる
  - 専用品の開発 → 使用実態研究
- 特定セグメントに不満があった
  - 詳細を調査して不満を改良 → 技術シーズの確保
- 特定セグメントの使用頻度が増えている
  - 大容量のものを開発 →「出来事マップ」から発想
  - 使用場面に合うものを開発 → ターゲットの使用実態調査
- 他社品ユーザーが増えている
  - 対抗商品を開発 →「生活価値マップ」から差別化の発想

「コンシューマーインサイト」からのアイデア発想と関連アクション

- 意外な属性の人が使い始めている
  - 新セグメント向け改良案の発想 → 技術シーズの確保
  - 当該属性者の広がりを確認 → 新セグメントへの訴求展開
- 新しい意味づけをする人を発見した
  - 新しい意味づけを商品コンセプト化 → 新しい訴求方法を発案・テスト
- 特定層に新しい生活価値が発見された
  - 新生活価値からアイデア発想 → 技術シーズの確保

発想のための刺激情報からのトピックス

- 高齢者が増加
- 団塊ジュニアが家族形成
- 若年単身層が増加している
- 海外旅行経験者が増えている

49 ベネフィット・シーン視点から発想する
既存商品の使われ方や評価に着目して発想する

もうひとつの基本的なアプローチは、商品のベネフィット・シーン視点から情報を読み込んで、新たな商品コンセプトのアイデア発想をする方法です。

まず注目すべきは、自社商品に関する消費者からのクレームや改善要望です。「あるべき姿」＝コンセプトが明らかなものが多いので積極的に改善努力をします。もし業界共通の難問を解決できたなら、一気に差別的優位に立てるので優先度を高めて取り組みます。

潜在的な不満の探索や、差別化のヒントを探索するためには、定期的にユーザー調査やコンシューマーインサイトを行い、ベネフィットやシーンを中心とした商品力評価やポジショニングを行います。

ユーザー調査から「特定場面での使用頻度が減っている」ことが分かった場合、さらに使用場面に焦点を当てた実態調査やコンシューマーインサイトを行って改善案を検討します。何かの不満が原因であった場合にはそれを解決する形でよいのですが、生活行動の変化による場合には、新しい価値を商品化して提供する必要があるので、生活価値マップから新しいコンセプトのアイデア発想を行います。

コンシューマーインサイトから「ベネフィットが意外なシーンにフィットする」ことが発見された場合、そのベネフィットをさらに磨き上げることから新ターゲット向けの新商品に発展することもあります。また、商品はそのままでも、新しい使用場面の訴求方法を検討することでユーザーを広げることができます。

どの場合においても、刺激情報として集めたトピックスを常に頭の隅に置くことによって、検討の切り口を豊かにすることができます。

第5章　商品コンセプトの構築プロセス

図表49　ベネフィット・シーン視点からの発想

「ユーザー調査結果読み取り」からのアイデア発想と関連アクション

きっかけ	アイデア発想	関連アクション
同ベネフィット低価格の競合品が出てきた	差別化対抗商品を開発する	「生活価値マップ」からアイデア発想
特定場面での使用頻度が減っている	使用場面に焦点を当てた実態調査	使用場面における不満解決策発想
	使用状況のコンシューマーインサイト	「生活価値マップ」からアイデア発想
人により使用方法に混乱がある	使用法の統一化のアイデア発想	新使用方法の徹底訴求
	使用方法別に2タイプ開発する	技術シーズの確保
競合品の出現でポジショニングがずれてきた	リポジショニングのアイデア発想	新ポジションでの訴求展開
	旧ポジション回復のため商品改良	商品改良を徹底訴求
新しい用途を普及させたい	既存品の改良で対応する	技術シーズの確保
	「生活価値マップ」「出来事マップ」からアイデア発想	ターゲットの受容性調査

「コンシューマーインサイト」からのアイデア発想と関連アクション

きっかけ	アイデア発想	関連アクション
ベネフィットが意外な場面にフィットする	そのベネフィットをさらに磨きあげる	技術シーズの確保
	「新使用場面」の普及方法発想	新用途訴求を展開
シーンごとにベネフィットを使い分けている	ベネフィット・シーンの整合性をチェック	新しい訴求方法を発案・テスト
未充足生活価値が発見された	「生活価値マップ」からアイデア発想	技術シーズの確保

発想のための刺激情報からのトピックス

消費トレンドが高・低二極化	ネット取引が増えてきた	若年単身層が増加している	海外旅行経験者が増えている

50 生活価値マップから発想する

あまり苦労せずたくさんのアイデアが発想できる

コンシューマーインサイトで作成した「生活価値マップ」を発想のキッカケにする方法を紹介します。消費者ニーズを探ろうとしても、なかなか明確なニーズが出てこない成熟度の高い市場の場合には、これは有効な方法のひとつといえるでしょう。

調理済冷凍食品のアイデア発想の事例で示します。発想のベースに用いた「生活価値マップ」は、食事の支度に関するミニエッセイをもとに行ったコンシューマーインサイトで作成したものです。

課題が、調理済冷凍食品のコンセプト・アイデアということなので、ターゲットは調理済冷凍食品のヘビーユーザーである「育ち盛りの子供がいる30～40代の主婦」とし、想定シーンは最も利用頻度が多い「平日の夕食」と設定して発想を行っています。

【ステップ1】まず、着目する価値を決めます。6人のメンバーで生活価値マップを見渡し、若干の議論を行って、中項目「調理簡便化価値」の中から「下ごしらえを冷凍する価値」をピックアップしています。

【ステップ2】コンセプトアイデア発想を行います。
このステップでは、既存の様々な発想法を活用します。
「ブレーンライティング法」を用いた場合、はじめに各自が3つのアイデアを用紙に記入して隣に回します。前の人のアイデアに触発された自分のアイデアを前の人のアイデアの下に記入して隣に回します。6人の場合、これを1巡行うと108（18×6）のアイデアが創出されます。充分時間をかけても半日で2巡はできるので、216のアイデアが得られるのです。

【ステップ3】ここで出たアイデアは、まったくの玉石混交です。全員で20～30に絞り込み、コンセプト要素の表現を整えながらアイデアシートに記入します。

第5章 商品コンセプトの構築プロセス

図表50　**価値マップから発想する例**

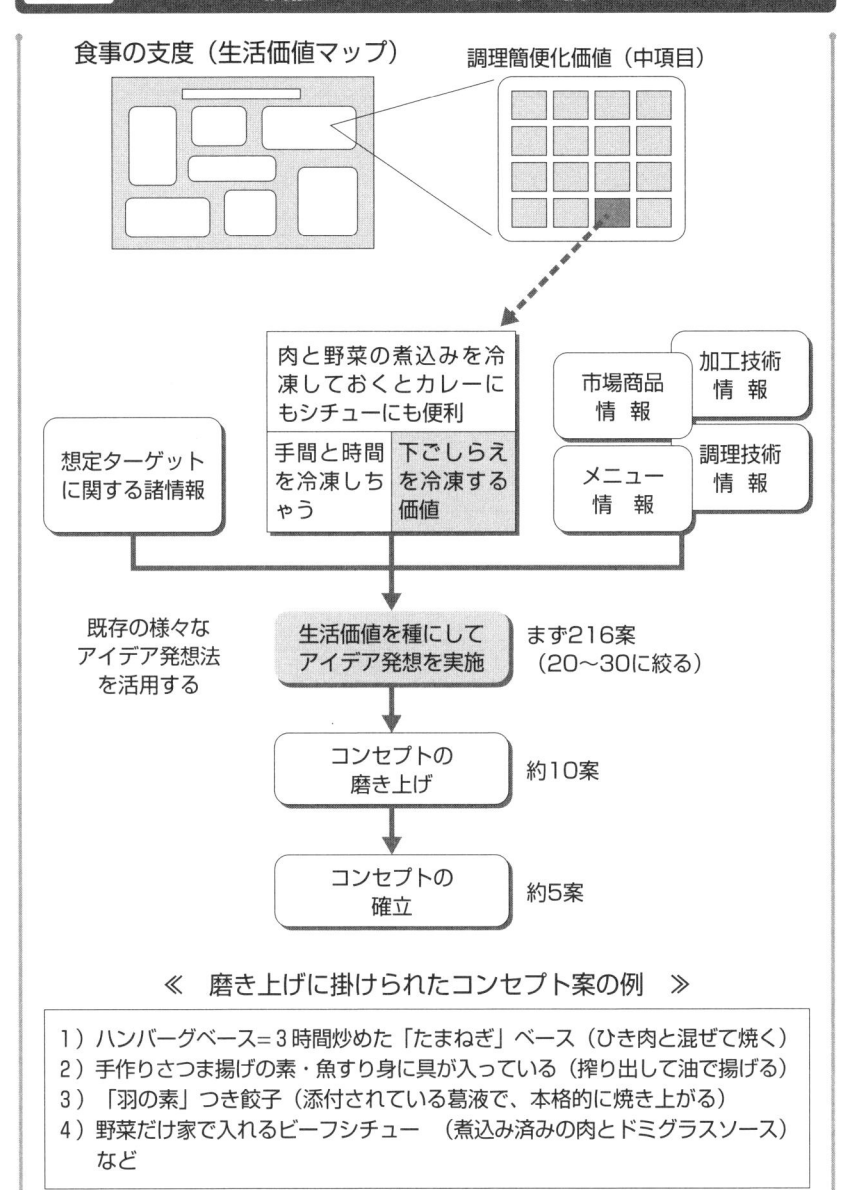

食事の支度（生活価値マップ）　　調理簡便化価値（中項目）

肉と野菜の煮込みを冷凍しておくとカレーにもシチューにも便利

| 手間と時間を冷凍しちゃう | 下ごしらえを冷凍する価値 |

想定ターゲットに関する諸情報

市場商品情報　加工技術情報
メニュー情報　調理技術情報

既存の様々なアイデア発想法を活用する

↓

生活価値を種にしてアイデア発想を実施　　まず216案（20～30に絞る）

↓

コンセプトの磨き上げ　　約10案

↓

コンセプトの確立　　約5案

≪ 磨き上げに掛けられたコンセプト案の例 ≫

1) ハンバーグベース＝3時間炒めた「たまねぎ」ベース（ひき肉と混ぜて焼く）
2) 手作りさつま揚げの素・魚すり身に具が入っている（搾り出して油で揚げる）
3) 「羽の素」つき餃子（添付されている葛液で、本格的に焼き上がる）
4) 野菜だけ家で入れるビーフシチュー（煮込み済みの肉とドミグラスソース）
　など

51 出来事マップから発想する

出来事を広く展開させることもできる

この事例は、「パンに用いるペーストの新商品開発」におけるアイデア発想です。過去に実施したコンシューマーインサイトで作成した「出来事マップ」を活用し、その中からひとつの出来事「のせて焼く」に着目してアイデア発想を行ったものです。テーマを少し広めに設定して実施しておくことで別の検討に役立った例です。

新たに、今後の展開に有効なプロセスがひとつ加わるのがポイントです。

【ステップ1】まず、着目する出来事を決めます。ここでは「バターをのせてから焼いた」に着目しました。

【ステップ2】ここで、今後の発想の幅を広げるための工夫として、「のせて焼く」の「のせて」と「焼く」を様々に変化させて、出来事を展開しておきます。

「のせて」を変化させて「はさんで焼く」「巻いて焼く」「詰めて焼く」などと展開し、「焼く」を変化させて「のせて煮る」「のせて炙る」などと展開してみることで、今後の検討の可能性がぐんと広がります。まったく展開できないものもありますが、必ず一度試みておくことが大切です。

【ステップ3】次いで、アイデア発想を行います。ここでも「ブレーンライティング」を2巡行って216のアイデアを出し、20～30に絞り込んでアイデアシートにまとめあげて「磨き上げ」に移行しております。

こうしたアイデア発想過程で出てきたキーワードやアイデアは、データベースなどにしてきちんと整理して残しておくことが大切です。すこしの時間と気配りで、途中で生まれた可能性の広がりを紛失したり、似たような調査や同じようなアイデア発想を繰り返し行ったりする無駄が防止できるのです。

第5章 商品コンセプトの構築プロセス

図表51　**出来事マップから発想する例**

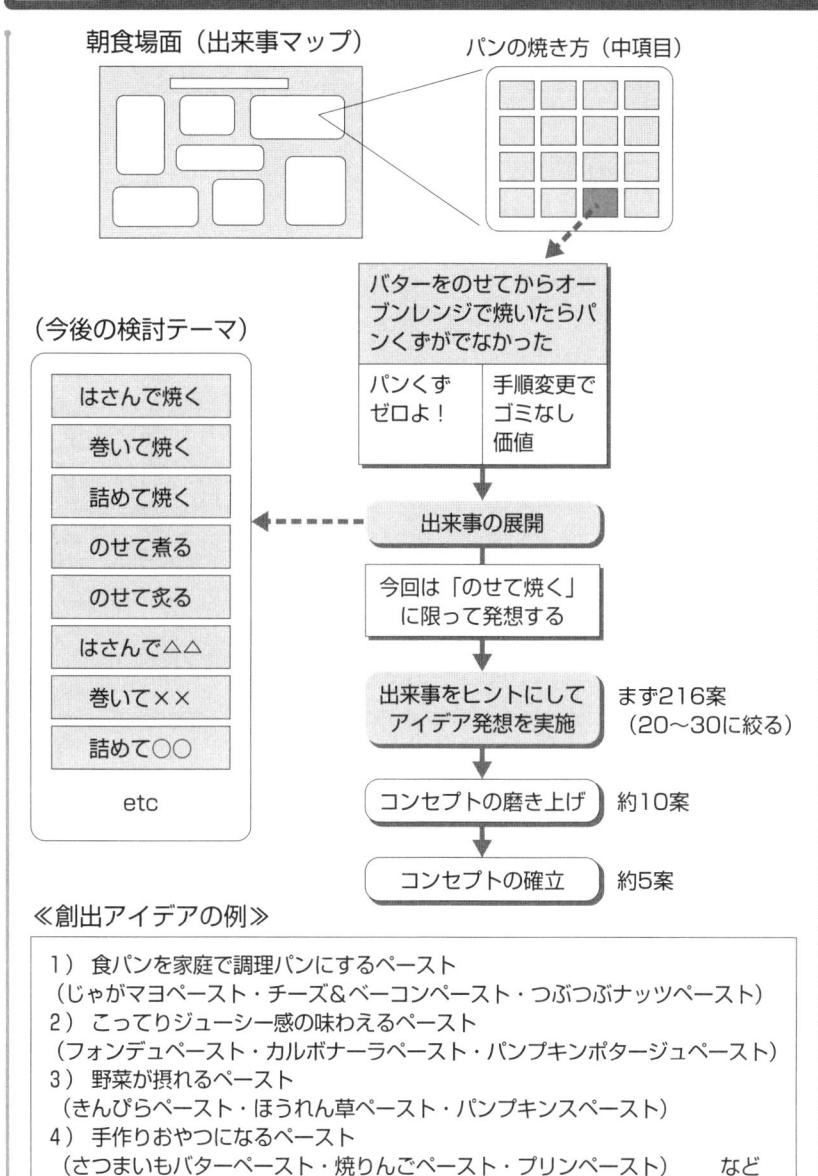

朝食場面（出来事マップ）　　パンの焼き方（中項目）

（今後の検討テーマ）

- はさんで焼く
- 巻いて焼く
- 詰めて焼く
- のせて煮る
- のせて炙る
- はさんで△△
- 巻いて××
- 詰めて○○

etc

バターをのせてからオーブンレンジで焼いたらパンくずがでなかった

| パンくず
ゼロよ！ | 手順変更で
ゴミなし
価値 |

出来事の展開

今回は「のせて焼く」に限って発想する

出来事をヒントにしてアイデア発想を実施　　まず216案（20〜30に絞る）

コンセプトの磨き上げ　　約10案

コンセプトの確立　　約5案

≪創出アイデアの例≫

1) 食パンを家庭で調理パンにするペースト
（じゃがマヨペースト・チーズ&ベーコンペースト・つぶつぶナッツペースト）
2) こってりジューシー感の味わえるペースト
（フォンデュペースト・カルボナーラペースト・パンプキンポタージュペースト）
3) 野菜が摂れるペースト
（きんぴらペースト・ほうれん草ペースト・パンプキンスペースト）
4) 手作りおやつになるペースト
（さつまいもバターペースト・焼りんごペースト・プリンペースト）　　など

52 「マップ」からアイデア発想する利点

数が多い・俯瞰できる・発見がある

生活価値マップからの発想の事例を見て、これならば普段やっているアイデア発想と変わらないと思われた読者も多いことでしょう。確かに「下ごしらえを冷凍する」という価値ならば誰かが思いつくでしょうし、アイデア発想の手法ならばいくつもあります。きちんと発想を試みるならば同様のアイデアは出てきます。

では、同様のアイデア発想を、テーマを少しずつ変えて100回やるとしたらどうでしょう。100の「発想のキッカケ」を誰かが思いつかねばならないということになり、かなり困難なことと思われます。しかし、「生活価値マップ」「出来事マップ」を用いるならば、この中には、課題によって違いこそあれ100近くの（時には100以上の）発想のキッカケが既に用意されているので非常に楽です。

しかもマップは、課題周辺の生活場面をすっぽりと収めており、市場を俯瞰できるようにも加工されています。したがって、思いつきで同じところをうろうろすることなく、全体が見えないという不安をかかえることなく、マップ上のどこを歩いているかを常に見極めながら作業を進めることができるのです。

また、これらの「マップ」を作成する時点で使用した定性情報は、どのような些細な出来事でも切り捨てない、変わったこと些細なことに関する情報を大切にするという方針で収集されているので、アンケートでは出てこない一見些細な出来事とそこに隠れた価値が浮かび上がってくる可能性をもっています。全く思いもよらなかった新しい出来事や価値の芽を発見できたりすることもあるのです。

マップ1枚は、グループインタビューを何回も実施しなければ得られない情報をカバーしているのです。

第5章 商品コンセプトの構築プロセス

| 図表 52 | 「マップ」の利点は数・俯瞰・発見 |

❶ 発想のキッカケとなる『生活価値』がたくさんある
この例では106個の「生活価値」項目がある

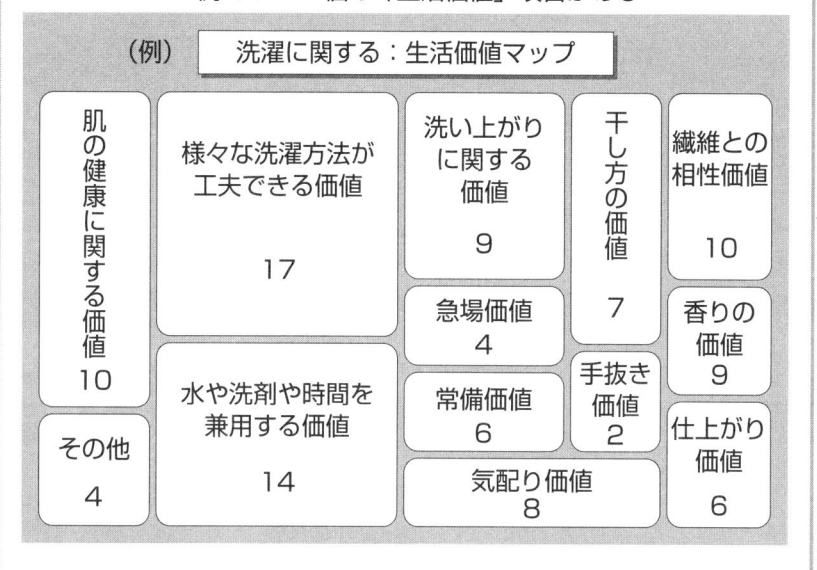

（例） 洗濯に関する：生活価値マップ

- 肌の健康に関する価値 10
- 様々な洗濯方法が工夫できる価値 17
- 洗い上がりに関する価値 9
- 干し方の価値 7
- 繊維との相性価値 10
- 急場価値 4
- 香りの価値 9
- その他 4
- 水や洗剤や時間を兼用する価値 14
- 常備価値 6
- 手抜き価値 2
- 仕上がり価値 6
- 気配り価値 8

❷ 課題周辺の生活場面を俯瞰できる＝『出来事マップ』
❸ 市場の主な商品を俯瞰できる＝『市場の紙上表現マップ』
❹ 平均像でなく課題周辺の生活場面を隅々まで見ている

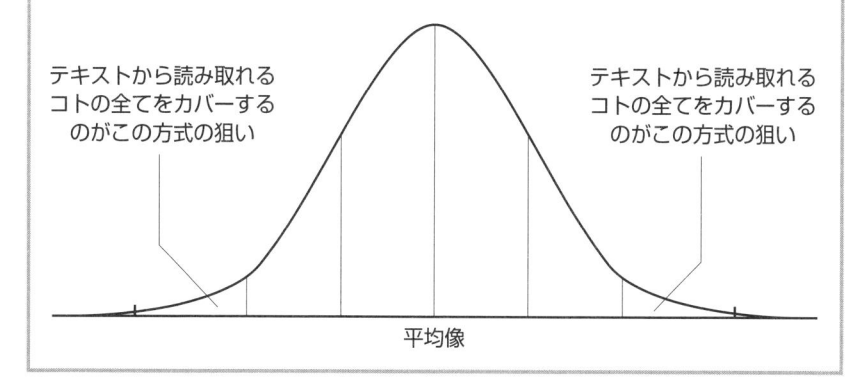

テキストから読み取れるコトの全てをカバーするのがこの方式の狙い

テキストから読み取れるコトの全てをカバーするのがこの方式の狙い

平均像

53 コンセプトを磨き上げる

コンセプトの確立までには3段階のチェックポイントがある

記入され、集められたコンセプトアイデアシートは、次の3段階のチェックと検討により「確定コンセプト」に磨き上げられます。

① 社内スクリーニング
② 想定ターゲットによる魅力度チェック
③ 想定ターゲットによる受容性テスト

社内スクリーニングは、設置されているスクリーニング委員会などで行う企業もありますが、一般的には、開発プロジェクトメンバーでスクリーニングを行います。コンセプトアイデアシートをじっくりと読んで、いくつかの観点から評点をつけていく方式です。

社内スクリーニングを通過したコンセプトアイデアは、想定ターゲット（少し広めに設定）による魅力度チェックにかけられます。そのためには商品特性を表現した簡単なコンセプトボードが必要です。

魅力度チェックを通過したコンセプトアイデアについてのみ、初期試作品の開発と詳細なコンセプトボード（次項で説明）の作成に移ります。これらを、想定ターゲットに提示することにより受容性テストを行うためです。このテストは、コンセプト要素をどのように設定したら消費者受容性が高まるか細かい検討をするためのテストであり、直接の対話が必要なので、試用テストとグループインタビューを組み合わせて行うことが一般的です。また、一度で済まず何回も繰り返されることがあるので、筆者は「コンセプト磨き上げのループ」と呼んでいます。

魅力度チェックや受容性テストにおいて、アイデアの漏洩が心配な場合には、社員やその家族を対象にしたり、様々なマスキングやカムフラージュをしたりして、漏洩を防止します。

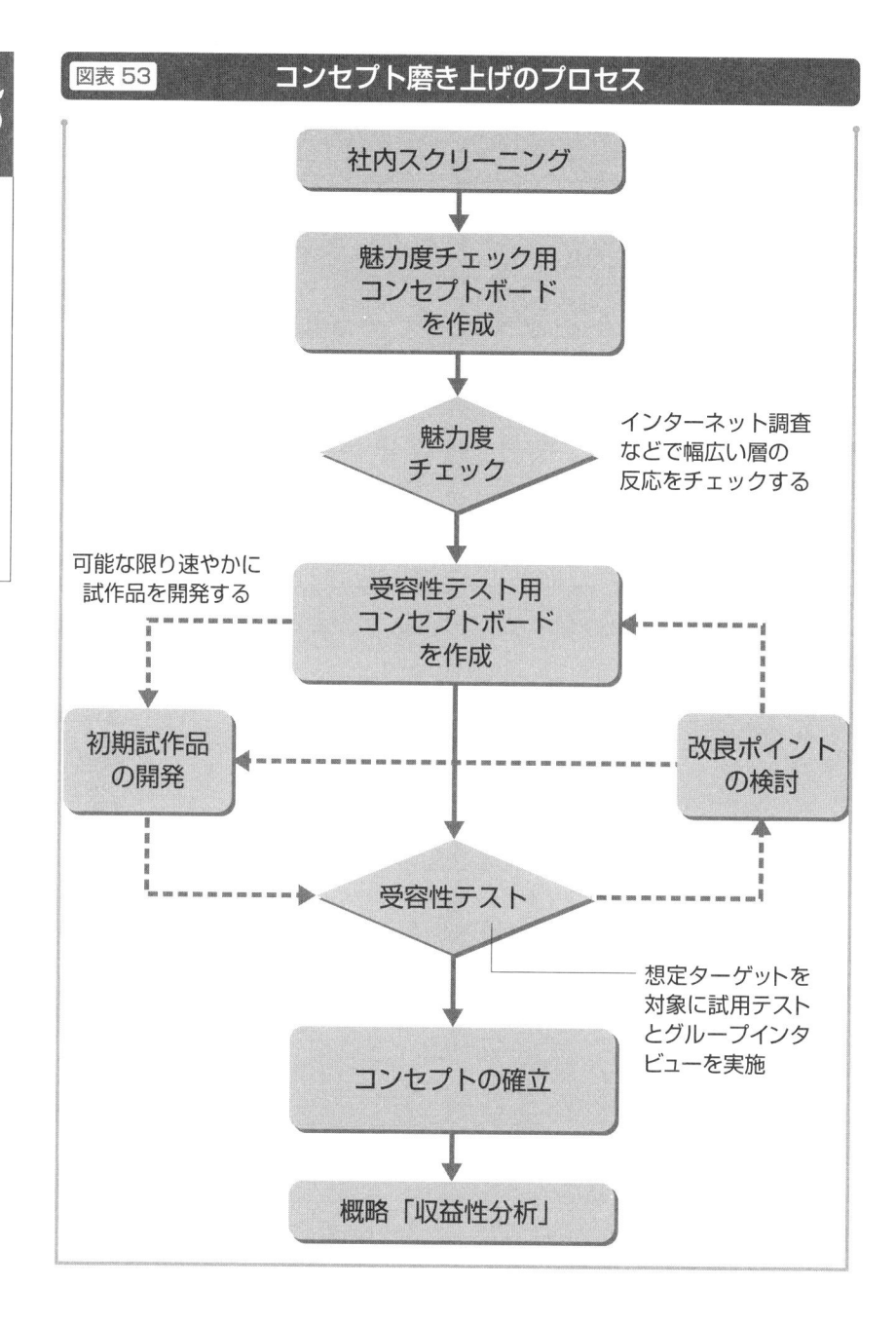

第5章 商品コンセプトの構築プロセス

図表53　コンセプト磨き上げのプロセス

```
        社内スクリーニング
              ↓
        魅力度チェック用
        コンセプトボード
           を作成
              ↓
         ◇魅力度◇ ─── インターネット調査
          チェック      などで幅広い層の
              ↓         反応をチェックする
        受容性テスト用
        コンセプトボード ←──┐
           を作成             │
   ┌──────┼──────┐      │
   ↓              ↓       │
可能な限り速やかに              │
試作品を開発する               │
  初期試作品                改良ポイント
   の開発 ←─────────────    の検討
              ↓             ↑
         ◇受容性テスト◇ ────┘
              │
              └─── 想定ターゲットを
              ↓      対象に試用テスト
        コンセプトの確立    とグループインタ
              ↓             ビューを実施
        概略「収益性分析」
```

54 コンセプトボードを作る

商品特徴を過不足なく伝えるために

● 魅力度チェック用のコンセプトボード

これは、社内スクリーニングで「いけそうだ」と判断されたコンセプトアイデアが、消費者（広めに設定した想定ターゲット）にとって本当に魅力があるものかどうかをチェックするときに使う「商品特徴説明用のシート」です。調査を行うときに、しばしば厚紙に貼られるのでボードと呼ばれます。

1人の対象者にたくさんのコンセプトアイデアを見せて魅力度を判断してもらうため、ボードを一見しただけでその商品の特徴がすぐ理解できるように、簡単明瞭に表現することがポイントです。

一番上にコンセプトアイデア名が示され、次にコンセプトの3要素の内からベネフィット（主たる商品特徴）・シーン（使用場面）・その他の商品特徴が示されます。説明は、無駄な言葉を極力排除します。可能な限りイラストやコンピュータグラフィック（CG）などを用いて商品をイメージしやすくします。

● 受容性テスト用のコンセプトボード

魅力度チェックをクリアしたコンセプトアイデアにもとづき「初期試作品」が開発された段階で、絞り込んだ想定ターゲットを対象に、受容性（実際に使ってみたいかどうか）をテストするために使います。

この段階でのコンセプト名は、どのようなネーミング基調でいくかの検討を加え「仮の商品名」というレベルにしておき、基調の好感度テストも行います。ベネフィット・シーンなどは、商品特徴としてまとめて示しますが、魅力度チェック時より詳細に示します。箇条書きにして一つ一つの特徴に関して反応を訊ける形にしておくのが基本です。

イラストやCGはより実際に近いものを用います。

128

第5章 商品コンセプトの構築プロセス

図表54 **2種類のコンセプトボード**

A　魅力度チェック用コンセプトボード

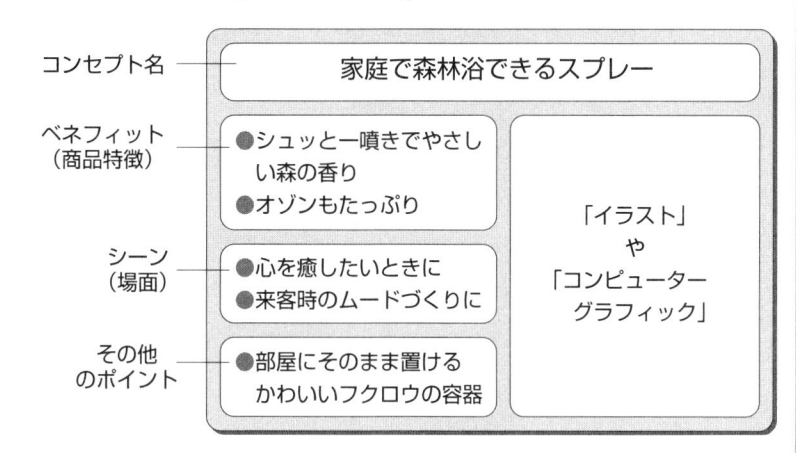

- コンセプト名 ── 家庭で森林浴できるスプレー
- ベネフィット（商品特徴）
  - シュッと一噴きでやさしい森の香り
  - オゾンもたっぷり
- シーン（場面）
  - 心を癒したいときに
  - 来客時のムードづくりに
- その他のポイント
  - 部屋にそのまま置けるかわいいフクロウの容器

「イラスト」や「コンピューターグラフィック」

B　受容性テスト用コンセプトボード

- 商品名（仮）：油いらず手間いらず
- 商品特徴
  - オーブントースターで簡単に調理できるフライシリーズ
  - 衣のパン粉の中に油のマイクロカプセルが入っているのでフライパンも油も使わずにフライができる
  - 必要最小限の油なので脂肪を摂りすぎない
  - 一口サイズのなのでお弁当にも便利
  - 人気メニューの「エビフライ」「ホタテフライ」「ヒレカツ」
- その他の特徴や条件など

「イラスト」や「コンピューターグラフィック」

55 コンセプトをスクリーニングし、魅力度をチェックする

アイデアの可能性を生かす姿勢で評価する

● コンセプトアイデアの社内スクリーニング

コンセプトアイデアシートの評価は、社内にスクリーニング委員会が設置されている場合はそのメンバーが、なければ開発プロジェクトメンバーが行います。

まずは経営戦略（特に中長期商品開発方針）との整合性の有無でチェックします。厳しい関門です。

次に、通過したアイデアをいくつかの評価項目（ウェイト付き）で評価し、加重平均値を算出して順位付けをします。評価項目とそれにかけるウェイトは、それぞれの企業によって異なります。図表55では加重平均が7点以上のものを通過させています。

また、コンセプトアイデア提案段階で、投資額・売上高見込み・投資回収見込みなどを要求する企業も見られますが、一般に、消費財メーカーでは、そこまで求める必要はないでしょう。コンセプトが確立して販売戦略が検討された時点で明らかになれば充分です。

実際上、コンセプトの魅力度や試作品の受容性が分からない段階で売上高見込みを出すことは、かえって危険性が高いと考えられます。

● アイデア魅力度チェック

まず、魅力度チェック用コンセプトボードを作ります。アイデア群を、想定ターゲット別のグループに分けて調査します。ただし、反応するセグメントを見極めるためには、ターゲットを全く設定しない場合もあります。

質問項目は、図表55下段のような総合魅力度5段階評価と魅力ポイント、改良希望点程度です。

インターネット調査を用いると、幅広い層を対象にすることができますが、アイデア流出のリスクは免れません。社員の家族を対象にするならば、その危険性はありませんが、かなりのバイアスが予想されます。

図表 55　**2段階で行うアイデア評価**

社内スクリーニングにおけるチェックポイント

1．経営戦略（特に中長期商品開発方針）との整合性の有無

　　　あり　………次のチェックへ
　　　なし　………検討から外す
　　　　　　　　（ただしデータベースにして将来活用）

2．アイデアを下記の項目（10点満点）で評価し加重平均を算出

　　≪加重平均値　7.00以上が合格≫

	ウエイト	評点（例）
●技術的開発可能性	（25％）	8 点
●生産可能性	（15％）	6 点
●原材料調達可能性	（10％）	8 点
●財務的可能性	（10％）	9 点
●流通チャネルの可能性	（15％）	8 点
●マーケティング経験と可能性	（25％）	7 点
加重平均値		7.55

コンセプト・アイデアの『魅力度チェック』を行う

インターネット調査などで想定ターゲットを抽出し、アイデアの魅力度を測定する　（魅力理由や改良希望案なども訊く）

【質問】
この『商品』に対してどの程度魅力をお感じになりましたか？
ぴったりのお気持ちのところに○印をお付けください。

非常に魅力を感じる	かなり魅力を感じる	どちらともいえない	あまり魅力を感じない	全く魅力を感じない
（+2）	（+1）	（0）	（−1）	（−2）

該当するアイデアの全てについて評価してもらう

魅力度に関する加重平均値を記録しておき、発売に至った商品の成功度合いを見極める。累積により『基準値』を設定する。

56 コンセプトの受容性をテストする

――コンセプトと試作品を同時に磨き上げる

コンセプトの受容性テストは、試作品を提示しながら行うのが最も望ましい形です。試作品が提示できない場合は、実現可能性を検討しながら作成した「受容性テスト用のコンセプトボード」を用いて、既存の参考商品を提示しながらテストを実施します。

このテストは、それまでに構築した商品コンセプトや試作品が、想定ターゲットにどの程度受け入れられるか＝受容性を測りながら、コンセプトや試作品をどのように変更・改良したら受容性を高めることができるかの情報を収集するプロセスです。その意味でコンセプトと試作品の磨き上げを行うプロセス＝「明日の顧客との共感を創造するプロセス」といえます。

小規模に何度も実施する場合と、販売量の予測を目指して大規模に実施する場合があります。コンセプトや試作品の完成度が不充分と判断される場合には、小規模の試用テストとグループインタビューを組み合わせて変更や改良ポイントを探ります。テスト・改良を何度か繰り返して完成度を高めます。

テストでの主な質問は図表56に示すとおりです。まずコンセプトボードを見せて質問1を行い、商品特徴がしっかり伝わったかどうかを確認します。続いて質問2（コンセプト魅力度の評価）を行います。

試作品の「試用テスト」は商品によって会場で行う場合とホームユーステストにする場合とがあります。ここでの質問のポイントは、質問3（コンセプトが試作品にどの程度実現されているか）と質問4（購入意向）の2点です。

販売量の予測まで行う場合には、完成度の高まったコンセプトと試作品を用いて大規模な調査を実施して、想定ターゲットと試作品の購入意向をベースに推計します。

第5章 商品コンセプトの構築プロセス

図表56　コンセプト受容性テストの質問例

※『商品説明』をお読みになって、以下の質問にお答えください（お感じになったままを遠慮なくご記入ください）。……コンセプトボードを提示して質問……

【質問1】
この『商品説明』は、充分に分かりやすかったでしょうか？　番号に○印をお付けください。また、分かりにくいところを具体的にお教えください。
1．よく分かった
2．分かりにくいところがあった（どの点かお教えください）

【質問2】
この『商品』に対してどの程度魅力をお感じになりましたか？　ぴったりのお気持ちのところに○印をお付けください。

非常に魅力を感じる	かなり魅力を感じる	どちらともいえない	あまり魅力を感じない	全く魅力を感じない
(+2)	(+1)	(0)	(−1)	(−2)

必要に応じて、詳細質問をする

※『試作品』をお試しになって、以下の質問にお答えください（お感じになったままを遠慮なくご記入ください）。

【質問3】
商品説明の特徴がこの試作品に、どの程度実現されているとお感じになりますか？　ぴったりのお気持ちのところに○印をお付けください。

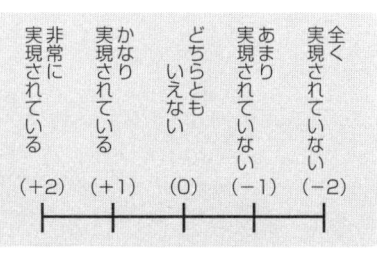

非常に実現されている	かなり実現されている	どちらともいえない	あまり実現されていない	全く実現されていない
(+2)	(+1)	(0)	(−1)	(−2)

必要に応じて、詳細質問をする

【質問4】
この『商品』が、あなたにとって妥当な価格で発売されたとしたら、あなたはどの程度買って見たいとお思いになりますか？　ぴったりのお気持ちのところに○印をお付けください。

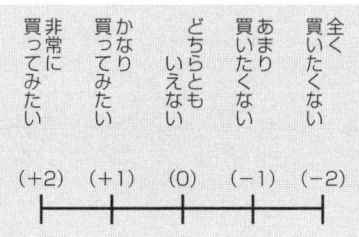

非常に買ってみたい	かなり買ってみたい	どちらともいえない	あまり買いたくない	全く買いたくない
(+2)	(+1)	(0)	(−1)	(−2)

第6章

コンセプトをカタチにするプロセス

CHAPTER 6

57 コンセプトをカタチにするときのポイント

開発推進の正式承認を得て本格開発作業に入る

確立された商品コンセプトにもとづいて概略のマーケティング戦略を検討し、概略の収益性分析を行います。

開発推進の正式承認を得るためです。

ただし、この段階では、あくまでも概算にとどまるを得ません。コンセプトの受容性テストで得られた情報では、価格も販売予測もマーケティング費用もすべて大まかなものだからです。詳細の検討については第7章に示すとおりのプロセスがとられます。

開発推進の正式承認を与える会議（多くの場合取締役会議）では、コンセプトのインパクト（消費者受容性と導入リスクの大きさ）、概略の収益性分析をめぐって検討が行われ、推進か中断かが決定されます。また、開発のための予算も承認されるのが一般的です。

当然のことながらここでは、プロジェクトリーダーのプレゼンテーション力・説得力・取り組み意欲がも

のをいいます。商品開発の大きな山場といえます。

正式承認が得られたら、いよいよ本格的な開発に入ります。大きくは、商品本体の開発とコミュニケーション手段の開発に分かれて進められます。これからのプロセスは、特に全体の進捗状況の共有化を目指すコンカレントエンジニアリングと呼ばれる進行が重要です。

初期試作品を作ることができなかったコンセプトに関しては、これまで商品特徴表現やイラストや模型で示されてきたものが、初めてカタチのあるものになっていきます。初期試作品に関しては、より本格的な商品としてのカタチが目指されます。

また、コンセプトボードの中に普通の言葉で示されていた様々な項目が、商品名・キャッチフレーズ・デザインなどの固有のカタチになっていきます。

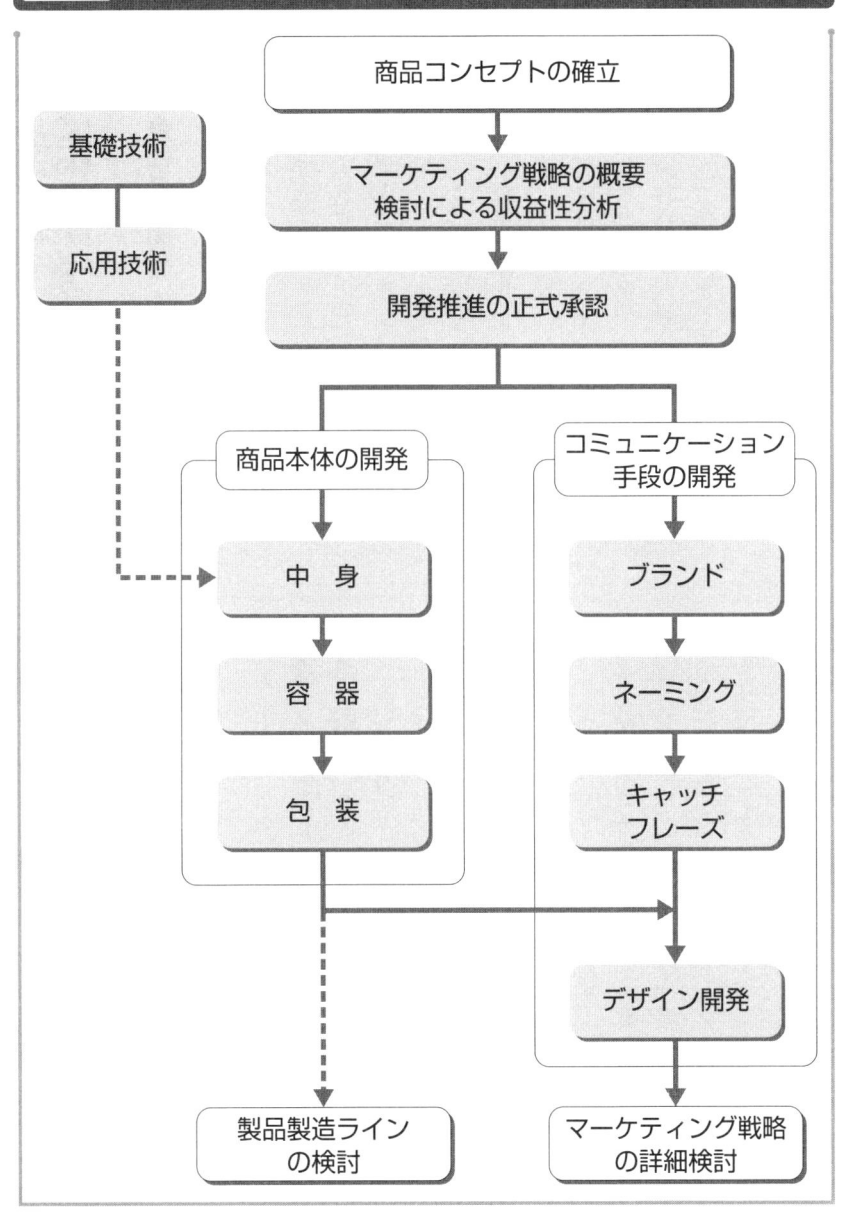

図表57　**コンセプトをカタチにするプロセス**

```
                    商品コンセプトの確立
                           ↓
   基礎技術         マーケティング戦略の概要
                   検討による収益性分析
                           ↓
   応用技術         開発推進の正式承認
                           ↓
            ┌──────────────┴──────────────┐
            │ 商品本体の開発              │ コミュニケーション
            │                             │ 手段の開発
            │       ↓                     │      ↓
            │     中 身 ←----            │    ブランド
            │       ↓                     │      ↓
            │     容 器                   │    ネーミング
            │       ↓                     │      ↓
            │     包 装                   │    キャッチ
            │                             │    フレーズ
            │                             │      ↓
            │                             │    デザイン開発
            ↓                             ↓
       製品製造ライン                マーケティング戦略
         の検討                        の詳細検討
```

第6章　コンセプトをカタチにするプロセス

58 商品本体を開発する

自社単独開発・自社生産にこだわらない

小ヒットをコンスタントに出すことを狙う商品開発においては、すべての開発・生産の機能を自社でまかなう社内一貫開発・生産方式にこだわらないことがポイントです。必要に応じてアウトソーシングします。特に、コンシューマーインサイトから色々なアイデアを発想した場合には、自社の技術・ノウハウだけでは対応できないことが多々あります。新技術による効率的な開発を進めるには、ノウハウ流出を防止したい自社のコア技術以外は外注委託することを考えます。協力企業を活用して商品開発や生産委託を行う場合の主なメリットを考えると、図表58の下に示すとおり、共通のメリット1点、商品開発と委託生産に関してそれぞれ3点、合計7点の可能性があげられます。

商品本体の開発において特に注意すべき点は、製品の原価を可能な限り下げること、そしてその中で消費者が満足するベネフィットをいかに実現するかです。

●原価を低く抑える

競争戦略上、コスト優位であることは非常に重要なので、商品が発売されて量産化段階に入ってからも継続的にコストダウンに取り組みます。しかし、「原価の80％以上は開発段階で決まる」といわれるように、後から取り組むコストダウンには限界があるため、開発段階で原価を低く抑えることが重要です。よく知られている手法はVE（Value Engineering）です。

●消費者が満足するベネフィットの実現

期待されているベネフィットを、可能な限り低コストで実現するということなので、一発でOKなどということはあり得ません。試作とテストを何度も何度も繰り返しながら、ベネフィットの実現とコストダウンを両立させていかなければならないのです。

| 図表 58 | 協力企業との連携による開発 |

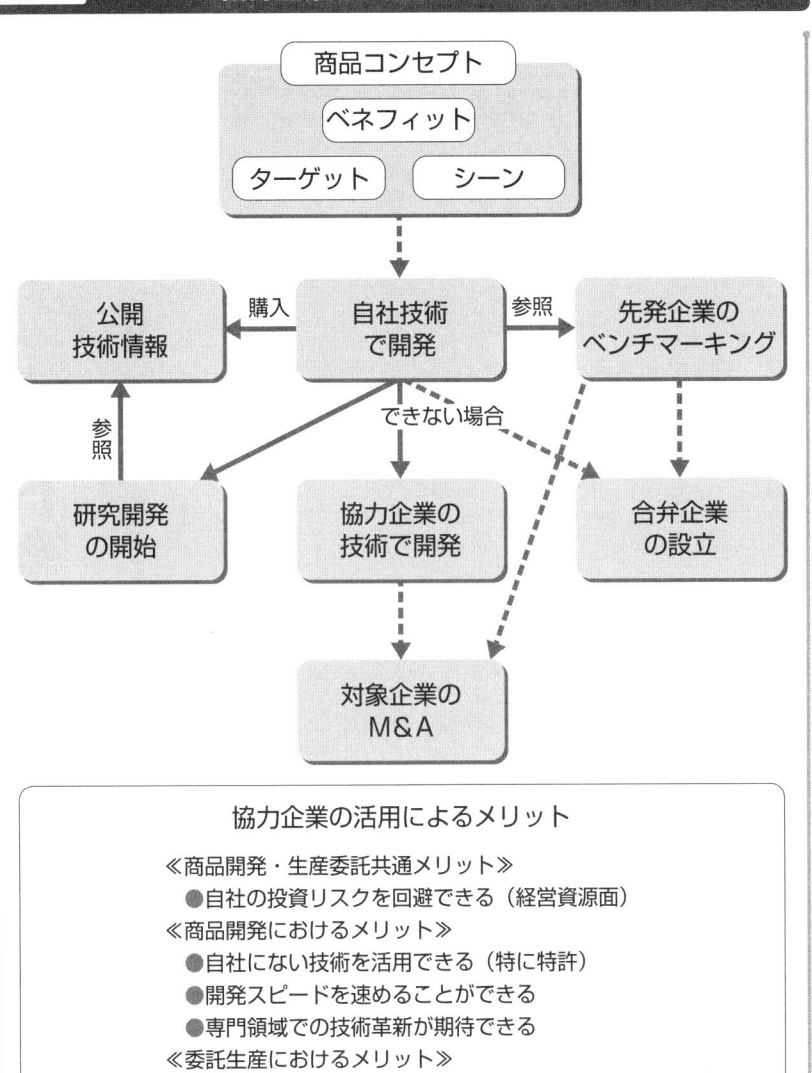

```
        商品コンセプト
          ベネフィット
      ターゲット   シーン
              ↓
公開          購入   自社技術   参照   先発企業の
技術情報 ←――――  で開発  ――――→ ベンチマーキング
  ↑                 │
  │参照      できない場合
  ↓         ↓      ↓         ↓
研究開発      協力企業の         合弁企業
の開始       技術で開発         の設立
              ↓
           対象企業の
            M&A
```

協力企業の活用によるメリット

≪商品開発・生産委託共通メリット≫
- 自社の投資リスクを回避できる（経営資源面）

≪商品開発におけるメリット≫
- 自社にない技術を活用できる（特に特許）
- 開発スピードを速めることができる
- 専門領域での技術革新が期待できる

≪委託生産におけるメリット≫
- 生産量の変動に対する対応力を増強できる
- 量産効果でコストを下げることができる
- 市場での競合企業を減らすことができる

59 ベネフィット実現度は、必ず想定ターゲットに評価してもらう

ベネフィット実現度を高める

商品本体におけるベネフィット実現度を確認し完成度を高めていくためには、想定ターゲットを対象にした試作品テストを繰り返し行う必要があります。

一般消費者の中からターゲットの条件に合った人を選び出し、ホームユーステスト（家庭内での試用評価）やセントラルロケーションテスト（会場での試用テスト）で行うのが理想的ですが、外部の調査機関に依頼せざるを得ないため費用と時間がかかります。

そこで、途中の部分修正の確認に関しては、社内の評価パネルや契約モニターなどを活用してスピーディーかつ安上がりに実施するのが一般的です。主観的な好き嫌いに関する質問は行わず、比較して差があるかどうか、ある狙いが実現されているかどうかなどの客観的な判断による質問だけでテストを行うならば、この対象者で評価をすることに問題はありません。

ただし、好き嫌いや購入意向を含めた評価を得るためには、必ず想定ターゲットを対象とします。

まったく新しいタイプの新商品でない限り、必ず市場に競合品があります。競合品と同じターゲットに対する差別化（別のベネフィット・シーン）を狙った場合には、実際に競合品との差別化ができているかどうかの比較テストが必要です。

また、競合品と別のターゲットを狙った場合にも、本当に狙いが実現できているのかどうか、対象者に競合品ユーザーを含めて確認する必要があります。発売後の市場での棲み分けが成立するかどうかを見極めるためです。

想定ターゲットを対象にする調査では、必ずテスト項目のはじめにコンセプトの魅力度評価を入れ、後半にコンセプトの実現度評価を入れておきます。

| 図表 59 | **試作品テストの基本プロセス** |

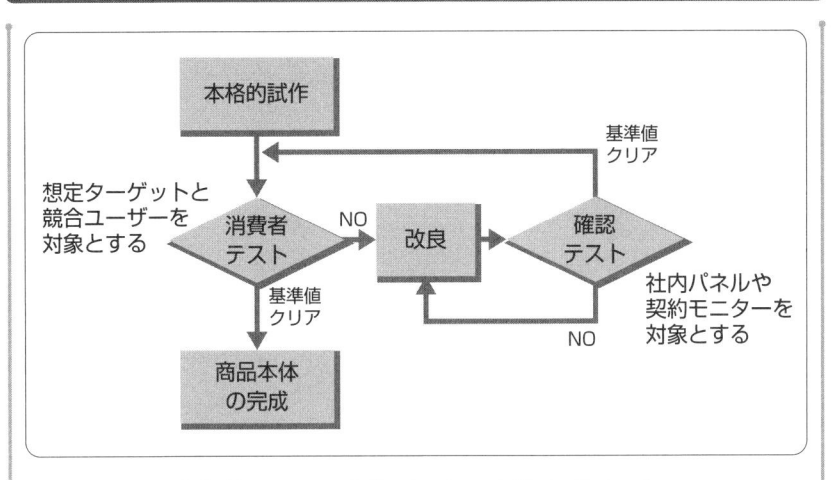

```
                        本格的試作
                            │
                            ▼
  想定ターゲットと      ┌─消費者─┐  NO    ┌──┐      ┌─確認─┐  基準値
  競合ユーザーを      ◇ テスト  ◇──────▶│改良│─────▶◇ テスト ◇──クリア──┐
  対象とする          └───────┘        └──┘      └──────┘         │
                         │基準値                   ▲                │
                         │クリア                   │ NO             │
                         ▼                        │                │
                      商品本体                     └────────────────┘
                      の完成

                              社内パネルや
                              契約モニターを
                              対象とする
```

≪消費者テストの実施プロセスと注意ポイント≫

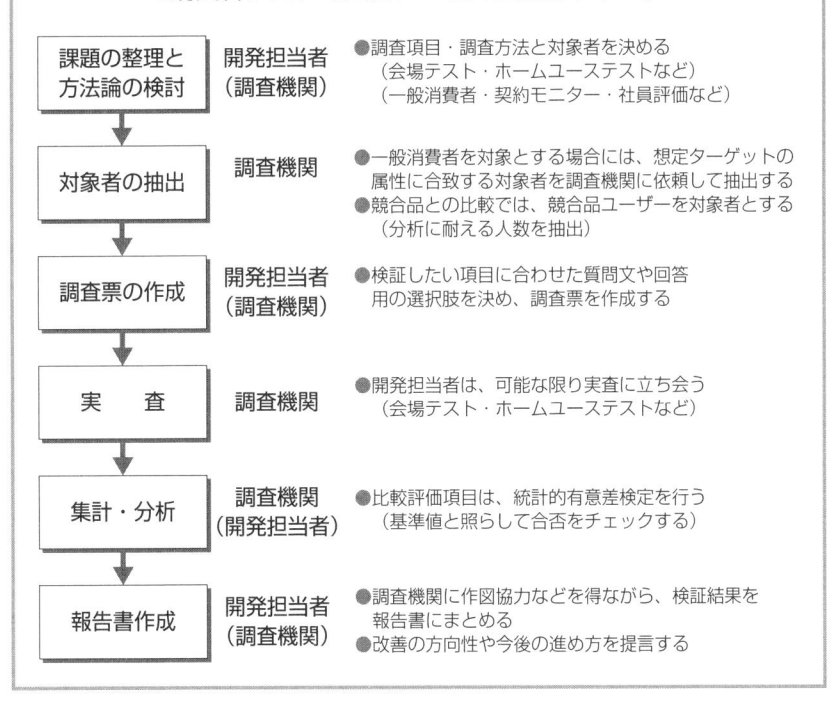

プロセス	担当	注意ポイント
課題の整理と方法論の検討	開発担当者 （調査機関）	●調査項目・調査方法と対象者を決める 　（会場テスト・ホームユーステストなど） 　（一般消費者・契約モニター・社員評価など）
対象者の抽出	調査機関	●一般消費者を対象とする場合には、想定ターゲットの属性に合致する対象者を調査機関に依頼して抽出する ●競合品との比較では、競合品ユーザーを対象者とする 　（分析に耐える人数を抽出）
調査票の作成	開発担当者 （調査機関）	●検証したい項目に合わせた質問文や回答用の選択肢を決め、調査票を作成する
実　査	調査機関	●開発担当者は、可能な限り実査に立ち会う 　（会場テスト・ホームユーステストなど）
集計・分析	調査機関 （開発担当者）	●比較評価項目は、統計的有意差検定を行う 　（基準値と照らして合否をチェックする）
報告書作成	開発担当者 （調査機関）	●調査機関に作図協力などを得ながら、検証結果を報告書にまとめる ●改善の方向性や今後の進め方を提言する

第6章　コンセプトをカタチにするプロセス

60 試作品テスト実施上のポイント

想定ターゲットによる試作品評価は非常に有効であるが、実施には充分な配慮が必要

試作品テストを実施する場合のポイントを、洗濯用液体洗剤の事例で説明いたします。

対象者の抽出を行うための調査は、想定ターゲットの条件が多いほど大量サンプルの調査が必要となります。したがって、一般には試作品が属する商品カテゴリーの市場浸透状況調査を兼ねて行うのが非常に効率的です。そのためには対象者を抽出するための項目以外に、任意の項目をいくつか加えて、図表60の事例に示す程度の質問を行うことになります。

試作品テスト本体の流れに関しては、実際によく行われているホームユーステストの例で示します。

まず対象者の家庭を訪問し調査の依頼と同時にコンセプトの魅力度調査を行います。同時に、試作品とブランドを隠した競合品そして留置きの調査票を渡し、一定の期間に試用評価をしてもらいます。

留置き調査票は、洗濯時の評価に関しては主婦に、洗濯物の仕上がり具合に関する評価と再使用意向は家族全員に評価してもらう形になっています。回収時の面接では、主婦の価格を認識した上での購入意向などに答えていただくことになっています。仕上がりの評価に関しては部分評価も訊いており、細かな改良点を探ろうとしています。（質問例は次項で説明）

こうした調査は、トイレタリーや化粧品や食品のテスト品を、試作品やブランドを隠した商品で試してもらうことになるので、特別な配慮が不可欠です。

メーカー名を明示した形での品質保証はできないが、充分な品質管理にもとづくテスト品であることや、自己判断による調査中断も自由であることなどについて調査機関を通してしっかり説明し、調査協力の了解を得なければなりません。

| 図表60 | 試作品テストの実施要領 |

| 前提 | ●洗濯用液体洗剤（室内干し可能タイプ）
●ベネフィット（室内で干してもイヤな臭いがしない）
●対象：子供がいる主婦（30代・40代）
●方法：ホームユーステスト（訪問面接および留め置き） |

対象者を抽出するときの質問

≪フェースシート≫
家族構成・年齢・就業状況　等

Q1．洗濯用液体洗剤の銘柄知名度
　　　（純粋想起・助成想起）

Q2．洗濯用液体洗剤の購入経験

Q3．使用中断銘柄およびその理由
　　　（効果・価格・利便性など）

Q4．普段よく使用している銘柄名
　　　およびその理由

Q5．普段よく使用する銘柄を、身近な
　　　お友達にすすめるとしたら、どのよ
　　　うに紹介するか

Q6．普段よく使用する銘柄について
　　　1）欠点・不満・改善希望点
　　　2）新たな要望や希望

Q7．洗濯用液体洗剤の使用頻度は今後
　　　増えるか減るか

Q8．普段の洗濯について
　　　1）週に何回ぐらいか
　　　2）何曜日が多いか
　　　3）誰がするか

Q9．干す場所について、外と室内の割
　　　合は（過去1カ月の状況）
　　　外（　　％）室内（　　％）

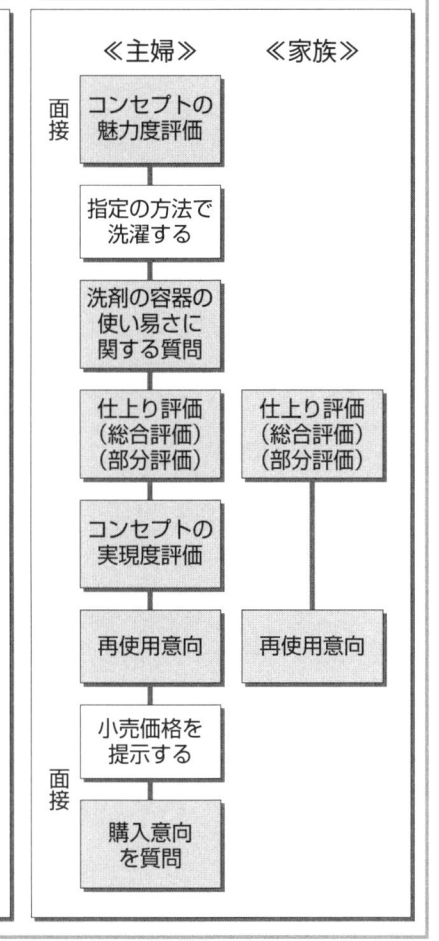

ホームユーステストでの質問

≪主婦≫　　　　≪家族≫

面接
- コンセプトの魅力度評価
- 指定の方法で洗濯する
- 洗剤の容器の使い易さに関する質問
- 仕上り評価（総合評価）（部分評価）　／　仕上り評価（総合評価）（部分評価）
- コンセプトの実現度評価
- 再使用意向　／　再使用意向
- 小売価格を提示する

面接
- 購入意向を質問

61 試作品テストの評価項目

基本評価項目を固定して評価を重ねることがポイント

先の例に引き続き洗濯用液体洗剤の例で示します。

前後の「コンセプト魅力度評価」「購入意向評価」については、コンセプトの受容性テスト（56項）で説明したものと同じ質問項目なので省略し、試作品を試した結果に関する質問の部分について例示します。

依頼した対象世帯の主婦に、指定した方法で家族の衣類（ここでは肌着のシャツ）を洗濯し乾燥させて仕上げてもらいます。それを、家族に試着してもらい、それぞれの感想を訊きます。事例の場合、留置き調査票の記入は全て主婦にお願いすることになります。

質問は、はじめに第一印象としての総合評価を訊きます。「非常によい」から「全くよくない」までの7段階評価が一般的です。5段階にしたり、「どちらともいえない」を除いた6段階にする場合もありますが、比較や基準値の作成の問題を考慮するならば、常に一定の尺度で評価することが必要です。

次にポイントである「香り」に関する質問です。「生乾きの臭い」がするかどうかと「香料の強さ」の度合いに関して別々の5段階尺度で訊いています。続いて「柔らかさ」と「爽やかさ」を良し悪しの5段階で訊き、最後に再使用意向（この洗剤で洗って欲しいかどうか）を7段階で確認して終了です。

全く同様に、競合品の評価をしてもらいます。このとき、条件を統一するために、対象者にTシャツを2枚ずつ配布して、テスト品と競合品を同日に洗濯してもらうというコントロールを行う場合もあります。

いずれにしても、試作品テストは可能な限り同一の方法や同一の質問（総合評価・再使用意向・購入意向など）で行ってデータを累積し、カテゴリーごとの評価基準値を作ることを目指すのが基本です。

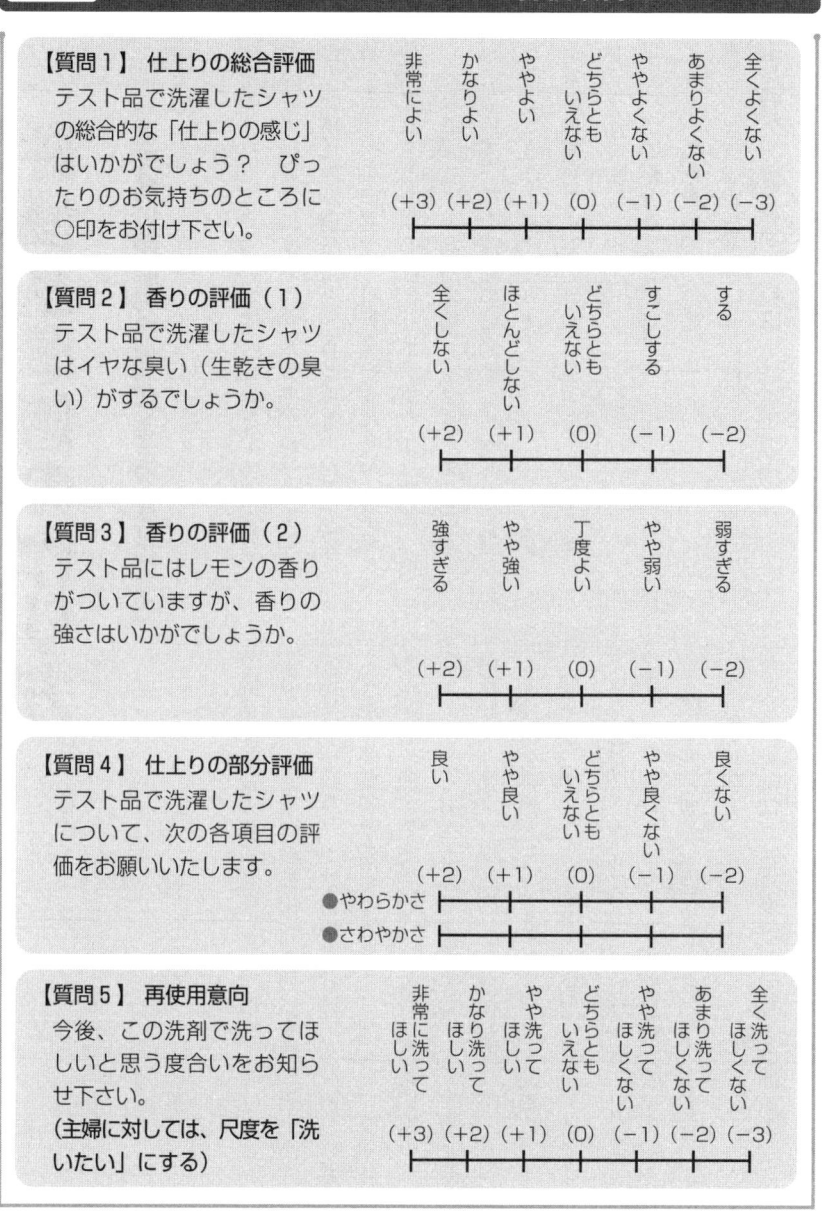

図表61　洗剤ホームユーステストの評価項目

【質問1】　仕上りの総合評価
テスト品で洗濯したシャツの総合的な「仕上りの感じ」はいかがでしょう？　ぴったりのお気持ちのところに〇印をお付け下さい。

非常によい	かなりよい	ややよい	どちらともいえない	ややよくない	あまりよくない	全くよくない
(+3)	(+2)	(+1)	(0)	(-1)	(-2)	(-3)

【質問2】　香りの評価（1）
テスト品で洗濯したシャツはイヤな臭い（生乾きの臭い）がするでしょうか。

全くしない	ほとんどしない	どちらともいえない	すこしする	する
(+2)	(+1)	(0)	(-1)	(-2)

【質問3】　香りの評価（2）
テスト品にはレモンの香りがついていますが、香りの強さはいかがでしょうか。

強すぎる	やや強い	丁度よい	やや弱い	弱すぎる
(+2)	(+1)	(0)	(-1)	(-2)

【質問4】　仕上りの部分評価
テスト品で洗濯したシャツについて、次の各項目の評価をお願いいたします。
●やわらかさ
●さわやかさ

良い	やや良い	どちらともいえない	やや良くない	良くない
(+2)	(+1)	(0)	(-1)	(-2)

【質問5】　再使用意向
今後、この洗剤で洗ってほしいと思う度合いをお知らせ下さい。
（主婦に対しては、尺度を「洗いたい」にする）

非常に洗ってほしい	かなり洗ってほしい	やや洗ってほしい	どちらともいえない	やや洗ってほしくない	あまり洗ってほしくない	全く洗ってほしくない
(+3)	(+2)	(+1)	(0)	(-1)	(-2)	(-3)

第6章　コンセプトをカタチにするプロセス

62 評価基準値の作り方

発売前に商品力を推測できるようになる

商品開発のプロセスにおいては、様々なテストが行われ、長い間には非常に多くの評価数字が残りますが、その中の主要項目の評価結果を分布と加重平均値で保存しておくことが大切です。発売後の売れ具合（単純には成功・失敗）との相関をとり基準値を作っておくことで、同カテゴリーの商品に関しては、テスト段階＝発売前において、その商品のおおよその商品力を推測することができるようになります。

一般消費財の開発プロセスにおけるテストでの主要項目は次のとおりです。

① コンセプトの魅力度（5段階）
② コンセプトの実現度（5段階）
③ ベネフィットの総合評価（7段階）
④ 試用後の再使用意向（7段階）
⑤ 認識価格評価グラフ（後述）
⑥ 価格提示後の購入意向（5段階）
⑦ 発売後一定期間の評価（成功・失敗・売上高）

事例は、ベネフィットの総合評価（7段階）の累積データから評価基準値を導き出した例です。成功商品の総合評価の加重平均値を低いものから高いものへと並べて、左から右へと件数を累積していくと右上がりの曲線ができます。失敗商品も同様に並べて、右から左へと件数を累積していくと右下がりの曲線ができます。加重平均値1.5の位置が成功の確立と失敗の確立が同じになります。2のところが成功の確率と失敗の確率が80％、1・2と1・5を目指す」などと設定することができます。

基準値の設定は、安定成長＝小ヒット商品をコンスタントに出し続けるために非常に有効です。

図表 62　累積データから基準値を設定

《ベネフィットの総合評価》

```
+3    +2    +1    0    -1    -2    -3
├─────┼─────┼─────┼─────┼─────┼─────┤
非    か    や    ど    や    あ    全
常    な    や    ち    や    ま    く
に    り    価    ら    価    り    価
価    価    値    と    値    価    値
値    値    が    も    が    が    値    が
が    が    あ    い    な    な    な
あ    あ    る    え    い    い    い
る    る         な
              い
```

（例）基準値＝最低1.2とし1.5を目指す

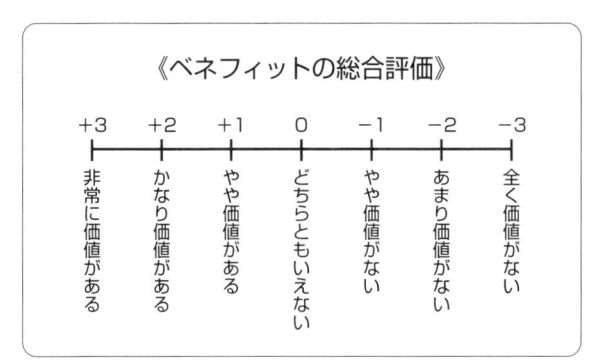

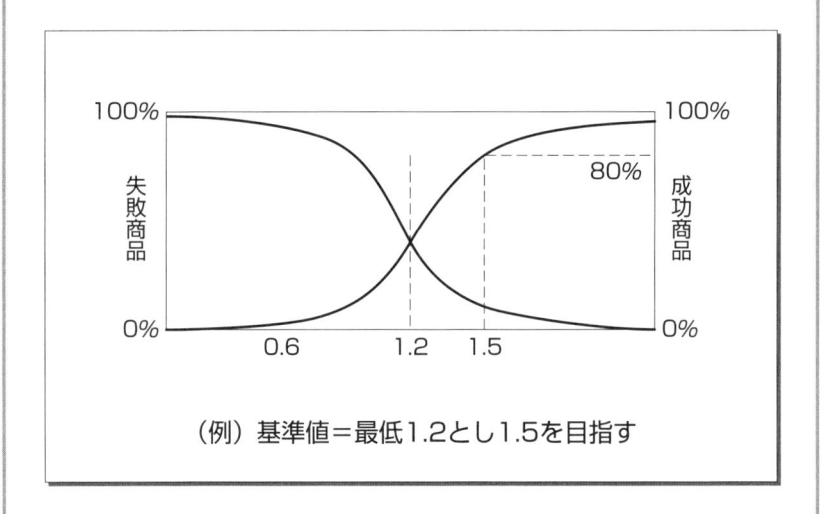

《基準値が威力を発揮する主要評価項目》

① コンセプトの魅力度（5段階評価）
② コンセプトの実現度（5段階評価）
③ ベネフィットの総合評価（7段階評価）
④ 試用後の再使用意向（7段階評価）
⑤ 価格提示後の購入意向（5段階評価）

63 競合品との比較評価を行う

発売前に競争優位を確認できる

新規参入や改良商品で追撃する場合など、商品力で競合品に対して競争優位に立つことが望まれます。試作品と競合品の比較評価を行い、はっきりと優位に立てることを確認してから発売したいものです。たとえ総合評価で違いがなくても、明確な特徴（差別化ポイント）を主張できる形で発売すべきでしょう。

図表63の事例で示した芳香剤の場合、決め手は香りの適合度評価です。数値で明確な差を確認するには統計的有意差検定を行いますが、2つの方法があります。1つは例1に示したもので、それぞれの商品に対して香りの適合度評価を行い、結果の平均値の有意差検定を行う方法です。もう1つは例2に示したもので、同じ対象者に2品を試してもらい、どちらがどの程度ふさわしいかを回答してもらいます。そして、直接比較の有意差検定方法で確認します。どちらも統計的誤

差水準1％で確認できます。

ある1つのポイント、たとえば香りの持続性において差別化ができているかどうかを判定するには、例2の直接比較で「どちらが持続性がありましたか」という形の質問を行います。適合性に有意差があって、なおかつ1つの特徴が際立っているという結果であれば、非常に優位に立つことができます。

細かい点での差があったかどうか、こちらが予想してない差がなかったかどうかを確認するためには、試用テストの終了後に直接インタビューを行って確認します（例3）。思いがけない小さな差異が、将来の差別化ポイントになる可能性もあるので、注意深く行う必要があります。ここでの質問は定性調査そのもので す。調査員に対する事前の指示（質問要領の教育）をしっかりと行わなければなりません。

図表63　噴霧式芳香剤の比較評価の事例

例1　試作品と競合品の総合評価の「平均値の有意差検定」を行う

【質問】　香りの適合度評価

テスト品をお試しになって、和室にふさわしい度合いはいかがでしたか？　ぴったりのお気持ちのところに○印をお付けください。

（銘柄を隠し、2品に同じ質問）

非常にふさわしい　かなりふさわしい　ややふさわしい　どちらともいえない　ややふさわしくない　かなりふさわしくない　非常にふさわしくない

(+3)　(+2)　(+1)　(0)　(−1)　(−2)　(−3)

例2　試作品と競合品の直接比較評価で統計的有意差検定を行う

【質問】　ふさわしさの比較評価

2つのテスト品をお試しになってどちらがどの程度和室にふさわしかったかぴったりのお気持ちのところに○印をお付けください。

（銘柄を隠し、比較してもらう）

39のほうが　　　　　　　　　　　51のほうが

非常にふさわしい　かなりふさわしい　ややふさわしい　2品のふさわしさに差はない　ややふさわしい　かなりふさわしい　非常にふさわしい

(+3)　(+2)　(+1)　(0)　(−1)　(−2)　(−3)

例3　試用テスト後に、試作品と競合品の「違い」をインタビューする

【質問】　2つのテスト品に関するお尋ね

- 2品について、噴霧のしやすさに関して違いがありましたか？
  （それはどのような点だったでしょうか、具体的にお知らせください）
- 2品について、容器の持ちやすさに違いがありましたか？
  （それはどのような点だったでしょうか、具体的にお知らせください）
- 2品について、どちらのほうをお使いになりたいと思いますか？
  （また、その理由についてもお知らせください）

64 パッケージングのポイント

時にはパートナーを変えることも必要

パッケージングのポイントは大きく2つあります。

① 商品本体を、消費者（生活者）が使用する場面で最も使いやすい容器（形態や材質）に入れる検討や、安全に運搬・保管するための包装（形態や材質）を検討・開発すること

② 陳列したときに、消費者（生活者）に注目してもらい、興味・関心を持ってもらい、さらに、記憶し購入してもらうために、インパクトの強いデザインを開発すること

これらの開発機能を自社内に持っている企業はほとんどなく、アウトソーシングしているのが一般的です。容器や包装に関しては、紙・合成樹脂・金属・ガラスなどの容器や、各種の包装機械メーカーのパートナーが、デザインに関しては、デザイナー・カメラマン・印刷などのパートナーが必要です。強力なパートナー（大手企業とは限らない）と組むことで商品開発のレベルを高めることができます。

容器や包装の開発は、商品本体の開発と密接に関連するため、相手企業の担当者に、開発の早い段階から参画してもらうことや、共同開発形式をとることも珍しくありません。デザインに関しても同様です。同一企業と長い間組んで仕事をするケースが多くなります。同一企業ならば、開発に関する機密保持もしやすく、基調が継続しやすく、内情を知っているため融通がきくし、先を見た研究ができるため革新性を高めやすいなどの利点があるからです。

しかし反面で、いつも同じような雰囲気の形態やデザインというマンネリに陥る危険性があります。適宜、コンペティション形式を取り入れたり、新しいパートナーを探したりすることも大切です。

図表64　**パッケージングのポイントは大きく2つ**

❶ 容器・包装の形態や材質を検討し最適なものを開発する
（使用時の利便性、運搬・保管時の安全性）

❷ 消費者に対してインパクトの強いデザインを開発する
（注目し、興味を持ち、欲しくなるようなデザイン）

《強力なパートナーが欲しい》

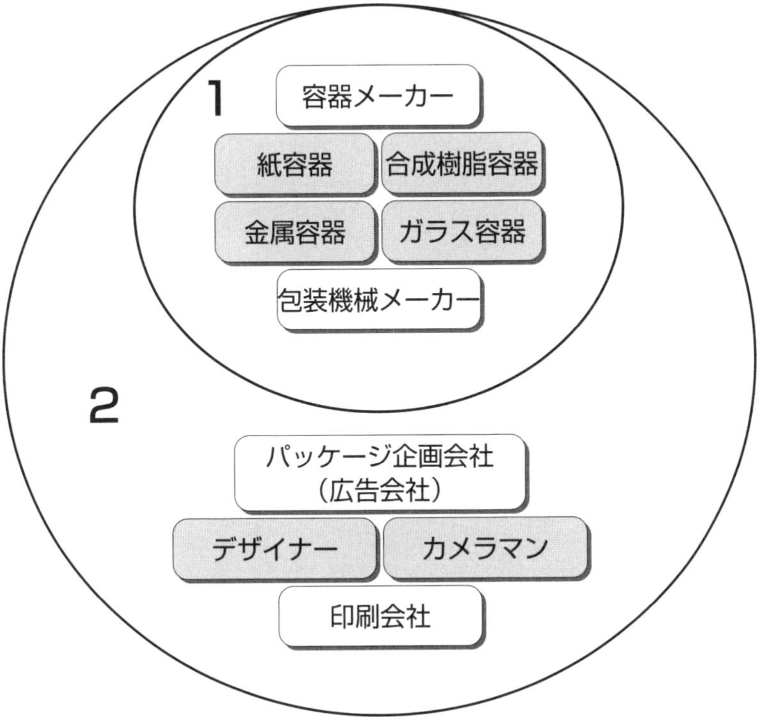

1
- 容器メーカー
  - 紙容器
  - 合成樹脂容器
  - 金属容器
  - ガラス容器
- 包装機械メーカー

2
- パッケージ企画会社（広告会社）
  - デザイナー
  - カメラマン
- 印刷会社

65 容器・包装の開発プロセス

容器・包装の検討は、必要条件・希望条件・付加価値の3段階

容器・包装に関する考え方は、商品コンセプトの付帯条件として示されていることが多いのですが、場合によっては容器・包装自体が新たなベネフィット＝差別化ポイントとしてコンセプトの中心になっている場合も珍しくありません。商品本体の差別化が難しくなっているカテゴリーにおいては、容器の利便性をキーにして新商品コンセプトを発想する場合もしばしばあるからです。

さらに、全く新しい容器形態の出現が契機となって新商品コンセプトが発想される場合さえあるのです。その意味では、容器の形態や素材、充填機械、包装機械も重要なシーズであり、商品コンセプトの貴重なヒントを与えてくれるのです。

ここでは、主たるベネフィットは中身に実現されていて、容器・包装の考え方が付帯条件で示されている標準的なケースを前提に検討のプロセスを示します。

この場合、容器・包装の開発は、商品本体（中身）の性質が確定したところから始まります。中身の性質は、法定表示項目になると同時に、中身を守るための容器・包装の基本的必要条件となります。

中身が「破損しない」「変形しない」「傷つかない」「異物混入がない」、外見が「変質しない」「汚れない」ようにするにはどうするか、などの検討を行います。

次に、中身が使われるシーンを踏まえて「希望条件」を検討し確定します。

さらには、ターゲットが感じるであろう「経済性」「公共性」「嗜好性」やさまざまな好感度に結びつく付加価値を実現する方法を検討します。商品価値を少しでも高めるための努力です。

図表 65　**容器・包装オリエンテーションまでのプロセス**

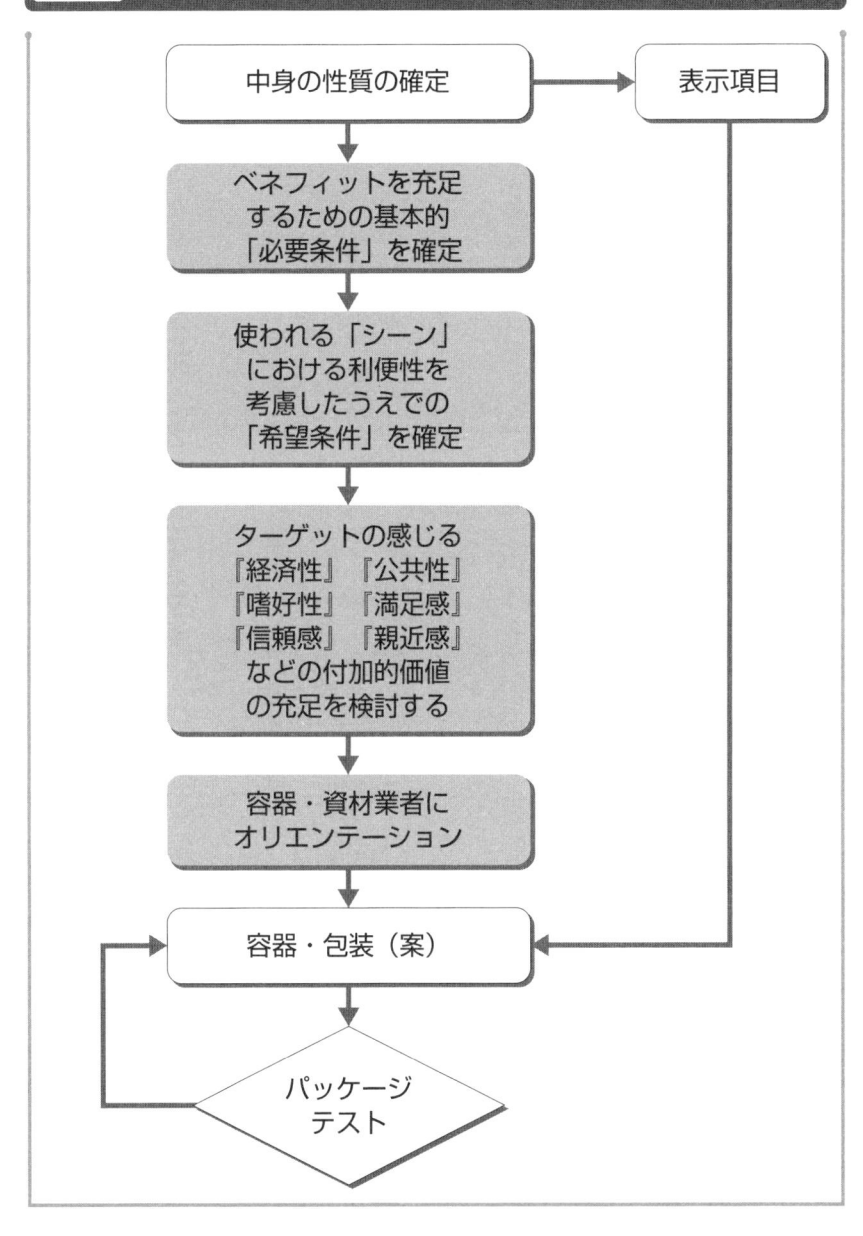

```
中身の性質の確定 ──→ 表示項目
      │
      ▼
ベネフィットを充足するための基本的「必要条件」を確定
      │
      ▼
使われる「シーン」における利便性を考慮したうえでの「希望条件」を確定
      │
      ▼
ターゲットの感じる『経済性』『公共性』『嗜好性』『満足感』『信頼感』『親近感』などの付加的価値の充足を検討する
      │
      ▼
容器・資材業者にオリエンテーション
      │
      ▼
容器・包装（案） ←──┐
      │              │
      ▼              │
  パッケージテスト ──┘
```

66 容器・包装で付加価値を高める

容器・包装は商品価値を高める大切な要素

中身や価格が同レベルならば、消費者（生活者）は、使いやすい容器や好感の持てるパッケージの商品を選ぶのが当然です。また、まれに中身より容器やパッケージを重視して選ぶ消費者もいます。したがって、常に付加価値の向上を目指して検討を行います。

図表66に示したとおり、容器・包装の価値構造は、中身を守る基本的必要条件を、「利便性」「経済性・公共性」「嗜好性・好感度」でとり巻く形になります。

基本的必要条件と希望条件としての「利便性」がおおかた備わっていれば、一応商品としての体裁は整いますが、それだけでは、現在の消費者（生活者）の比較チェックポイントはクリアできません。経済性・公共性が備わっていなければ、一段格下と判断されます。

トレス軽減のための、「分別のしやすさ」や「つぶしやすさ」などまでチェックされています。

また、容器や包装に関しても、「嗜好性・好感度」が重要な要素になっています。使いやすいだけではなく、「美しい・かわいい・個性的・軽快感・重厚感」などの感性に訴える要素が満たされなくてはならないのです。さらに、それを使う自分にふさわしいものであることや、それを使う場面にふさわしいものであるまでもが、瞬時に見極められているのです。

同じカテゴリーの商品がたくさん並び、消費者（生活者）が豊富な知識と鋭い選別眼で選別する現在の売り場環境を考えると、メーカーは「競合品の中で目立つ」という要素も本気で考えなければなりません。

結局、容器・包装と後述するデザインの要素も絡めた「総合的訴求力」の戦いということになるのです。

過剰包装でなく、再使用やリサイクルができるのが当たり前とされ、とりわけ今では、ごみ収集にからむス

第6章 コンセプトをカタチにするプロセス

図表66 　**容器・包装をめぐる価値構造**

基本的「必要条件」

【中身】
- 破損しない（密封）
- 変質しない（不透過性）
- 異物混入がない（不透過性）
- 成分上の不安がない（添加物等）

【外見】
- 変形しない（材質・形状・強度）
- 傷つかない（材質・強度）
- 汚れない（材質・形状）

【表示】
- 見やすい（文字の大きさ）
- 分かりやすい（表現の工夫）
- 誤解しない（表現の工夫）

希望条件としての「利便性」

- 持ちやすい
- 開けやすく、閉めやすい
- 軽くて、破れない、つぶれない
- 汚れにくい、洗いやすい
- 収納しやすい
- 温度変化に影響されない
- 湿度変化に影響されない
- 重ねやすい
- 運びやすい、振動に強い

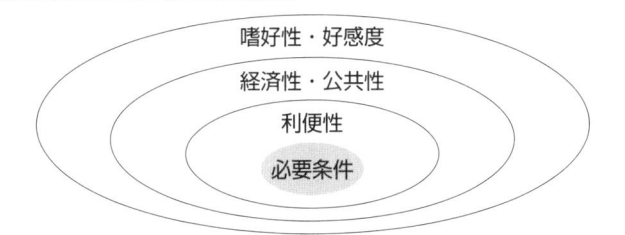

嗜好性・好感度
経済性・公共性
利便性
必要条件

経済性・公共性

- 過剰包装でない
- 無駄がない
　（低コスト素材で条件を満たす）
- そのまま再使用できる
- リサイクルできる
- 分別しやすい
- つぶしやすい

嗜好性・好感度

- 好感が持てる
- 美しい、かわいい
- 個性的である
- すっきりしていて、軽快である
　（逆に、重厚感がある）
- 信頼できる
- 競合品の中で目立つ
- 使用者にふさわしい
- 使用場面にふさわしい

これらの要素の実現度は『試作パッケージ』の
ホームユーステストを実施して確認し改良する

67 ユニバーサルデザインに配慮する

ひとまずコストを棚上げにして検討する

今では、高齢者や子供などのために、「開封用の切り口をつける」「ワンタッチ開閉のふたにする」「文字の大きさを確保する」などの配慮をしたり、視覚障害者のために、「容器にサインとしての突起をつける」などの配慮をするのは、ほとんどメーカーの義務ともいえる状況になっています。万人に使いやすいという意味で「ユニバーサルデザイン」とよばれています。

商品の内容や使用法に関する説明の分かりやすさ（基本条件であり安全性確保のためでもある）や、使いやすさ（利便性）に関しては、これまでの商品開発においても、充分に検討されてきました。しかし、検討や確認の対象となるユーザー像は、ターゲットの平均層をイメージしています。しかも、メーカー側の製造コスト意識が先行して、機能の追求に妥協が生じることがなかったとはいえません。

ユニバーサルデザインの考え方の最大のポイントは、ターゲットの平均層をイメージするのではなく、ターゲットのすべての人（様々な弱者を含めて）を考慮に入れて検討し、誰にでも使いやすい商品、特に容器・包装・説明を開発することです。コストといことをひとまず棚上げにして消費者（生活者）の論理を優先させて検討するということに他なりません。そのうえで、企業としてはコストダウンに努め、最終的に一部が小売価格に反映されたとしても、最小限のものでかつリーズナブルなものでなければならないのです。

ユニバーサルデザインを実現するためには、容器や包装の検討がある程度進んだ段階で、提示したとおりの7つの視点でチェックを行います。工夫次第で、コストをかけずに解決するケースも多々あります。

156

図表 67　今後の「容器・包装」に関して必要な考え方

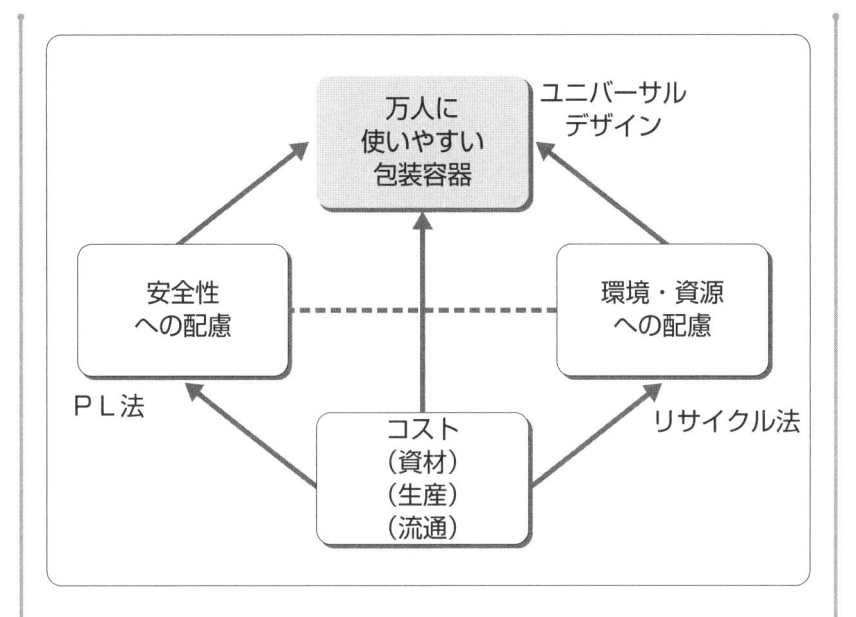

```
                          ユニバーサル
     万人に                 デザイン
    使いやすい
    包装容器

  安全性  --------  環境・資源
 への配慮            への配慮

PL法                       リサイクル法
       コスト
       (資材)
       (生産)
       (流通)
```

《ユニバーサルデザインのためのチェックポイント》

特に「弱者」を意識してチェックする

- 誰にでも利用できるようになっているか
- 使用上の制約は最小限になっているか
- 使い方が簡単で、説明が明快になっているか
- 必要な情報が、簡単明瞭に示されているか
- うっかりミスや危険の可能性がまったくないか
- きゅうくつな姿勢や余計な負荷が発生しないか
- 使いやすい大きさとゆとりが確保されているか

68 ネーミングとブランドマネジメントを一緒にしない

商品名とブランドははっきり分けて考えたい

ある企業がある商品やサービスを市場に送り出し、様々にマーケティング努力をした結果、多くの消費者にその商品の価値が認められ、安定的に繰り返し購入されるようになります。消費者は、再購入するときや知人に推奨するときにその商品名や企業名を口にして伝えます。このときにブランドは確立したといえるでしょう。即ち、商品名を法的に登録したときではなくそれが消費者の意識の中に定着したときにブランドは確立されたといえます。こうした観点から、商品名とブランドは次のように定義できます。

【商品名】
「競合商品から識別するためにつけられた商品の名称・記号・シンボルないしそれらの組み合わせ」

【ブランド】
「消費者の意識に定着した商品やサービスの名称、あるいはそれを提供する企業名やシンボルであり、売り手と買い手の間の信頼の記号」

このように定義することで、開発した商品にふさわしい名称をつけることを、明快に「ネーミング」と呼ぶことができます。そして、ネーミングされた商品を、良いコミュニケーション・良いプロモーション・良い流通網、即ち良いマーケティングプロセスに関して消費者に定着させていくプロセスを、「ブランド育成プロセス」と呼ぶことができ、価値の確立したブランドに、メンテナンスしたり、拡張して価値をさらに高める努力をしたり、売買したりすることを、「ブランドマネジメント」と呼ぶことができます。

本書では、ネーミングの方法に関してより詳しく説明し、ブランドマネジメントに関しては、いくつかのポイントを抽出して説明します。

図表 68　**商品の育成とブランドの育成は相即する**

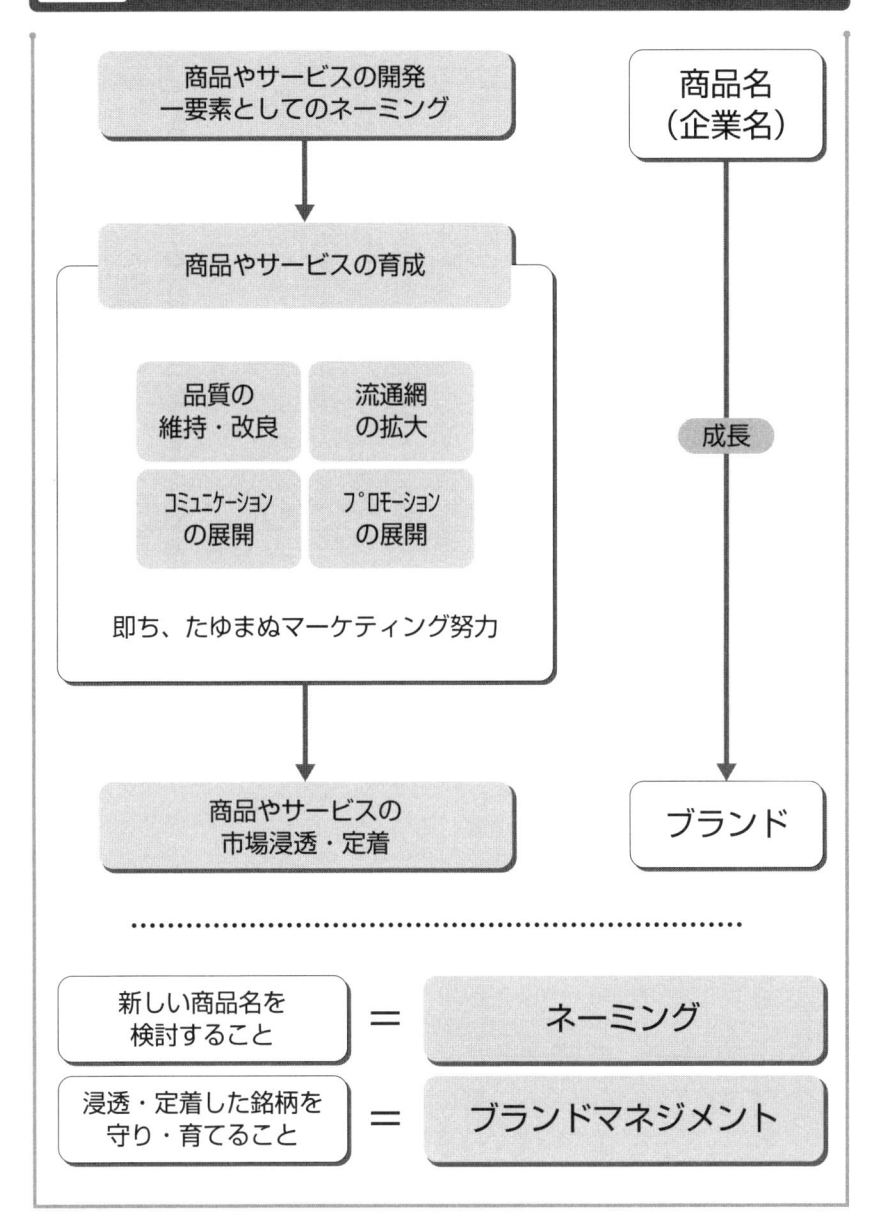

```
商品やサービスの開発              商品名
一要素としてのネーミング          （企業名）
        │                           │
        ▼                           │
┌──────────────────────┐            │
│   商品やサービスの育成 │            │
│                      │            │
│  ┌────────┐ ┌────────┐│           成長
│  │ 品質の │ │ 流通網 ││            │
│  │維持・改良│ │の拡大 ││            │
│  └────────┘ └────────┘│            │
│  ┌────────┐ ┌────────┐│            │
│  │コミュニケーション│ │プロモーション││            │
│  │の展開  │ │の展開  ││            │
│  └────────┘ └────────┘│            │
│                      │            │
│ 即ち、たゆまぬマーケティング努力 │            │
└──────────────────────┘            │
        │                           ▼
        ▼                        ブランド
  商品やサービスの
  市場浸透・定着
```

　新しい商品名を　　＝　　ネーミング
　検討すること

　浸透・定着した銘柄を　＝　ブランドマネジメント
　守り・育てること

第6章　コンセプトをカタチにするプロセス

69 ネーミングの方法

ネーミングとは商品コンセプトの凝縮表現

商品に名前をつける場合、それによって商品の中身や特性がすぐ分かるものが最適です。大量のテレビCMや新聞雑誌広告を長期間にわたって投入する場合や、一見して非常にユニークな外見である場合などを除けば、商品名自体が有力な告知媒体になっていなければならないからです。

即ち「この商品は、こういう特徴を持っていて、あなたの自分設計・生活演出にぴったりのものですよ」と呼びかけるものであることが最適だということです。端的にいえば、商品コンセプトを短い洒落た言い回しで伝えるということです。

したがって、ネーミングのスタートも「商品コンセプト」です。ただし、これから市場に送り出すわけですから、商品コンセプトを、経営戦略・事業戦略にもとづいて市場状況にふさわしい形に表現しなければな

らないという条件つきです。検討プロセスは、図表69のような流れになります。

まず、商品コンセプト・事業戦略・市場状況をもとに、「ネーミングコンセプト」をまとめあげるステップです。これは、ネーミングを自社開発する場合でも、外注する場合でも欠かせないものです。このまとまり具合がネーミングの良し悪しを大きく左右します。

続いて、アイデア発想を行います。通常は、ネーミングコンセプトから関連キーワードを抽出し、それを巡って様々な発想法を試みます。チームメンバーで発想する以外に、キーワードと試作品を提示して、社内公募や一般公募を行うという方法もあります。

出揃ったアイデア群は、商標調査(既に登録されていないかの確認)にかけられ、さらに社内評価や想定ターゲットによる評価にかけられます。

| 図表 69 | ネーミングの検討プロセス |

```
┌─────────┐   ┌─────────┐   ┌─────────┐
│ 経営戦略 │   │商品コンセプト│   │ 市場状況 │
│ 事業戦略 │   └─────────┘   └─────────┘
└─────────┘        │
     │             ▼
     └──────→┌─────────────┐
            │ネーミングコンセプト│
            │   の構築    │
            └─────────────┘
                  │         外注する場合
                  ├──────────────────┐
                  ▼                  ▼
            ┌─────────────┐    ┌─────────┐
            │キーワードの抽出│    │ オリエン │
            └─────────────┘    │ テーション│
                  │            └─────────┘
                  ▼                  │
            ┌─────────────┐          │
            │ ネーミング発想 │          │
            └─────────────┘          │
                  │                  │
                  ▼                  │
            ┌─────────────┐          │
            │ 第1次商標調査 │          │
            └─────────────┘          │
                  │                  │
                  ▼                  │
            ┌─────────────┐          │
            │ ネーミング選考 │◀─────────┘
            └─────────────┘
                  │
                  ▼
            ┌─────────────┐
            │ 最終候補選出 │
            └─────────────┘
                  │
                  ▼
            ┌─────────────┐
            │ 第2次商標調査 │
            └─────────────┘
```

第6章 コンセプトをカタチにするプロセス

70 ネーミングコンセプトを構築する

初めてかかわる人にすぐ分かるように構築する

ネーミングコンセプトは1枚のシートにまとめます。ずばり商品コンセプト（ベネフィット・ターゲット・シーン）を中心に置きます。周囲に、経営上の方向けや市場状況からの条件などを配置して、どのようなネーミングが求められているかを明らかにします。

●商品コンセプト
コンセプトボードと同じ内容を簡明に示します。

●自社商品の中でのポジショニング
既存ブランド傘下のサブブランド、並列関係の兄弟ブランドを目指す、全く新しい独立ブランドを目指す、などのブランドマネジメント上の位置づけです。

●商品ライン展開構想
今後の商品ファミリー展開が、並列の種類拡張型の展開なのか、縦型のグレード展開なのかを示します。

●マーケティング戦略展開との関連

主なコミュニケーション手段（広告宣伝）は何か、投入量はどれくらいか、などを示します。

●市場商品の中でのポジショニング
商品のユニークさの度合い。競合商品がある場合は棲み分け共存型の仕立てか正面衝突型かを示します。

●販売エリア・チャネルに関する配慮
商品の流通チャネルの特徴（規則や慣習や癖など）による表現や使用言語に関する制約の有無を示します。

●文化や生活視点における着眼点
巷のトレンド・ブーム・生活意識・ライフスタイルなどにどのように関わっていきたいのかを示します。

●表現形式に関する方向性
説明納得型のネーミングにするか、イメージ訴求型のネーミングにするかを示します。

基本項目は以上ですが、必要に応じて追加します。

第6章 コンセプトをカタチにするプロセス

図表70　ネーミングコンセプトを構成する要素

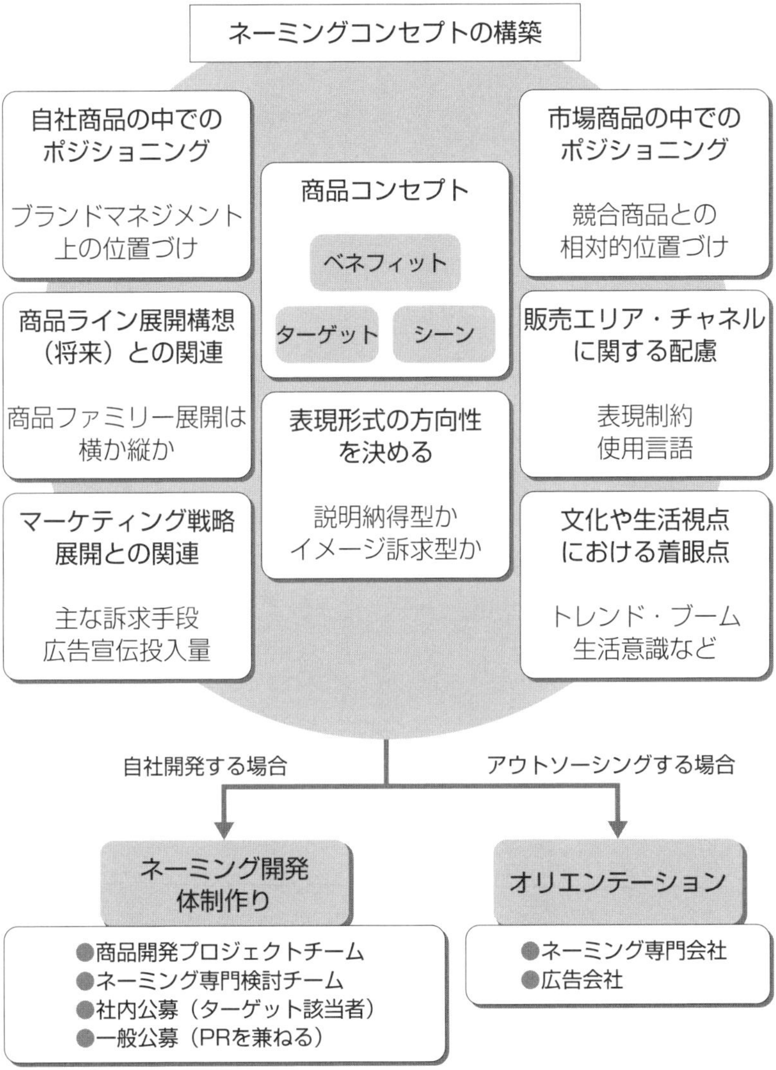

ネーミングコンセプトの構築

- 自社商品の中での
ポジショニング
ブランドマネジメント
上の位置づけ

- 商品ライン展開構想
（将来）との関連
商品ファミリー展開は
横か縦か

- マーケティング戦略
展開との関連
主な訴求手段
広告宣伝投入量

- 商品コンセプト
  - ベネフィット
  - ターゲット
  - シーン

- 表現形式の方向性
を決める
説明納得型か
イメージ訴求型か

- 市場商品の中での
ポジショニング
競合商品との
相対的位置づけ

- 販売エリア・チャネル
に関する配慮
表現制約
使用言語

- 文化や生活視点
における着眼点
トレンド・ブーム
生活意識など

自社開発する場合 → **ネーミング開発体制作り**
- ●商品開発プロジェクトチーム
- ●ネーミング専門検討チーム
- ●社内公募（ターゲット該当者）
- ●一般公募（PRを兼ねる）

アウトソーシングする場合 → **オリエンテーション**
- ●ネーミング専門会社
- ●広告会社

ネーミングコンセプトは、ネーミング開発の方向性を明確に
するものであると共に、ネーミング案の評価項目になる

71 ネーミング案を発想する

基本どおりに準備をすれば、決して難しい作業ではない

ネーミング発想の基本形としては、まずネーミングコンセプトを準備して、そこからキーワードを導き出します。次に、キーワードを組み合わせたり・ひねったり・言葉遊びをしたりしながら発想します。

図表71の事例は、㈱紀文食品で実際に発売した商品のネーミングの発想プロセスを示したものです。

コンセプトは、「ミンチ状にした鶏肉と豆腐で野菜をたっぷりとじて、かき揚げ風に仕上げた軽食」

- 自社商品の中では、鶏肉と豆腐をベースにした商品を全く新しいカテゴリーとして育成する狙い
- 商品ライン展開は、バラエティーを横に広げていくので、ファミリーネームにしたい
- 広告宣伝は実施しないので、店頭で「興味を喚起する」力のある名前にしたい
- 強力な競合品はほとんどない
- コンビニエンスストアで販売
- 消費者（生活者）の健康志向に着眼した商品
- 表現形式は、分かりやすい説明納得型にしたい

まず、以上のネーミング・コンセプトから、キーワードを抽出したところ、「鶏肉」「豆腐」「野菜」「かき揚げ」「低カロリー」「栄養バランス」「ビールのつまみ」の8つが導き出されました。

次に、これらのキーワードをもとに、開発チームメンバーでネーミング発想を行ったところ、低カロリー・大豆の栄養・野菜の三拍子そろった状態をうまく表そうとするネーミングアイデアがたくさん出てきました。アイデアを社内選考にかけた結果、「いいとこどり」の「どり」と「鶏」の掛け言葉を使った『豆腐と野菜のいいとこ鶏（どり）』が選ばれ、商標調査もクリアして正式名称に決定されたという経緯です。

164

第6章 コンセプトをカタチにするプロセス

図表71　ネーミングコンセプトと発想の事例

ネーミングコンセプト

自社商品の中でのポジショニング
全くの新カテゴリー

商品コンセプト
ミンチ状にした鶏肉と豆腐で野菜をたっぷりとじてかき揚げ風に仕上げた軽食

市場商品の中でのポジショニング
ミートボールとやや競合するか？

商品ライン展開構想（将来）との関連
種類を横に広げるためにファミリーネームを作りたい

ベネフィット
ボリュームがあるのにカロリーが低く栄養バランスが良い

販売エリア・チャネル
関東地区のコンビニエンスストア

ターゲット
家族の肥満を気にする主婦

シーン
おつまみ
おかず

マーケティング戦略展開との関連
パッケージとPOPインパクトが欲しい

表現形式の方向性
説明納得型

食文化や生活視点における着眼点
食の健康志向

キーワードの抽出

鶏肉	豆腐	野菜
健康	かき揚げ	低カロリー
栄養バランス	ビールのつまみ	

ネーミング発想

- 鶏肉・・・低カロリー
- 豆腐・・・大豆の栄養
- 野菜・・・不足がち

長所が三拍子揃っている

ファミリーネーム
『豆腐と野菜のいいとこ鶏』

≪個別商品名≫
- 野菜唐揚げ
- 枝豆きんぴら
など

165

72 ネーミング案を選考する

社内の経験者の手で基本的な評価・選考を行う

まず、ネーミングコンセプトに照らして、おおよそ期待どおりのものかどうかをチェックします。しかし、この段階であまり細部にこだわると、インパクトのない味気ないネーミングばかりが残ってしまう危険性があるので、こだわり過ぎないことが大切です。

次に、販売を計画している市場の状況に従い、欠かせない検討項目を取り上げて、順次チェックします。

例えば、カタカナ表現・アルファベット表現した場合に、それを母国語にする人にとってネガティブな意味が発生しないようにチェックします。よく知られた例は、米国では『カルピス』がCAW・PISS（牛のおしっこ）と聞こえるので『CALPICO』というネーミングを使っている例や、スエット（汗）のイメージがよくないので『ポカリスエット』が『POCARI』で売られている例などがあります。こうし

た問題は、関係する国のネイティブにチェックしてもらうことが必要です。

また、戦略的意図がないのに期間限定的表現が含まれていると不都合な場合があります。たまたま鍋料理に合う具材だからといって『鍋○○』のような名前をつけてしまうと、冬場しか売れなくなってしまいます。逆に『ウインドウズ95』の場合は戦略的であったと推測できます。『ウインドウズ98』が出ると、自分が使っている『95』は妙に古臭く感じられたものです。

次に、第1次商標調査を行います。インターネットによる「特許電子図書館」や「BRANDY」などを用います。出願されたものが公開されるまでのブライド期間（状況を確認することができない期間）があるため完璧な商標調査は望めませんが、この段階でのスクリーニングには充分です。

第6章 コンセプトをカタチにするプロセス

図表72　**ネーミング案選考のプロセス**

```
ネーミング案
   ↓
ネーミング案：第1次選考
```
≪社内での担当者評価≫
- ネーミングコンセプトに照らしておおよそ期待どおりのものかどうか
- カタカナ表現・アルファベット表現などの「不適切表現」のチェック
- 時間限定要素が含まれてないか

※ネーミング・コンセプト表のうち、特に商品コンセプトの周囲を囲んでいる部分に関して確認

```
第1次　商標調査
```
(独) 工業所有権情報・研修館　「特許電子図書館」
データベース「ＢＲＡＮＤＹ」

※出願後の「ブラインド期間」は
特許電子図書館＝約3.5カ月
ＢＲＡＮＤＹ＝約2.5カ月

```
ネーミング案：第2次選考
```
≪想定ターゲット層による評価≫
- インパクトやユニークさが充分にあるか（競合との比較で）
- 親しみやすい響きや表現か
- 商品コンセプト内容が過不足なく伝わっているかどうかのチェック

※試作品ができて、ネーミング案ができた段階でグルインを行ったりコンセプト実現度調査に重ねて実施する

```
最終案：決定・出願
   ↓
第2次　商標調査
```
ブラインド期間が明けた時点で
再度商標調査を行い確認する

167

73 ネーミング案の第2次選考のポイント

試作品評価と同時にネーミングテストを行うのが合理的

ネーミング案の第2次選考は、基本的には想定ターゲット層の反応にもとづいて行います。

想定ターゲットを対象に、ネーミングテストだけを単独に行う場合もありますが、時間的にも費用的にも非効率的なので、通常の商品開発においては、試作品の完成度が高まった段階での「試作品に対するコンセプト実現度調査」に重ねて行います。そうすることで、商品コンセプトの魅力度評価、試作品に対するコンセプト実現度評価、商品コンセプトをうまく伝えるネーミングになっているかどうかの評価が一度に可能となります。

実際の開発進行の中では、コンセプト実現度調査の日程をあらかじめ決めておいて、それに向けて試作品の完成度を高める作業やネーミングの発想・選考作業を間に合わせるという形になるのが一般的です。

図表73の事例に示したように、コンセプトボードなどで商品特徴を示しながらネーミング案の一つ一つに対して同様の質問を繰り返します。試食をした後で再度同じ評価をしてもらうならば、試作品の完成度を含んだふさわしさが測定されることになります。

この調査結果をもとに、ネーミング案の第2次選考を行います。開発担当者が中心になって、コミュニケーション戦略（主な使用媒体・広告投入量など）との関連で最適なネーミングを選考します。商標調査の結果使えなくなる可能性を考慮して数個選び、優先順位をつけておくことが実践的といえます。

最終案1個もしくは数個を「商標」として出願します。そして、それらの出願に関するブラインド期間が明けた段階でもう一度商標調査を行って確認すること、「類似なし」の確認を得て最終決定です。

168

図表 73　第2次選考のための調査要領

質問　次のような特徴を持つ商品に対する、複数の『ネーミング案』があげられています。この商品に対するふさわしさの度合いを評価してください。お気持ちのままを率直にお答えください。

商品特徴
- ミンチ状にした鶏肉と豆腐で、野菜をたっぷりとじて、かき揚げ風に仕上げました
- ボリュームがあるのにカロリーが低く、栄養バランスも良い一品
- ビールのおつまみや、おかずの一品として最適

（コンセプト実現度調査で行う場合は、「コンセプトボード」を利用する）

【ネーミング案　1】

『豆腐と野菜のいいとこ鶏』

	非常に感じる	かなり感じる	やや感じる	どちらともいえない	やや感じない	あまり感じない	全く感じない
	(+3)	(+2)	(+1)	(0)	(−1)	(−2)	(−3)
●新しさ（おどろき）							
●商品特徴の分かりやすさ							
●安心感・信頼感							
●親しみ							
●試してみたい気持ち							

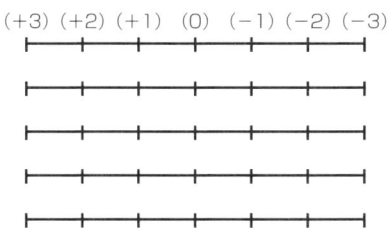

「違和感」など、お気づきになったことをご自由にご記入ください。

同様の質問をネーミング案の数だけ繰り返す

74 キャッチフレーズなどを有効活用する

キャッチフレーズで商品特徴をしっかり伝える方法もある

富士フイルムの『写ルンです』、ジョンソンの『カビキラー』、小林製薬の『熱さまシート』などは、短い言葉で商品コンセプトを上手に表現している例といえるでしょう。逆に、ポッカコーポレーションの『じっくりコトコト煮込んだスープ』というネーミングは、多少長くなっても商品名だけでコンセプトを言い尽くそうする狙いと考えられます。

ところで、ネーミング発想段階で何とか短い言葉で言い表そうと頑張ってみたけれど、どうしてもうまくいかないということがよくあります。そういう場合、無理をせず商品名にキャッチフレーズを添えて表す方法が一般的です。

図表74の事例は、第3のビールといわれる商品群の例で、4社ともこの方法をとっています。パンフレットや新聞広告ではさらに細かくキャッチフレーズの内容が説明されています。大量の広告投入を前提にしているということもあるでしょうが、ネーミングは比較的淡白に、「覚えやすさ」「さわやかさ」「新鮮さ」「語呂のよさ」などを表現しています。3つの組み合わせで無理なく商品特徴を説明できるという好例です。

また、花王ヘルシア緑茶の「体脂肪が気になる方に」のように、キャッチフレーズが商品名をすんなりと想起させる効果を発揮することもあります。

さらに商品特徴を強調するために、エコマークやJISなどの認証マークや「○○学会で発表された」などの説明がつけられることもあります。ただし、こうした情報をつけるときには、メリットばかりでなく思わぬデメリット（制約）もありますので、充分検討したうえで実施されることをお奨めします。

図表 74　**ネーミングを支えるその他の要素**

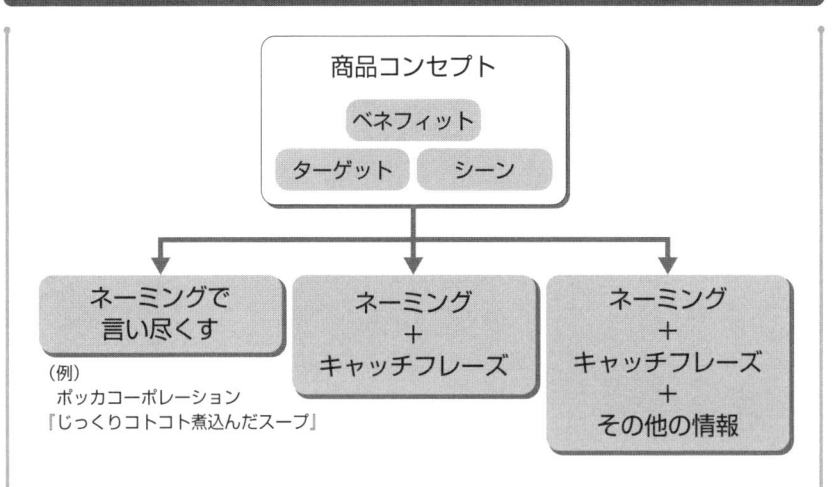

```
                    商品コンセプト
                      ベネフィット
               ターゲット      シーン
```

- ネーミングで言い尽くす
  （例）
  ポッカコーポレーション
  『じっくりコトコト煮込んだスープ』
- ネーミング ＋ キャッチフレーズ
- ネーミング ＋ キャッチフレーズ ＋ その他の情報

「第3のビール」と呼ばれる商品のキャッチフレーズなどの例

サッポロビール『ドラフトワン』	「爽快な」味わいと「スッキリとした」後味を実現した新たなスタンダード生
キリンビール『のどごし〈生〉』	すきっと飲めて、ぐぐっとうまい…… 新技術「ブラウニング製法」で爽快なのどごしと深みのある味わいを両立
サントリー『キレ味〈生〉』	消えるあと味、それがキレ味。うれしい糖質ゼロ。 世界初！　ダブルCF製法。天然水100％仕込。
アサヒビール『アサヒ新生3』	キレ×スッキリ×クリア…… 「新生トライアングル仕込み法」と「新生高発酵製法」の遭遇で実現

「キャッチフレーズ」とは
広告などで、訴求対象の印象に残るように、商品特徴などを端的に表現したメッセージ。

75 ネーミングに関する法律を確認する

ユニークさを保つために、商標権を取る場合も取らない場合もある

ネーミングやキャッチフレーズは知的創作活動から生ずる財産のため、知的財産権（知的所有権）で保護されます。関連する法律は図表75に示すとおりです。

商品名・サービス名は、法律用語では「商品商標」「役務商標」とよばれ、特許庁に登録することで商標法によって守られます。さらに、不正競争防止法があり、「周知商標」（特定の地域・消費者に広く認識されているもの）・「著名商標」（全国的に極めて有名なもの）との混同を惹き起こすような使用は許されません。

キャッチフレーズや標語は、勝手に使用できないように著作権法で、意匠（デザイン）は意匠法で、それぞれ保護されています。盗用は罰せられます。

したがって、ネーミング案を評価・選考する場合には、商標調査に始まり商標調査で終わるというプロセスをとらなければならないわけです。また、自らの権利を守るためには、登録をしなければなりません。商標の登録に関しては、専門的な問題も多々あるので、専門の弁理士事務所を利用します。

しかし、あえて商標権を取らない方法もあります。商標権の登録には制限があります。例えば、識別性のない言葉（普通名称・慣用語・効能・加工法・品質表示など）は登録できませんが、それを逆手にとって商品の特性をうまく表現できるならば、新鮮さや印象度を高めることにつながります。「からだにやさしい○○○」とか「×××カロリーハーフ」とか「北海道△△△」などは、よく見かけるパターンです。

また、商標権が取れない言葉をデフォルメしたり、通常でない読み方にしたり、当て字を使ったりして登録できるようにする方法もあります。

詳細は、法的手続きを含めて専門書に譲ります。

172

図表75 商標権と関連する対処法

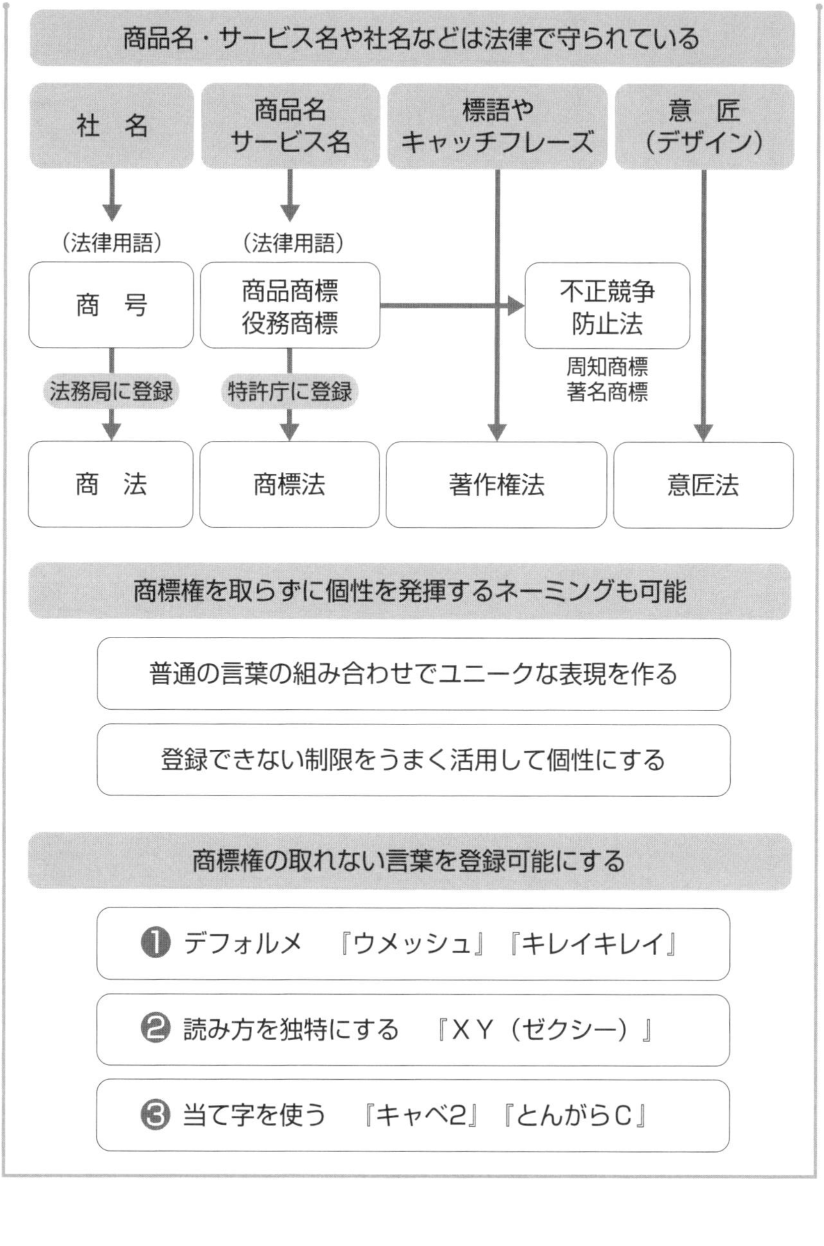

商品名・サービス名や社名などは法律で守られている

| 社名 | 商品名サービス名 | 標語やキャッチフレーズ | 意匠（デザイン） |

- 社名 →（法律用語）**商号** → 法務局に登録 → **商法**
- 商品名・サービス名 →（法律用語）**商品商標／役務商標** → 特許庁に登録 → **商標法**
- 標語やキャッチフレーズ → **著作権法**
- 商品商標・役務商標 → **不正競争防止法**（周知商標・著名商標）
- 意匠（デザイン） → **意匠法**

商標権を取らずに個性を発揮するネーミングも可能

- 普通の言葉の組み合わせでユニークな表現を作る
- 登録できない制限をうまく活用して個性にする

商標権の取れない言葉を登録可能にする

❶ デフォルメ　『ウメッシュ』『キレイキレイ』

❷ 読み方を独特にする　『XY（ゼクシー）』

❸ 当て字を使う　『キャベ2』『とんがらC』

第6章　コンセプトをカタチにするプロセス

76 ブランドマネジメントを考慮する

ブランド価値はマーケティングアクションの成果の積み重ね

ブランドマネジメントの要点は以下のとおりです。

●ブランド政策＝訴求のパターン

企業名・商品ファミリー名・個別商品名の3要素の様々な組み合わせでブランドは浸透していきます。基本的なパターンは図表76のとおりですが、息の長い強いブランドにするには一貫性が重要です。経営戦略・事業戦略レベルでこのパターンを決めておきます。

●ブランドメンテナンス

市場導入した商品を、育成し、定着させ、拡大し、長寿化していくための様々なマーケティング戦略の展開や、一層の商品開発の展開こそが、ブランドの構築アクションでありブランドのメンテナンスアクションそのものだということを再度確認します。

① 宣伝・販促の量的強化・質的強化
② 大・小キャンペーンの展開
③ FSPなどロイヤルユーザー対策の強化
④ リニューアルやフルモデルチェンジの実施
⑤ デザイン・味・色・形態のバラエティー展開
⑥ 新セグメント向けの商品ライン拡大
⑦ 新ベネフィットによるファミリーブランド展開
⑧ 高級品や普及品などで縦の商品ライン展開

●ブランドエクステンション

上記の項目のうち、⑤⑥⑦⑧を、特別にブランドエクステンションということがあります。

●レンジブランド（ブランド拡張）

強いブランドを活用して新領域に進出することです。しかし、強いブランドほど最初の領域のイメージが強く、必ずしも新領域にマッチするとは限りません。また、新領域で失敗すると元のブランドが大きく傷ついてしまうことがあるので、特に慎重を要します。

図表 76　一貫性を要するブランドの訴求・浸透パターン

「企業名」「商品ファミリー名」「個別商品名」の
様々な組み合わせでブランドを浸透させる

タイプ	事例
企業名と個別商品名を合わせて表記し、ブランドとして訴求し育成してきたタイプ	● ニチレイアセロラ ● グランドセイコー ● ハウスバーモントカレー ● サントリーリザーブ ● トヨタクラウン ● ソニーバイオ ● ルックJTB
商品カテゴリーやファミリーを統一してブランドとして訴求し育成してきたタイプ	● クノール（味の素のスープ事業） ● ソフィーナ（花王の化粧品） ● 植物物語（ライオンのトイレタリー・化粧品） ● パナソニック（松下電器のデジタルAV機器） ● ナショナル（松下電器の家庭用機器）
個別の商品名をブランドとして訴求し育成してきたタイプ	● プレイステーション（ソニー） ● iPod（アップルコンピュータ） ● G-Shock（カシオ計算機） ● ヘルシア（花王） ● マイルドセブン（日本たばこ産業）
ビジネス上の主張や考え方をブランドとするタイプ	● 無印良品（安くて良い品） ● レクサス（プレミアムブランド） ● 能率手帳（仕事の時間管理）
企業名をブランドとして使い続けるタイプ	● TOTO（東陶機器） ● Sekisui House（積水ハウス） ● アディダス

第6章　コンセプトをカタチにするプロセス

77 ブランド価値を確認する

ブランドマネジメントのためにはブランド価値の確認が必要

ブランド価値には大きく2つの意味が含まれます。マーケティング上の価値と財務的価値（資産価値）です。財務的価値が取りざたされるのはブランドの売買や企業のM&Aが行われるときです。ここでは、マーケティング上の価値に関して概観します。

先に述べたように、商品やサービスを市場に送り出し、様々なマーケティング努力を行った結果、消費者の意識の中に商品名やサービス名、企業名などが定着したときにブランドは確立したといえます。

したがって、マーケティング上のブランド価値は、競合市場における商品やサービスの消費者意識への「定着度」と「定着状況」を知ることで把握できます。また、よりシンプルには、マーケティング努力の結果としての「市場シェア」で把握することもできます。

定着度は、「ブランド知名率」「購入経験率」「継続購入者率」などで測定します。商品カテゴリー名を示し、思い浮かべるブランド名を答えてもらうことで、どの程度の人々に知ってもらえたかが分かります。継続購入者はどれくらいかという具合に確認していきます。

定着状況は、「ブランドイメージ」「ブランドロイヤルティ」などで測定します。各ブランドに対する好感度や同一ブランドへの忠誠度が分かります。

ブランド価値を測定する調査は、大量サンプルが必要なので、広告会社や調査会社が実施するオムニバス調査に参加することをお奨めします。日々のブランド価値の確認は市場シェアで充分です。

176

図表77❶ ブランド価値の構造と把握の仕方

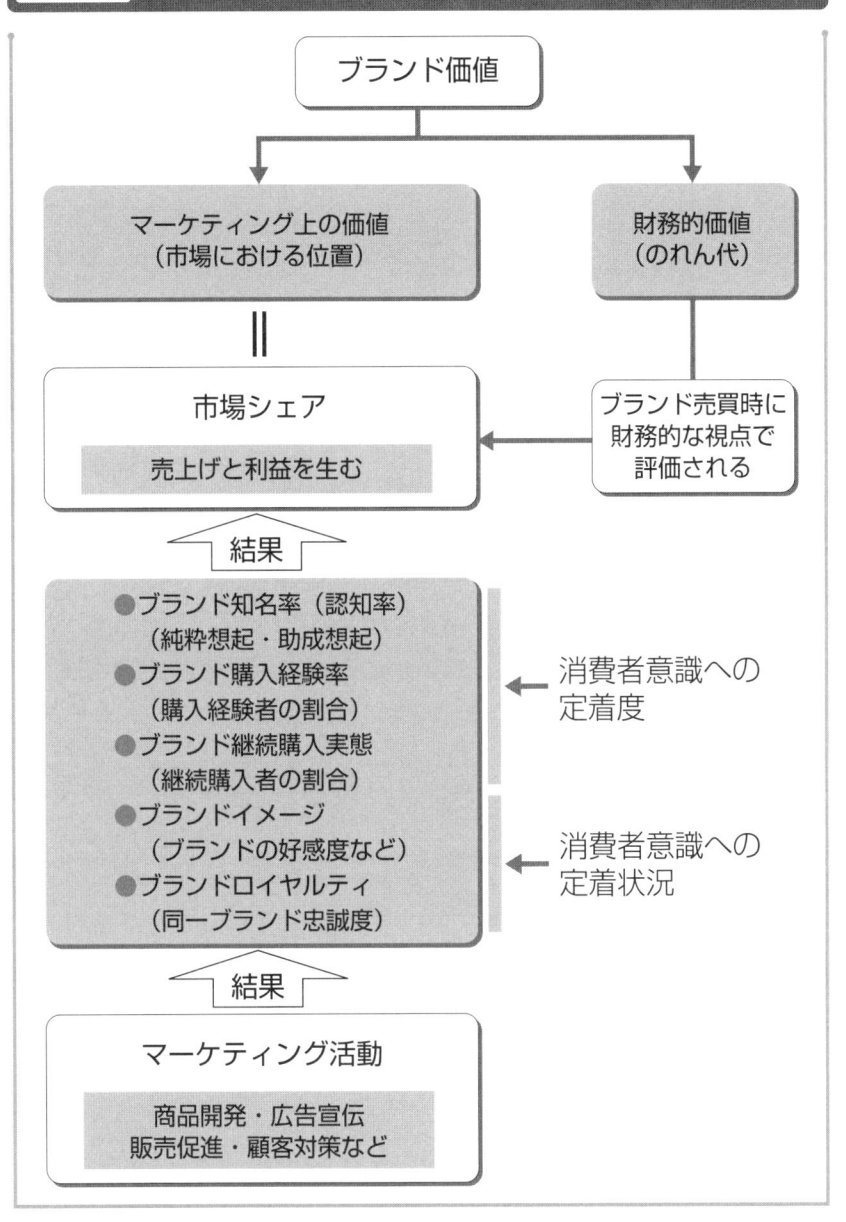

```
                    ブランド価値
                   ／        ＼
    マーケティング上の価値      財務的価値
    （市場における位置）        （のれん代）
            ‖                    ↓
                         ブランド売買時に
         市場シェア  ←    財務的な視点で
       売上げと利益を生む      評価される
            ↑
          《結果》

  ●ブランド知名率（認知率）
    （純粋想起・助成想起）
  ●ブランド購入経験率          ← 消費者意識への
    （購入経験者の割合）             定着度
  ●ブランド継続購入実態
    （継続購入者の割合）
  ●ブランドイメージ            ← 消費者意識への
    （ブランドの好感度など）          定着状況
  ●ブランドロイヤルティ
    （同一ブランド忠誠度）

            ↑
          《結果》

       マーケティング活動
      商品開発・広告宣伝
      販売促進・顧客対策など
```

第6章 コンセプトをカタチにするプロセス

【ブランドイメージ】（一般には、高知名ブランド・注目ブランドについて質問）

Q5．『○○○』ブランドに関して、あなたの感じるままをお答えください。

（ＳＤ法）

	非常に	かなり	どちらとも	かなり	非常に
	2	1	0	-1	-2

明るい ├─┼─┼─┼─┤ 暗い
新しい ├─┼─┼─┼─┤ 古い
高級 ├─┼─┼─┼─┤ 低級
革新的 ├─┼─┼─┼─┤ 保守的
ファッション的 ├─┼─┼─┼─┤ 実用的
品揃え多い ├─┼─┼─┼─┤ 品揃え少ない
親しみやすい ├─┼─┼─┼─┤ 親しみにくい
信頼できる ├─┼─┼─┼─┤ 信頼できない
開発力がある ├─┼─┼─┼─┤ 開発力がない

その他お感じになったことをご自由にお書きください

【ブランドロイヤルティ】

Q6．過去6ヵ月間に、それぞれのブランドを何回ぐらい購入したかをお教えください（おおよその回数で結構です）。

	1 アシックス	2 アディダス	3 ディアドラ	4 ナイキ	5 プーマ	6 リーボック	7 ミズノ	8 ヒュンメル
購入回数（回）								

図表77❷ ブランド価値測定のための質問例

【純粋想起】

Q1．スポーツ用品のブランドについて思い出すものをお答えください。

☐　　　　　☐　　　　　☐

【助成想起】

Q2．（ブランドリスト提示）ご存知のブランドはどれでしょうか？

1	2	3	4	5	6	7	8
アシックス	アディダス	ディアドラ	ナイキ	プーマ	リーボック	ミズノ	ヒュンメル

…………

お答えはいくつでも結構です

【購入経験】

Q3．今までに購入したことのあるブランドはどれでしょうか？

1	2	3	4	5	6	7	8
アシックス	アディダス	ディアドラ	ナイキ	プーマ	リーボック	ミズノ	ヒュンメル

…………

お答えはいくつでも結構です

【継続購入状況】

Q4．その中で、現在も購入しているブランドはどれでしょうか？

1	2	3	4	5	6	7	8
アシックス	アディダス	ディアドラ	ナイキ	プーマ	リーボック	ミズノ	ヒュンメル

…………

お答えはいくつでも結構です

78 ブランドイメージの捉え方

ブランドイメージの相対的関係をつかみ、改善策を検討する

最も一般的なのは、意味が反対になる形容詞や名詞の対をいくつか用意しておいて5段階や7段階で回答を得る、SD（semantic differential）法によるブランドイメージ測定です。加重平均を出してプロットし、ブランドごとに線で結びSDチャートを作ります。

図表78の事例は、化粧品ブランドA・B・Cのイメージを描き出したものです。ブランドAは「高級で派手、輝かしくフォーマルな感じ」と解釈でき、ブランドBは「自然で落ち着いた感じだが、やや質素で低級な感じ」と判断できます。

ブランドイメージは、それまでに送り出した商品と様々に展開したマーケティングアクション（宣伝・販促・キャンペーンなど）の結果として形成されたものであるため小手先の技で変えることはできませんが、少なくとも戦略意図に反するマイナス評価が出た場合には、その原因を究明し、改善策の検討を急がなければなりません。

また、複雑で細かい評価データを、因子分析・コレスポンデンス分析・多次元尺度法などで括りなおし、分かりやすい表現軸でポジショニングできます。

下の事例は、因子分析によるスポーツ用品ブランドのポジショニングです。各ブランドの市場における様々なアクションに対する消費者評価結果を括りなおして、4つの因子を導き出しています。第1因子と第2因子のクロスでみると、Aブランドは、「球技ファンを意識した商品開発を積極的に行っている」、Bブランドは、「球技用品への関心はなく、商品開発にも熱心ではない」と解釈できます。

大きな問題行動でもない限り、商品開発らしくありませんが、隔年程度のチェック、イメージの変化は激少なくありません。

図表78　**ブランドイメージを分かりやすく表す**

SD（semantic differential）法によるブランドイメージ測定

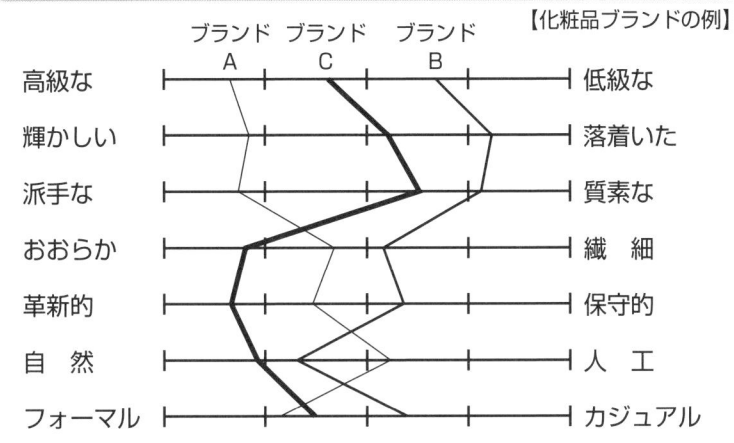

【化粧品ブランドの例】

	ブランドA	ブランドC	ブランドB	
高級な				低級な
輝かしい				落着いた
派手な				質素な
おおらか				繊細
革新的				保守的
自然				人工
フォーマル				カジュアル

因子分析によるスポーツブランドのポジショニング（例）

第1因子：商品開発の積極性
- 話題性のある商品が多い
- CMが分かりやすくて楽しめる
- 魅力的な新製品をよく出す
- プレイヤー好みの商品を出してくれる

第2因子：球技用品重視
- サッカー用品バスケ用品が多い
- 各種球技番組のスポンサーになっている
- 球技用シューズのバリエーションが多い

第3因子：社会的責任の認識
- スポーツ少年団への支援に積極的だ
- 環境の3Rに配慮している
- 「健康」に関する情報が多い

第4因子：親近感・信頼感
- 丈夫で長持ち
- 安心して使える商品が多い
- 悪い評判を聞かない

第2因子　球技用品重視　ブランドA
ブランドC
第1因子　商品開発の積極性
ブランドB

第6章　コンセプトをカタチにするプロセス

79 ブランドロイヤルティを活用する

各ブランドのロイヤルティを把握して戦略に活用する

ブランドロイヤルティ（ブランドへの固定度・忠誠度）も、それまでの様々なマーケティング展開の結果です。自社ブランドのロイヤルティを、小手先の技で一朝一夕に高めることはできませんが、市場を構成するユーザーを、競合他社を含めたブランドロイヤルティの高さでグループ化して属性や特性を研究し、戦略的なブランド切り替え作戦を展開することができます。誘引しやすいターゲットからアタックします。

●ロイヤルユーザーの定義
特定ブランドへの偏り具合で決めます（図表79上段）。

●マーケティング目標の設定
ユーザー層の分布が図表79下段のようになっていた場合、マーケティング目標は次のようになります。

① 自社ブランドロイヤルユーザーを維持し、さらに使用頻度を高める
② ブランド併用ユーザーを、自社ブランドロイヤルユーザーにする
③ 低頻度ユーザーの使用頻度を高めながら自社ブランドロイヤルユーザーにする
④ 他ブランドロイヤルユーザーを、自社ブランドロイヤルユーザーに切り替える
⑤ ノンユーザーを自社ブランドのユーザーにする

●ターゲット分析とアプローチ
②〜⑤に関しては、対象ユーザー層の使用実態・使用意識・生活場面・生活意識研究にもとづくコンシューマーインサイトを行い、ブランドスイッチのきっかけになる要素を抽出します。最も切り替えやすい対象に焦点を当てた商品改良を行ったり、プロモーションを展開したりします。①に関しては、FSPなどで特典を与えて使用頻度を高めます。

図表79 **ロイヤルユーザー把握の要領**

ロイヤルユーザーの定義

- ロイヤルユーザーの定義は、カテゴリー単位で決める
- 一定期間に購入（使用）した同一カテゴリーのブランドをすべてチェックし、特定ブランドの購入割合が基準より高い場合に、そのブランドの「ロイヤルユーザー」とする
- 購入（使用）頻度の少ない場合には「忠誠度」は測れないので、一定の期間に一定の回数以上購入（使用）した人のみを対象として定義し、低頻度ユーザーは一括する

定義の例 …… 市場に3ブランド以上あるという前提で ……

年10回以上購入（使用）した人の場合は60％以上
年5回〜9回の購入（使用）者の場合は75％以上が
同一ブランドの場合、「ロイヤルユーザー」とする
4回以下のユーザーは「低頻度ユーザー」として一括

ユーザー層の分布模式図

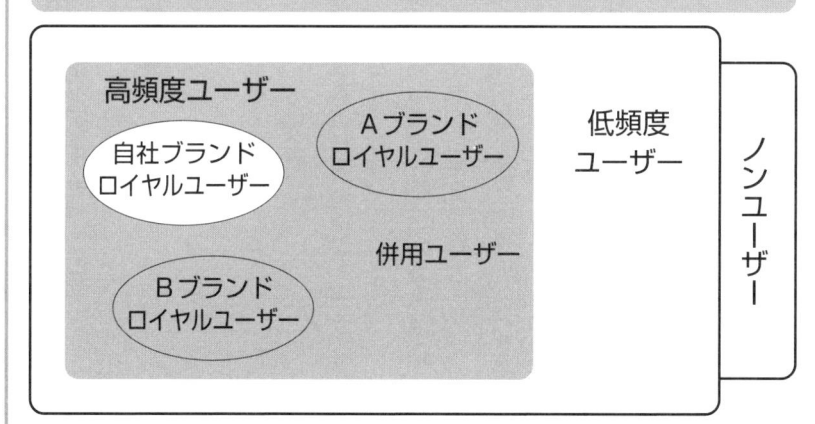

高頻度ユーザー
- 自社ブランドロイヤルユーザー
- Aブランドロイヤルユーザー
- Bブランドロイヤルユーザー
- 併用ユーザー

低頻度ユーザー

ノンユーザー

（第6章 コンセプトをカタチにするプロセス）

80 パッケージデザインを制作する

時間的余裕の有無がデザインの出来具合に大きく影響する

パッケージデザインにおいては、ネーミングやキャッチフレーズの配置を含めたビジュアル表現により、感性を経由した強力な訴求力を加えて商品および商品特徴をアピールすることが狙いです。

このプロセスを自社内で行う企業はほとんどなく、デザイン専門会社や広告会社にアウトソーシングするのが一般的です。可能性を広げるために複数の会社にコンペティション形式で依頼する場合もあります。

専門の代理店やデザイナーに依頼するといっても、商品特徴を大雑把に説明しただけの、いわゆる丸投げに近い形での依頼ではいけません。初めてこのテーマに接触するデザイナーに、商品コンセプト・想定ターゲット・参入する市場状況・自社の開発の狙い・希望するデザイン基調などを伝えることが必要です。その ためには、明快な「デザインコンセプト」によるオリエンテーションが不可欠です。デザインコンセプトに関しては、次項で説明します。

デザインの依頼に関しては、さらにいくつかの留意点があります。主なものは次の5点です。

① できる限り余裕のある日程で依頼し、数回、中間での打ち合わせをはさむようにする

② 得たい成果物は「アイデアスケッチ2タイプ各3案」などと初めから明確にしておく

③ 最終決定以前に、必ず想定ターゲットを対象にしたパッケージデザインテストを組み込んでおく

④ 後の転用や一部変更にも関係するので、意匠法にもとづく所有権や実施権は明確にしておく

⑤ できれば、開発の早い段階（例えばコンセプト構築段階もしくは容器検討段階など）から、デザイナーに参加してもらうことが非常に有効

| 図表 80 | **パッケージデザイン検討のプロセス** |

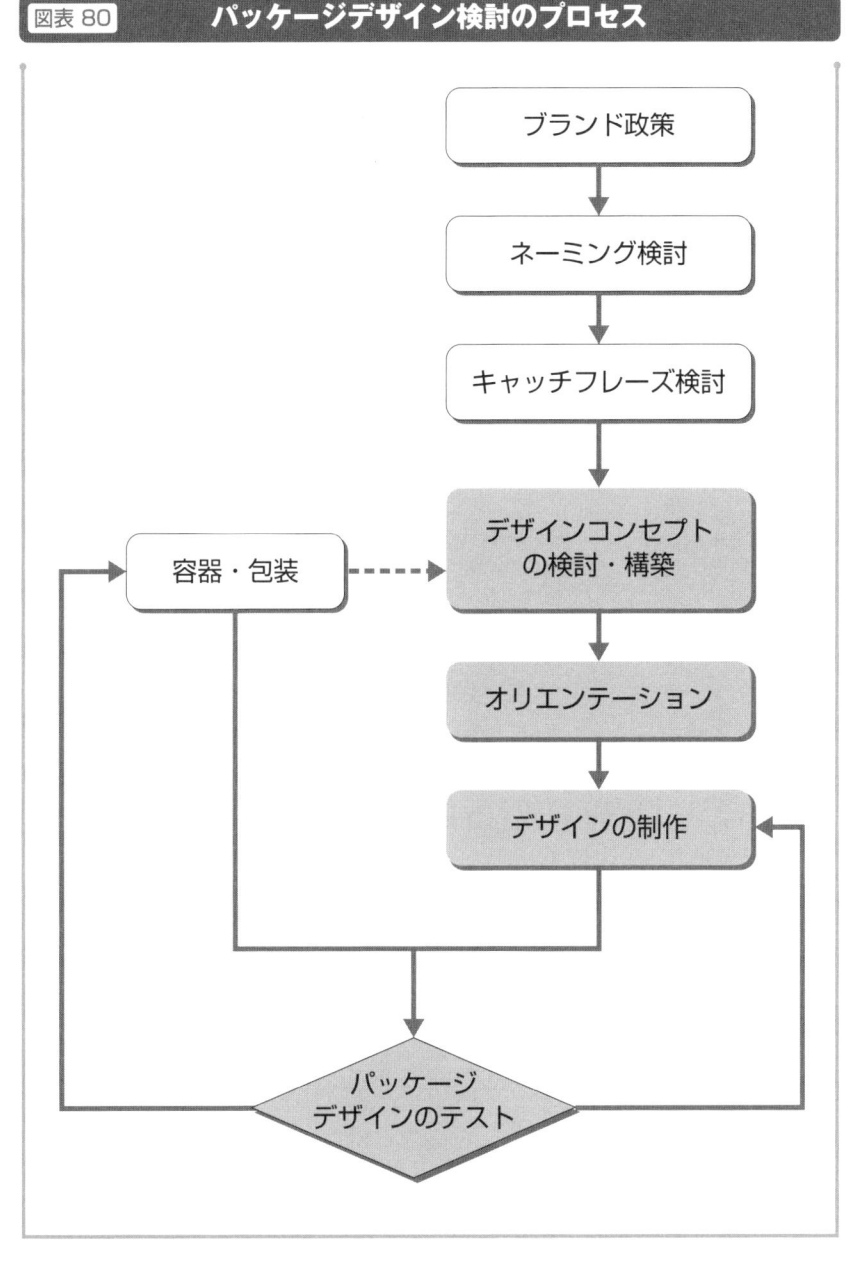

```
           ブランド政策
               ↓
          ネーミング検討
               ↓
         キャッチフレーズ検討
               ↓
  容器・包装 ---→ デザインコンセプト
                  の検討・構築
               ↓
          オリエンテーション
               ↓
           デザインの制作 ←─┐
               ↓           │
          パッケージ         │
         デザインのテスト ───┘
```

第6章 コンセプトをカタチにするプロセス

81 デザインコンセプトの オリエンテーションを行う

クリエーターの想像力を刺激するデザインコンセプトを提示する

デザインの制作においては、表示必要項目を容器や包装形態の上に単に配置するだけではなく、いかに分かりやすく・印象的に・美しく表現するか、即ちいかにインパクトのあるものを開発するかがポイントです。

したがって、依頼するデザイナーには、独自の感性と想像力を発揮して言葉では説明できない「何か」を創造することを期待します。そのためには、依頼時のオリエンテーションが非常に重要になってきます。ポイントは、しっかりとした「デザインコンセプト」を提示することと、情熱的な説明の実施です。

図表81は、デザインコンセプトの要素を一覧にしたものです。ネーミングコンセプトと同様に、中心上部に「商品コンセプト」を明示します。左側には、この商品の開発の狙い、即ち「自社商品の中での政策的位置づけ」「商品ライン展開構想」「マーケティング戦略」などを明らかにし、右側には、「市場商品の中での競合関係」「販売エリアやチャネル」「消費者トレンドや生活意識」に関して明示します。もちろん同時に、試作品や試作パッケージを提示します。

デザインコンセプトの場合、「表現項目」と「デザイン基調」をしっかり示さなければなりません。

表現項目は、企業名やロゴ・商品のファミリーネーム・個別ネーム・キャッチフレーズ・使用方法・注意事項など各種の説明事項・法定表示事項などです。

デザイン基調には、表現・色彩の基調、文字の種類、写真やイラストの使用法などを明示します。可能な限り各種の参考物や参考資料をつけておきます。

開発リーダーは、当該商品開発に対する情熱を理解してもらうために、動員できるものすべてを使って、デザイナーに対するオリエンテーションを実施します。

図表81　デザインコンセプトを構成する要素

デザインコンセプトの要素

- **自社商品の中でのポジショニング**
  ブランド・マネジメント上の位置づけ

- **商品コンセプト**
  - ベネフィット
  - ターゲット・シーン

- **市場商品の中でのポジショニング**
  競合商品との相対的位置づけ

- **商品ライン展開構想（将来）との関連**
  商品ファミリー展開は横か縦か

- **表現項目**
  - 企業名やロゴ
  - ファミリーネーム
  - 個別商品ネーム
  - キャッチフレーズ
  - 各種説明項目
  - 法定表示項目など

- **販売エリア・チャネルに関する配慮**
  - 使用言語
  - 表現制約

- **マーケティング戦略展開との関連**
  - 主な訴求手段
  - 広告宣伝投入量

- **デザイン基調**
  - 表現の基調
  - 色彩の基調
  - 文字の種類
  - 写真の使用
  - イラスト使用
  - など

- **文化や生活視点における着眼点**
  トレンド・ブーム・生活意識など

自社開発する場合 → デザイン開発部門
- デザイン開発部門
- 一般公募（PRをかねる）

アウトソーシングする場合 → オリエンテーション
- デザイン専門会社
- 広告会社

デザインコンセプトは、デザイン開発の方向性を明確にするものであると共に、デザイン案の評価項目にもなる

第6章　コンセプトをカタチにするプロセス

第7章

販売戦略の立案ポイント

CHAPTER 7

82 販売戦略の検討ポイント

販売戦略の検討では、過去のマーケティング経験がものをいう

販売戦略の大枠は、商品コンセプト構築直後に行う「収益性分析」の段階、即ち開発推進の正式承認を得るための概略構想段階で形づくられます。そして、「商品本体の開発」「コミュニケーション手段の開発」が進み、おおよそまとまりかけた時点で、詳細な販売戦略検討に入ります。過去のマーケティング経験から失敗例・成功例を分析・検討し参考にします。

● 価格の設定

コスト積み上げ法、損益分岐点計算、想定ターゲットの価格評価などをもとに、差別化の明確さ・参入障壁の強さ・競争戦略上の判断などで価格を決めます。

● チャネル戦略の検討

どのような流通経路を使い、どのような流通業態に流すかを、価格体系と共に検討します。

● 広告宣伝戦略の検討

テレビ・ラジオ・新聞・雑誌・インターネット・ダイレクトメール・交通広告・各種ミニコミ広告・パブリシティなどを、発売から市場定着までどのように組み合わせてどれくらいの量を投入するか検討します。

また、広告宣伝も販売促進との相乗効果を最高にするよう配慮しなければなりません。特に実施のタイミングに関しては、広告宣伝をどの程度の頻度で実施するかを検討します。ミングでどの程度の頻度で実施するかを検討します。

● 販売促進戦略の検討

新商品サンプル配布・プレミアムキャンペーン・店頭デモつき特売・量販店チラシ投入などを、どのタイミングで息切れしないよう配慮しなければなりません。また、広告宣伝も販売促進との相乗効果を最高にするまで高め、販売促進をどの程度展開すればどの程度の売上げが得られるかを推計し、販売計画を策定します。過去の経験をもとに、商品認知率と取扱店率をどこまで高め、販売促進をどの程度展開すればどの程度の売上げが得られるかを推計し、販売計画を策定します。

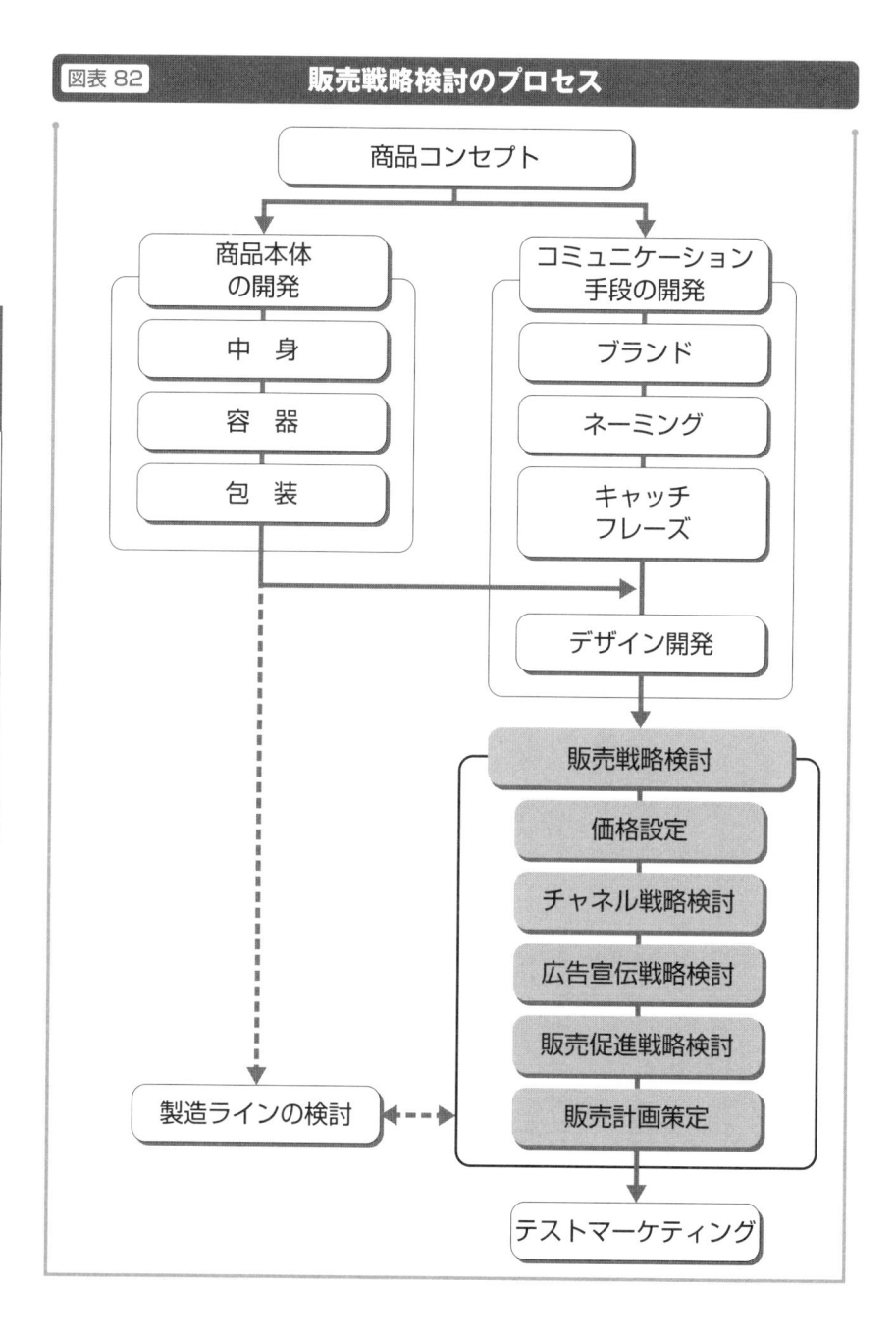

図表 82　**販売戦略検討のプロセス**

```
                    商品コンセプト
                    ／        ＼
            商品本体              コミュニケーション
            の開発                手段の開発
           ┌─────┐               ┌─────────┐
           │ 中 身 │               │ ブランド │
           ├─────┤               ├─────────┤
           │ 容 器 │               │ネーミング│
           ├─────┤               ├─────────┤
           │ 包 装 │               │ キャッチ │
           └─────┘               │ フレーズ │
                                 └─────────┘
                                      ↓
                                 デザイン開発
                                      ↓
                                 販売戦略検討
                                      │
                                   価格設定
                                      │
                                チャネル戦略検討
                                      │
                                広告宣伝戦略検討
                                      │
                                販売促進戦略検討
                                      │
                                 販売計画策定
           製造ラインの検討 ◀---▶
                                      ↓
                              テストマーケティング
```

第7章　販売戦略の立案ポイント

83 商品力を最大にする4要素

マーケティングの基本を忠実に守り、商品力を高める

商品本体は、何度か消費者調査にかけられ、受容性（試作品の満足度・購入意向）が評価基準値をクリアした時点で完成とされます。この段階の商品本体の受容性を「製品力」と表現します。製品力だけでは売上・利益を得ることはできません。

図に示すとおり、「製品力」に「コミュニケーション力」「流通力」「販促力」が加わって「商品力」となります。4つの要素が最高になったとき、即ち、受容性の高い商品が、ターゲット全員に知られて、どこでも買える状態にあり、買いたくなる刺激策が展開されているときに、商品力＝市場シェアは最大になるのです。

マーケティングとは、これらの4つの要素の指標値を常にしっかり測定し、それぞれのパワーを高めるための諸施策を検討し実施する努力に他なりません。

● 製品力

試作品の満足度と希望小売価格による購入意向の強さで測ります。希望小売価格は製品力の一部です。

● コミュニケーション力

ターゲット層の商品知名率で測ります。知られていなければ、製品力がいくら高くても売れません。

● 流通力

対象チャネルの取扱店率で測ります。買える状態になっていなければ、いくら欲しくても買えません。

● 販促力

販促頻度とターゲット層の購入頻度で測ります。一般に購入頻度は刺激がなければすべて漸減して行きます。これらの指標値は、すべて市場における競合商品との比較で測定されなければなりません。また、現実的には全方位の強化策は難しいので、競争上の緊急度・必要度を見極めながら施策を実施します。

| 図表 83 | 商品力を構成する4要素 |

```
ブランド力
  ↑
  │   宣伝力
  │   広報力              営業力      原材料
  │                                   調達力
  │            ネーミング力
  │            パッケージ力            生産力
  │            デザイン力
  │                                   技術力
 商品及び
マーケティング
 の累積                              開発企画力

商品力 = コミュニケー × 流通力 × 販促力 × 製品力
         ション力
          │         ╲   Place   ╲  Price
          │Promotion  ╲         ╲
          │             ╲Promotion╲ Product
マッカーシー
  の4P
```

| マーケティング指標（ただし、完全な1対1対応ではない） |

| 市場シェア | 商品知名率 | 取扱店率 | 販促頻度 | 試作品満足度 |
| (売上げ・利益) | | | 購入頻度 | 購入意向 |

| 情報収集手段 |

消費者パネル	消費者調査	小売店パネル	消費者調査	消費者調査
データ	(アンケート)	データ	(アンケート)	(試用テスト)
(売上げ・利益)				

第7章 販売戦略の立案ポイント

84 価格設定の方法

価格設定は、新商品開発における戦略上最大のポイント

販売価格を決める場合、基本的には次の3つの要因がポイントです。

① コスト
② 需要レベル
③ 競争状況

競争がなく、ある程度の需要がはっきりと見込める状況では、メーカーの場合、コスト（原材料費・労務費・諸経費）に一定の利益額を乗せて価格を決めることができます。流通業の場合、仕入原価に値入れ額（マークアップ）を乗せて販売価格とします。この方法は「コスト積み上げ法」と呼ばれています。

また、同じような状況では「損益分岐点に基づく価格設定」もできます。販売量と目標利益の兼ね合いで価格を決定する方法です。価格を何段階か設定しておき、その価格ごとの損益分岐点を図に表わします。一方で、初期投資額などを基礎にして目標利益額を算出しておきます。図上に見込まれる販売量を当てはめてみると、その価格で得られる利益額が分かります。

以上の場合、価格決定の主導権はメーカーにあるですが、商品が供給不足で需要が多い場合でない限り、消費者（生活者）は商品価値と価格とのつりあいで購入・再購入を決定するので、結局ひとりよがりの価格設定は許されず、然るべきところに落ち着きます。

また、供給に対して需要が多い状況で充分な利益を享受していたとしても、技術的に画期的で特許などの参入障壁がない限り、すぐに競争企業が市場参入してきて、価格は低下傾向になってしまうのが一般的です。

結局、需要レベルと競争状況を組み込んで判断することが必要となり、しかも商品の市場導入前に判断することが必要です。次にその方法を紹介します。

図表84 供給者の意思による価格設定

コスト積み上げ法による価格設定

（メーカー価格：製造原価＋メーカーの粗利益／卸売価格：仕入原価＋卸しの粗利益／小売価格：仕入原価＋小売りの粗利益、マークアップ）

損益分岐点からの計算《テレビの販売価格の例》

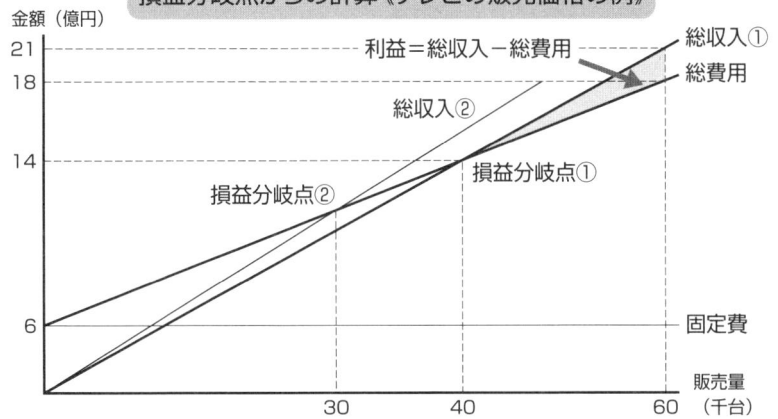

利益＝総収入－総費用

総収入①、総収入②、総費用、固定費、損益分岐点①、損益分岐点②

金額（億円）：21、18、14、6
販売量（千台）：30、40、60

【条件】　固定費＝6億円　1台の製造変動費＝2万円　初期投資額＝3億円

① 1台の価格を 3万5千円 に設定した場合
　※損益分岐点＝固定費を完全に吸収できる売上台数
　　　　　　　＝固定費÷利益（価格－製造変動費）
　　　　　　　＝6億円÷（3万5千円－2万円）＝売上4万台
　※初期投資3億円を回収するためには、6万台の販売が必要である。

② 1台の価格を4万円に設定した場合
　※損益分岐点＝6億円÷（4万円－2万円）＝売上3万台
　※初期投資3億円を回収するためには、4万5千台の販売でよい。

85 リーズナブルな小売価格を設定する

想定ターゲットの反応を把握したうえで小売価格設定をする

完成に近い試作品の受容性を測定する調査を行うときに、価格に関する反応を調べることができます。おおよそのあたりをつける程度ならば「コンセプト実現度調査」の時点でも実施できます。

実際に試作品を試した時点で、4つの短い質問を行い、その結果をグラフに表わすことで、認識価格（想定ターゲットがほぼ妥当と認めたとされる価格）・上限価格・下限価格が得られます（左図参照）。

● 4本の曲線の意味（図表85中段参照）

① 購入拒否曲線

これ以上の価格では高すぎて全く買う気がしない、という回答者の人数の累積曲線。

② 購入ためらい曲線

高いと思うが買うことはある、という回答者の累積曲線。実際には購入をためらうと予想される。

③ 購入曲線

妥当な価格だ、という回答者の逆累積曲線。

④ 品質不安曲線

これ以下になると品質に不安が出る、という回答者の逆累積曲線。

● 3つの価格の意味（図表85下段参照）

① 上限価格

これより高いと購入拒否者が激増する点。

② 下限価格

これより安いと品質不安が激増する点。

③ 認識価格

購入曲線と購入ためらい曲線の交点。これ以上高いと購入者が激減し、購入ためらい者が激増する点。ターゲットがほぼ妥当だと認識した価格。

実際の設定要領は次項で説明します。

| 図表 85 | 消費者の反応に基づく小売価格設定 |

※想定ターゲット層を対象とした試作品のホームユーステスト（実際場面での試用評価）やコンセプト実現度調査時に次の質問を行い、結果を下記のグラフのように累積集計する

≪質問の仕方≫

Q．お試しいただいたテスト品が実際に発売になった場合を想定しながら
　下の文章に当てはまると感じる価格を、お気持ちのままご記入ください

（　　　）円 以上では、高すぎて全く買う気がしない
（　　　）円 ぐらいなら、高いと思うが買うことはある
（　　　）円 なら、妥当な価格なので普通に買う
（　　　）円 以下では、安すぎて品質に不安を感じる

≪グラフの作り方≫

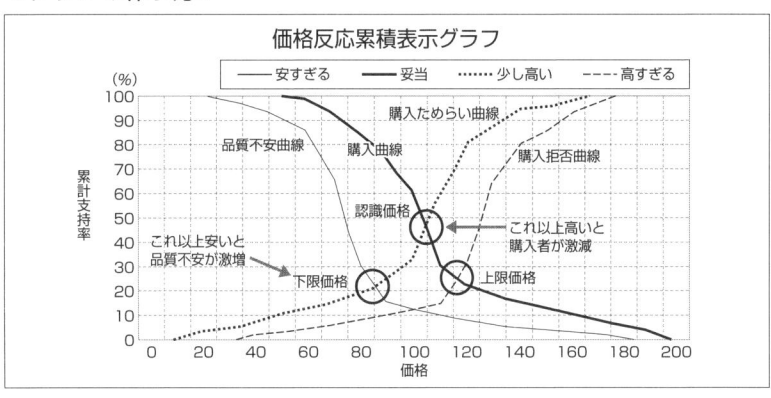

価格反応累積表示グラフ

凡例：安すぎる　妥当　少し高い　高すぎる

- 購入ためらい曲線
- 品質不安曲線
- 購入曲線
- 購入拒否曲線
- 認識価格
- これ以上安いと品質不安が激増 → 下限価格
- これ以上高いと購入者が激減 ← 上限価格

≪グラフの読み方≫

- **上限価格**（＝購入曲線と購入拒否曲線の交点）
  …これより高いと購入拒否者が激増する点
- **下限価格**（＝購入ためらい曲線と品質不安曲線の交点）
  …これより安いと品質不安が激増する点
  ただし、早期に市場浸透させるために発売時に低価格戦略をとる場合がある
  その場合この下限価格に近く設定することから別名「浸透価格」とも呼ぶ
- **認識価格**（＝購入曲線と購入ためらい曲線の交点）
  …想定ターゲットが「妥当だと認識した」と考えられる価格

86 戦略的価格設定の方法

スキミングプライス戦略とペネトレーションプライス戦略がある

想定ターゲットの価格反応をベースに戦略的に価格を設定するには、4つのパターンがあります。

当該商品が技術的に絶対優位にある場合、即ち特許などの参入障壁がしっかりしている場合には、企業は高価格に設定して市場導入することができます。この場合上限価格付近Aでの価格設定が可能です。家電業界のAV機器などでよく見られる方法です。ただし、その場合のターゲットの購入見込み率は低いレベルにあること、自由裁量所得の多い人に限られることを理解しておく必要があります。

このように、高価格で発売し、パイオニアとしてのブランドイメージを定着させながら、充分な利益を確保して開発コストの早期回収を図る価格戦略をスキミングプライス（上澄み吸収価格）戦略といいます。模倣されやすい商品や価格弾力性の高い商品に関し

ては、認識価格周辺に設定するのが一般的です。新カテゴリーの発売時に上限価格寄りの設定Aで導入して、他社の参入の気配を感じた時点で認識価格レベルBに下げ、市場定着を急ぐのが戦略的です。

後発参入で差別化ポイントがない場合や、先発でも一気に市場定着を図りたい場合は、下限価格寄りDに設定し、早期にシェアの拡大や市場浸透を目指します。この選択をペネトレーションプライス（浸透価格）戦略といいます。この場合、大量生産体制によるコスト低減がスムーズに実現するという条件が必要です。

後発参入の場合でも、商品の差別化が明確にできている場合は、認識価格以上の価格Cに設定することができます。

いずれにしても、ターゲット層の規模と購入意向で売上見込みを試算しながら検討します。

| 図表86 | 戦略的判断による価格設定 |

上限価格・認識価格・下限価格から次のような戦略的判断ができる

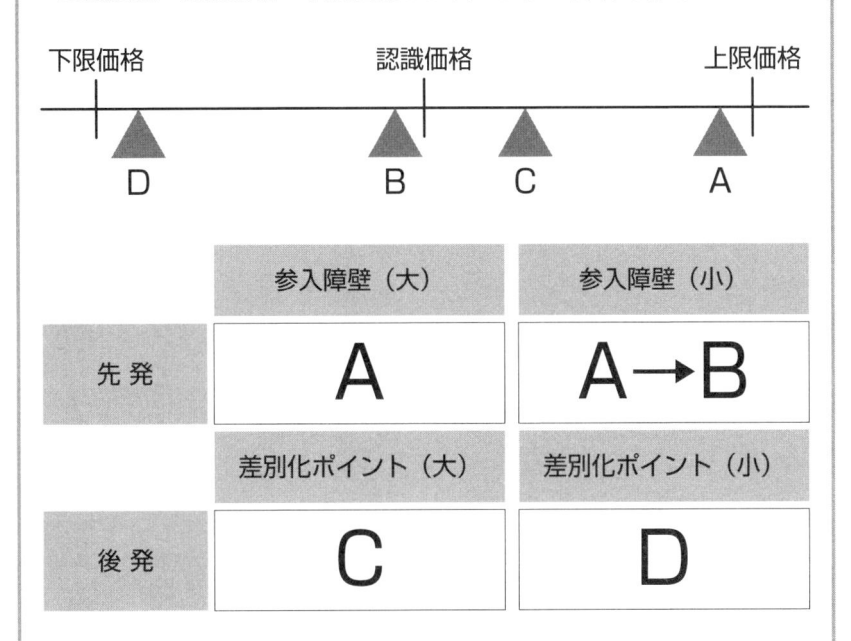

```
  下限価格        認識価格          上限価格
────┼──────────┼──┼──────────┼────
    ▲           ▲  ▲           ▲
    D           B  C           A
```

	参入障壁（大）	参入障壁（小）
先発	A	A→B

	差別化ポイント（大）	差別化ポイント（小）
後発	C	D

《スキミングプライス（上澄み吸収価格）戦略》

技術的に優位にあり参入障壁が明確にあれば、高価格を提示して市場導入することができる。コスト積み上げ法で価格を算出し消費者調査で受容性を確認したうえで決定する。自由裁量所得の多い層に限られるが、一定の需要があれば、充分な利益を確保することができる。

《ペネトレーションプライス（浸透価格）戦略》

後発参入で差別化ポイントがない場合や、先発でも一気に市場定着を図る場合は、下限価格寄りに設定し早期にシェア獲得を目指したり、早期に市場定着を目指すことがある。充分な低コスト生産体制が条件。

87 価格弾力性と心理的マジック

値引き販売の効果はテストマーケティング時に見極めておく

発売後の状況を見て、市場浸透を早めるために発売時の価格から値引きして販売促進を行うことがあります。この場合に、いくら下げたらどの位の販売増が見込めるかを知っておくと有効です。少し価格を下げただけで非常に売上げが伸びる商品と、大幅に下げてもそれほど売上げが伸びない商品があるからです。

この現象を表すのが価格弾力性です。テストマーケティングを行う場合には、必ず需要の価格弾力性を測定しておくことをお奨めします。

価格弾力性の測定は難しくありません。同じような条件のエリアや店で価格を何段階かに下げて実験的販売をしてみればおおよその見当はつきます。

製品AとBを500円と400円で売った場合の売上高から図のような需要直線が引けます。

価格弾力性は、「Aは価格を1円下げると400個多く売れる」「Bは価格を1円上げると100個減少する」などと表現されます。

もちろん、価格が下がりすぎると品質に不安が発生し購入意向が下がるという現象や宝石のようにある程度高くないと売れない商品があるため、必ずしも需要線は直線的ではないのですが、実験した価格から大きく離れなければ誤差は少ないと考えられます。

この図から、Aを450円（50円引き）で売れば2万個多く売ることができるという見通しが立てられるのです。ただし、そのときの総利益額が実施前よりも多くならなければ販売促進活動としては愚策であるということになるので注意が必要です。

先に示した例、宝石や美術品のように価格の高さが品質の評価を高める効果があるように、価格には心理的マジックが働くケースがいくつかあります。

図表87　消費者心理を動かす価格設定

需要の価格弾力性

価格を1単位変動させた場合、売上個数がどれくらい変化するかを示す値

$$価格弾力性 ＝ （売上量の変化幅） \div （価格の変化幅）$$

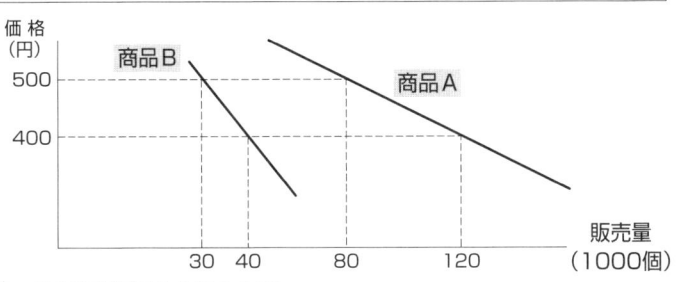

価格
（円）
500 ─ 商品B　　　商品A
400
販売量（1000個）
30　40　　80　　　120

商品A　（100円値引きした場合の値）
（120,000－80,000）÷（500－400）＝400　…弾力性（400個/1円）

売上高変化＝弾力性×値下げ幅×新価格－売上数×値下げ幅
　　　　　400×100×400　－　80,000×100　＝＋8,000,000円
値下げ幅を仮定して入れることで変化の予測ができる

商品B　（100円値上げした場合の値）
（40,000－30,000）÷（400－500）＝－100　…弾力性（－100個/1円）

売上高変化＝（売上数＋弾力性×値上げ幅）×新価格－売上数×元価格
｛40,000＋（－100×100）｝×500　－　40,000×400＝－1,000,000円
値上げ幅を入れることで変化の予測ができる

価格の心理的マジックの例

いずれも、消費者心理の複雑さを表すものです

威光効果	宝石や美術品などは高いほうがよく売れる場合がある
端数効果	59,800円　1,980円　298円 などが安く感じる
格付効果	高級品・普及品などの格付けで価格差を大きくできる
慣習効果	自販機の缶飲料は120円で慣習化しているので、価格を下げても売上はあまり伸びず、価格を上げると減少する

88 チャネル戦略を検討する

ターゲットに的確に届けるためのチャネル検討をする

ターゲット層が欲しいと思った時にすぐ買える状況にしておくことが、チャネル構築の理想です。図表88に示すパターンや業態を組合せて理想を目指します。

直接取引は、生産者が需要者を探す、あるいは双方が探すという大きな手間がかかるため、消費財市場においてはあまり大きな規模ではありませんでした。ところが、インターネットの普及で急激な変化が起きています。供給者と消費者を、企業のホームページやネットショップがつないでくれるため大きな取引の「場」が出現しました。事業の性質によっては大いに活用できるようになったのです。

最も一般的な消費財の取引形態は、生産者と消費者の間をつなぐ中間業者を経由するものです。中間業者は、物流機能・品揃え機能・汎用性・専門性・集客ノウハウ・顧客接触・情報交換などによって消費者・生産者の双方に大きなメリットをもたらしているのです。

メーカーから直接仕入れた商品を販売する大型小売店も増えてきていますが、消費財市場では、図表88に示す3番目のように卸売業者と小売業者を経由するパターンが、まだまだ一般的です。また、中間仕分けが必要な業界や小売店が広く分散している場合などは、4番目のように2次卸店が入るケースもあります。

現在では一口に小売店といっても、図に示すように多様な業態が出現し、市場構成も日々変化しています。

新商品の発売に備えて、目標とするターゲットを効率的に把握するには、初めからオープンチャネルがよいのか、いくつかの業態にしぼって発売するのが最適なのかを慎重に検討しなければなりません。課題設定時に行った市場分析をふまえ、完成に近い商品の姿を見ながらチャネル戦略の最終決定をします。

| 図表88 | チャネルのタイプと小売業の諸業態 |

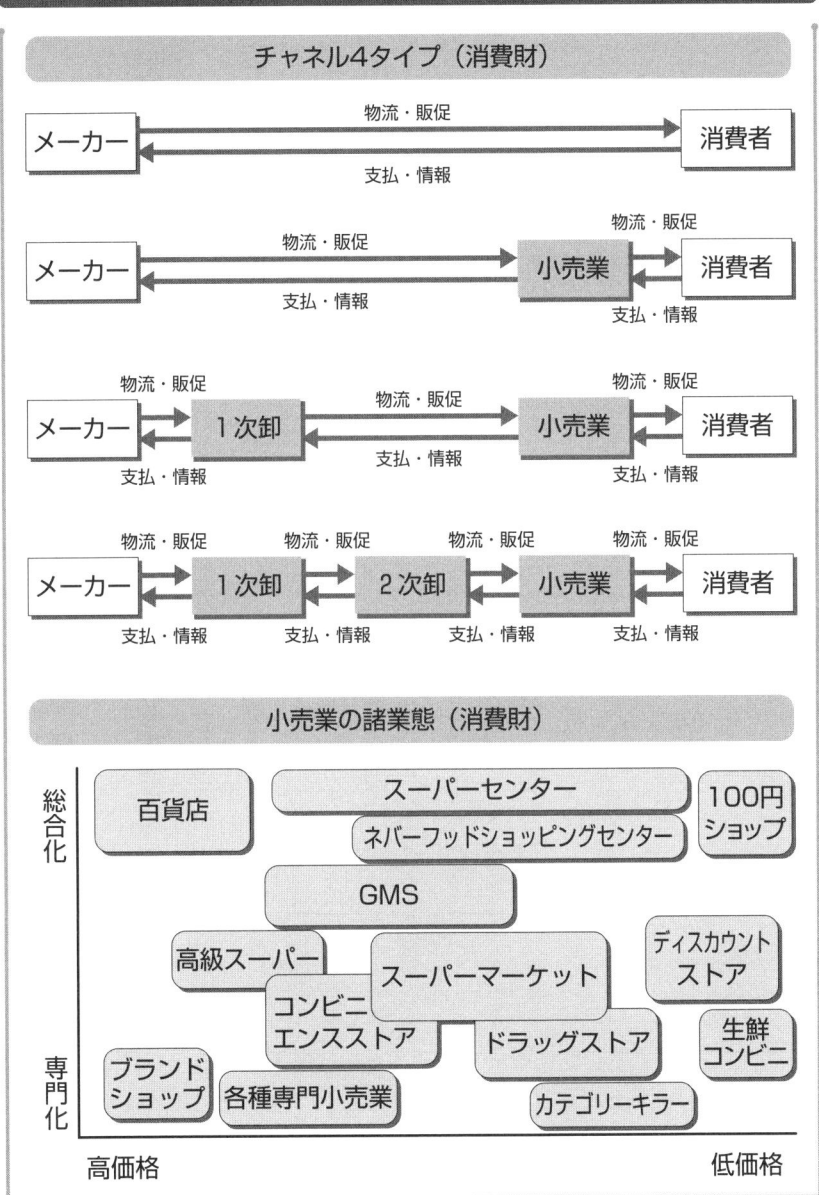

チャネル4タイプ（消費財）

```
メーカー  ──物流・販促──→  消費者
       ←──支払・情報──
```

```
メーカー  ──物流・販促──→  小売業  ──物流・販促──→  消費者
       ←──支払・情報──        ←──支払・情報──
```

```
メーカー ──物流・販促→ 1次卸 ──物流・販促→ 小売業 ──物流・販促→ 消費者
       ←支払・情報─      ←支払・情報─      ←支払・情報─
```

```
メーカー →1次卸→ 2次卸 → 小売業 → 消費者
（物流・販促／支払・情報）
```

小売業の諸業態（消費財）

縦軸：総合化 ─ 専門化
横軸：高価格 ─ 低価格

- 百貨店
- スーパーセンター
- ネバーフッドショッピングセンター
- 100円ショップ
- GMS
- 高級スーパー
- スーパーマーケット
- ディスカウントストア
- コンビニエンスストア
- ドラッグストア
- 生鮮コンビニ
- ブランドショップ
- 各種専門小売業
- カテゴリーキラー

第7章 販売戦略の立案ポイント

89 広告宣伝・販売促進の計画を組む

発売に向けて広告宣伝・販売促進の具体的計画を策定する

広告宣伝の狙いは、商品知名率アップ、取扱店率アップ、試し買い率アップの順です。販売促進の狙いは、試し買い率アップと購入頻度アップです。

新発売時には、立ち上がりの弾み＝試し買い率を一気に高めるために、広告宣伝と販売促進策を同時に大量に実施します。その後、メリハリをつけるために一定の間隔を置いて宣伝・販促の山場を作ります。

事例は、フルラインの計画です。テレビ・新聞・雑誌・交通広告を伴った「新発売プレミアムキャンペーン」を展開し、小売店では、サンプル配布・店頭デモ・チラシ特売・クーポン特売などを実施します。

半年後の「秋季プロモーション」、1年後の「1周年感謝セール」には、プレミアムキャンペーン以外は新発売時とほぼ同じ規模で実施する計画です。もちろんここでクローズド形式のプレミアムキャンペーンを

実施する選択も充分効果的です。予算の問題だけです。その間には、少量ですがコンスタントなテレビスポットやネット広告などを続け、小売店での販売促進を営業現場の企画で実施する形をとっています。

育成アクションは商品が市場に定着するまで繰り返します。2～3年継続することもあります。

宣伝には、コマーシャル・ポスター・リーフレットなどの制作が必要であり、販売促進には、デモ用キット・陳列機材・POP・店頭用ビデオなどの制作が必要ですが、専門性が高い業務のためほとんどの企業ではアウトソーシングしています。

制作の依頼は、宣伝・販促プランが固まり次第行いますが、オリエンテーション時には、デザインコンセプトと同じ要領で作成した「宣伝コンセプト」「販促コンセプト」が必要です。

図表89 　広告宣伝・販売促進の年間計画（例）

月	テーマ	テレビ広告 新聞広告	雑誌広告	その他広告	販売促進策
3	新発売キャンペーン 3/15～4/30 オープン懸賞実施	延べ視聴率 16,000% 全国紙 全3段2回	総合誌 3誌	交通広告	サンプル配布 20,000個
4			専門誌 2誌		店頭デモ2,000店
4					チラシ費用助成 50チェーン
5			パブリシティ 10件		クーポン特売 20チェーン
6		テレビスポット 毎月 1,500%		インターネット広告	
7					支店別 個別対応
8					
9	秋季プロモーション 9/15～10/31	延べ視聴率 8,000%	総合誌 3誌		店頭デモ2,000店
10			専門誌 2誌		チラシ費用助成 50チェーン
10				交通広告	クーポン特売 20チェーン
11			パブリシティ 10件		
12		テレビスポット 毎月 1,500%		インターネット広告	支店別 個別対応
1					
2			専門誌 2誌		店頭デモ2,000店
3	1周年感謝セール 3/15～4/30	延べ視聴率 8,000%	パブリシティ 10件	交通	チラシ費用助成 50チェーン

第7章　販売戦略の立案ポイント

90 商品知名率を高める方法

商品知名率アップに貢献するのは広告宣伝だけではない

商品知名率を高めるためには、ターゲットを広くカバーできる「広告宣伝」が最も効果的であるといわれています。次の5つが代表的なものです。

① マスコミ広告（テレビ・新聞・ラジオ・雑誌）
② IT広告（インターネット・各種モバイル）
③ 交通広告（各種）
④ ミニコミ広告（各種）
⑤ パブリシティ（各種）

しかし、広告宣伝がその効果を100％発揮できるためには、訴求ポイントをしっかり盛り込み、印象的に作り上げられた「パッケージデザイン」と、その商品を並べる「魅力的な売り場」と「販売促進」が必要です。特に、戦略上の判断で宣伝広告を投入しない場合、予算の都合で投入できない場合などとは、パッケージデザインと売り場演出・販売促進だけで商品知名率を高めなければならないからです。

したがって、パッケージデザイン開発を行う商品開発担当も、売り場演出・販売促進を行うプロモーター（営業担当）も、商品知名率アップに関わっている、貢献しているといえるのです。

質の高いパッケージデザインをベースに、質の高いツールを制作し、量的に充実した宣伝広告や販売促進を投入することが、商品知名度を高めるための理想的な状態です。

既存商品の改良課題としてパッケージデザインの変更が上がってくるのは「質的」アップが狙いですが、広告宣伝や販売促進の「量的」なバックアップがなければデザイン変更の効果は出ません。逆にそれまで浸透していたイメージの断絶により商品力を大きく低下させてしまうことも多いので要注意です。

| 図表 90 | 商品知名率の高め方 |

商品知名(認知)から購買までの4段階

知名(認知) → 理解 → 比較評価 → 購買

知名率(認知率)アップに影響する様々な要素

- パッケージ・デザイン
  - 明快なブランド・ロゴ
  - 明快なネーミング
  - 鋭いキャッチフレーズ
  - 印象に残るデザイン
  - 注目を集める容器・包装
- 訴求ポイント(=コンセプト)
  - ブランド・商品名
  - キャッチフレーズ
  - 商品特徴
  - 使用方法
  - 買うべき人のイメージ

→ **商品開発担当の役割**
パッケージデザインはすべての基礎となる

- マスコミ広告
  - テレビ・新聞・ラジオ・雑誌
- IT広告
  - インターネット・各種モバイル
- 交通広告
- ミニコミ広告
- パブリシティ

→ **広告宣伝担当の役割**
ツールの質・投入量がポイントとなる

- 売り場演出・プロモーション
  - ポスター・POP・陳列機材
  - デモ用キット・サンプル配布

→ **販売促進担当の役割**

『新発売キャンペーン』においては、宣伝・販促を総合的に投入

ターゲット層の商品知名率(認知率)測定

純粋想起	カテゴリー名を聞いただけで商品名を思い浮かべるレベル
助成想起	商品名リストを見た段階で「知っている」と認めるレベル
内容想起	商品の特性をどの程度正確に理解しているかの確認

第7章 販売戦略の立案ポイント

91 取扱店率を高める方法

広告宣伝や販促の計画を明確に伝えて、商品取り扱いのメリットを理解してもらう

流通チャネル（卸店・各種小売店）に商品を取り扱ってもらうためには、競合商品が存在する中で特にその商品を取り扱うメリットをしっかり説明し理解してもらうことが不可欠です。

商品開発のプロセスを、これまで説明してきたように、市場環境分析・消費者（生活者）研究・コンシューマーインサイト・コンセプト構築・試作品開発・コミュニケーション手段の開発・販売戦略検討と進めてきたならば、商談時の説得材料は充分揃っています。

① **商品開発の背景**（消費者状況・市場状況など）
② **商品特性**（商品コンセプト＝ベネフィット・ターゲット・シーンなど）
③ **競合品より優れている点**（商品評価・購入意向）
④ **計画されている広告宣伝手段**（媒体別投入量・媒体別の使用ツール）
⑤ **計画されている販売促進手段**（アクションの種類と実施時期と頻度、提供されるツール）
⑥ **テストマーケティング結果や既に扱っている小売店での売れ行き実態・初期購入者の反応など**
⑦ **取引条件**（希望小売価格・納入価格・アローワンス・返品条件・支払条件・リベート体系など）

このような材料と商品サンプルを用意して、積極的なプレゼンテーションを行うならば、ほとんど間違いなく取り扱ってもらえることでしょう。

ただし、しっかりと確認しておかなければならないことがあります。それは商品の配荷に関する問題です。受注の方式とタイミング、定期的な配送時間と頻度、臨時配送条件などです。いくら良い商品でも、品切れなどのチャンスロスを起こすようでは扱ってもらえません。配荷のしくみは流通力の大切な要素です。

208

| 図表91 | 周到な事前準備で商談成功率を高める |

事前準備

商品に関する情報
- 開発の背景（消費者実態）
- 商品特性＝商品コンセプト
- 競合品より優れている点

広告宣伝実施計画
- マスコミ広告（量・質）
  テレビ・ラジオのCM
  新聞広告・雑誌広告
- IT広告（量・質）
  インターネット・各種モバイル
- 交通広告（各種）
- ミニコミ広告（各種）
- パブリシティー（各種）

販売促進実施計画
- マスコミ広告と連動した新発売キャンペーンの実施が最有力

≪一般的アクション≫
- お試し特売価格販売
- マネキンデモ販売
- サンプル配布活動
- 主力店へチラシ協賛
- 主力店イベントへ連動
- POP他、売り場装飾

商品サンプル

テストマーケティング結果

取引条件

↓

商談実施 ── 取り扱い未決定 → 取り扱い阻害要因を分析検討 → 再商談

↓成功

取り扱い成約

『取り扱い阻害要因』の分析検討結果が、その後の
商品開発力アップのための貴重な情報となる

第7章 販売戦略の立案ポイント

92 試し買い・継続購入を刺激する方法

実際に買ってもらい、試してもらって「商品力」を見極める

広告宣伝や広報活動でターゲットの商品知名率が高まり、積極的な商談により取扱店率が高まったところに、売り場演出や販売促進の刺激が加わって、「試し買い」が発生します。ターゲットが購入した商品を使ってみて満足したところへ、広告や販売促進の再刺激を行って「再購入」を発生させ、やがては「継続購入」になるというのが、新商品市場導入の理想モデルです。刺激・再刺激の手段を食品の例で示します。

● 試し買いを促進する

① 新発売プレミアムキャンペーン（マス媒体使用）
② 新発売記念「おためし特価」販売
③ マネキン試食により商品特徴を訴求
④ 無償サンプル配布で商品特徴を訴求
⑤ 無人試食キットで商品特徴を訴求
⑥ 関連商品との同時陳列により購買刺激する

● 再購入・継続購入を促進する

① ～⑥に重ねてチラシ広告やPOPによる訴求
② 周年記念感謝セールでの刺激（マス媒体使用）
③ 季節ごとの企画キャンペーン
④ 増量セール・複数購入の場合に割引
⑤ 期間限定値引き特売・クーポン特売など
⑥ 無人試食キットでおいしさを再確認させる
⑦ 関連商品と同時陳列によるメニュー提案
⑧ ①～⑥に重ねてチラシ広告やPOPによる訴求

新商品導入時には、試し買い刺激を特に綿密に実施してトライアルユーザーを獲得しなければなりません。とにかく体験してもらい、評価してもらうのです。不充分な取扱店率・販促展開・広告宣伝展開で新商品の「商品力」を見極めてしまうと、せっかくの金の卵が簡単に没にされてしまうので要注意です。

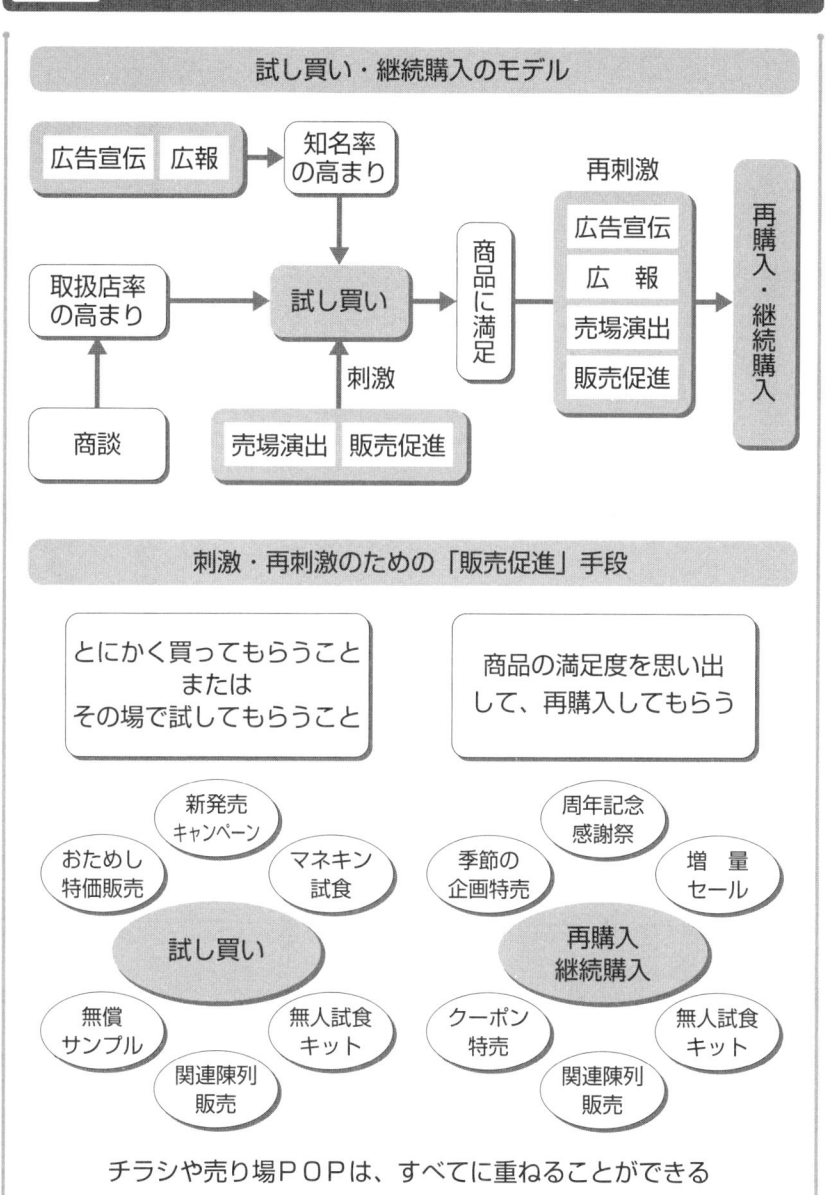

図表92　**試し買い・継続購入の刺激策**

試し買い・継続購入のモデル

```
[広告宣伝][広報] → [知名率の高まり]
                          ↓
[取扱店率の高まり] → [試し買い] → [商品に満足] → 再刺激[広告宣伝/広報/売場演出/販売促進] → [再購入・継続購入]
        ↑                ↑ 刺激
    [商談]        [売場演出][販売促進]
```

刺激・再刺激のための「販売促進」手段

| とにかく買ってもらうこと または その場で試してもらうこと | 商品の満足度を思い出して、再購入してもらう |

試し買い
- 新発売キャンペーン
- おためし特価販売
- マネキン試食
- 無償サンプル
- 無人試食キット
- 関連陳列販売

再購入・継続購入
- 周年記念感謝祭
- 季節の企画特売
- 増量セール
- クーポン特売
- 無人試食キット
- 関連陳列販売

チラシや売り場POPは、すべてに重ねることができる

93 開発品の商品力を予測する

開発段階で入手したデータで、おおよその商品力を予測する

新商品がどの程度売れるのかは、テストマーケティングを実施すれば、ある程度精度の高い推計ができますが、それ以前に何らかの形で予測できれば便利です。

ここでは、開発段階で入手したいくつかのデータを活用して「商品力」を予測する方法を説明します。

考え方は、すでに市場に存在する競合品の「商品力」＝市場シェアを構成している要素、知名率・取扱店率・購入頻度・商品満足度・商品購入意向を把握して、自社が開発した商品の各項目に関する推定値・評価値と比較しながら開発者自身が予測するというものです。

競合品の市場シェア・知名率・取扱店率・商品満足度・購入頻度は、市場状況分析で入手したものを、商品満足度と購入意向は、自社新商品開発過程の調査（受容性確認調査など）に組み込んで入手したものを使います。

事例は、競合品A・Bの市場に、自社開発品で参入する状況を想定しています。競合品シェアは70％・30％となっていて、シェアを成立させている要素についても分かっています。この競合品の要素項目に対して自社開発品の要素項目を対比しながら、次のように用意します。

- 知名率は、広告投入量をベースに広告会社の累積経験値から推測
- 取扱店率は、自社の営業力・流通力＝既存商品販売の経験値から推測
- 購入頻度は、競合品の特売実施回数と購入頻度の相対関係をもとに、自社の特売実施回数から推測
- 商品満足度と商品購入意向は、受容性確認のための消費者調査結果で得たもの

事例の比較検討では、競合品Bを凌駕することができそうです。シェアは最大25％程度と予測されます。

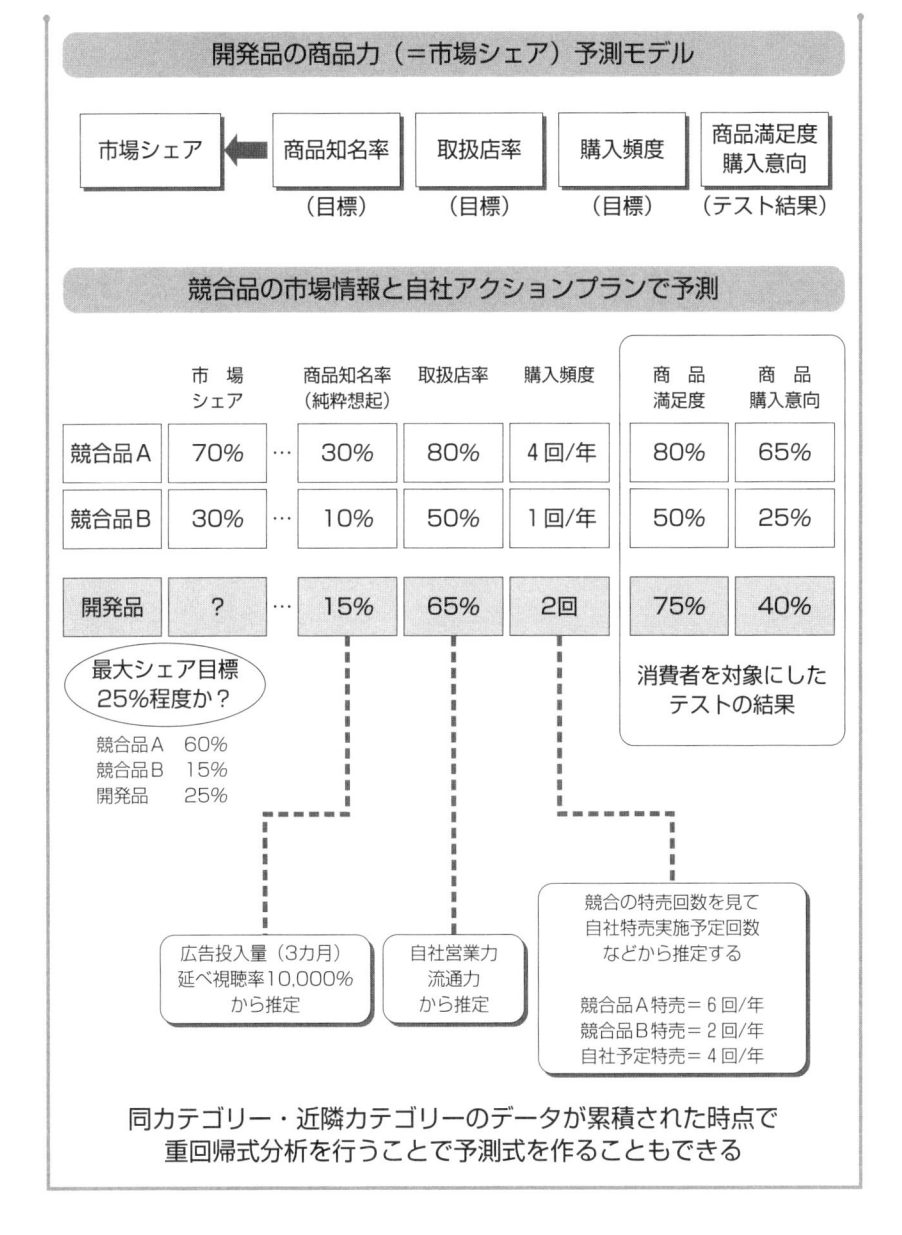

図表93　商品力予測モデルと予測事例

開発品の商品力（＝市場シェア）予測モデル

市場シェア ← 商品知名率（目標）　取扱店率（目標）　購入頻度（目標）　商品満足度 購入意向（テスト結果）

競合品の市場情報と自社アクションプランで予測

	市場シェア	商品知名率（純粋想起）	取扱店率	購入頻度	商品満足度	商品購入意向
競合品A	70%	30%	80%	4回/年	80%	65%
競合品B	30%	10%	50%	1回/年	50%	25%
開発品	?	15%	65%	2回	75%	40%

最大シェア目標 25%程度か？

競合品A　60%
競合品B　15%
開発品　　25%

消費者を対象にしたテストの結果

- 広告投入量（3カ月）延べ視聴率10,000%から推定
- 自社営業力 流通力から推定
- 競合の特売回数を見て自社特売実施予定回数などから推定する
  - 競合品A特売＝6回/年
  - 競合品B特売＝2回/年
  - 自社予定特売＝4回/年

同カテゴリー・近隣カテゴリーのデータが累積された時点で重回帰式分析を行うことで予測式を作ることもできる

94 市場導入計画を策定する

発売後3年間の試算を行い、市場に定着するまでの損益状況を見る

大まかな売上高見込みは、開発推進の正式承認を得る段階で行った収益性分析で行っています。その後、開発が進み、本体の仕様・規格・容器・包装・ネーミング・デザイン・価格・チャネル戦略・宣伝販促戦略などが固まってきた段階で、しっかりとした市場導入計画を策定します。一般には、発売後3年間のマーケティング目標をベースに損益計算を行います。

● 売上高の算出

販売価格（300円）が決定され、取扱店数も400店と過去の経験から推定されています。1店あたりの販売量を1日2個平均（既存品の状況から推定）とすると年間約720個の売上げとなります。初年度の売上高は8億6400万円となります。ただし、取扱店が一気に広がらない場合はその分を割り引きます。

● 売上原価の算出

売上原価に含まれるものは、原材料費・製造従業員の給与・工場賃貸料・水道光熱費などです。

● 減価償却費

事例では研究開発費を3年で償却することになっています。設備投資を伴うものであれば、その原価償却費も年度ごとに配分します。

● 販売費や一般管理費の算出

開発に関する調査費は研究開発費に含めますが、マーケティング管理のための調査費は別に計算します。他に、販売人件費・広告宣伝費・販売促進費などがあります。新商品の直接利益を見るために、一般管理費のうち会社共通で見ているものは除いて計算します。

● 直接利益の計算

売上原価・償却費（開発費や設備投資）・販売費や一般管理費の合計を出し、売上高から差し引きます。

図表94　**市場導入計画の策定要領**

発売後3年間のマーケティング目標

（販売価格：300円）

	1年目	2年目	3年目
取扱店率（店数）	40%（4000店）	55%（5500店）	65%（6500店）

（対象店数1万店と仮定）

	1年目	2年目	3年目
扱い店あたり販売量	720個	650個	600個

（一般に、裾野の広がりに伴い、1店平均の販売量は低下する）

	1年目	2年目	3年目
商品知名率（純粋想起）	10%	13%	15%

発売後3年間の損益計算（概略）

（販売価格：300円　＊　研究開発費は3年で償却する）

単位：1000円

	1年目	2年目	3年目	累計
売上高	864,000	1,072,500	1,170,000	3,106,500
売上原価	518,400	643,500	702,000	1,863,900
売上粗利益	345,600	429,000	468,000	1,242,600
研究開発費	50,000	50,000	50,000	150,000
調査費	15,000	4,000	4,000	23,000
販売人件費	34,560	34,560	34,560	103,680
広告宣伝費	400,000	200,000	200,000	800,000
販売促進費	50,000	30,000	30,000	110,000
直接費合計	549,560	318,560	318,560	1,186,680
直接利益	−203,960	110,440	149,440	55,920
利益率	−23.6%	+10.3%	+12.8%	+1.8%

第8章 テストマーケティングの実施ポイント

CHAPTER 8

95 テストマーケティングを検討する

不安の解明をするか先行優位を選ぶか慎重に決める

コンセプト受容性調査や競合品との比較調査で成功の確信が得られた場合や経営者が新商品の成功に自身を持っている場合、もしくは商品の開発コストや市場導入コストが少なくてすむ場合、テストマーケティングを実施せずに市場導入するほうが有利です。

確かにテストマーケティングによって様々な不安要素を解消することができますが、競合他社に発売を知られることや費用や時間の負担という点からも安易に行うべきではありません。

しかし、不安な点が非常に多い場合、導入失敗コストが巨額でありテストマーケティング費用のほうが安いと判断された場合には、迷わず実施すべきです。

消費財のテストマーケティングには、代表的なものとして次の3つの方法があります。

● 模擬店方式によるテスト

会場に、テレビCMを見せる部屋や、テスト品や競合品を並べた模擬売り場を設定して、対象者に商品購入をしてもらう方法です。次項で説明します。

● スキャンデータサービス店でのテスト

購入客属性の分かる商品売上情報(スキャンデータ)をメーカーなどに提供しているチェーンストアでテスト販売し、競合との販売シェアや購入者属性、トライ・リピート状況を知ることができます。また、ストア経由になりますが、購入者追跡調査も可能です。

● 特定エリアでのテスト販売

エリア限定のテレビCMが実施できる狭い地域を選び、実際の販売を行う方法です。この方式なら調査会社を活用して様々な調査を思いどおりに実施できます。

いずれの方法においても、メリット・デメリットをよく理解して実施しなければなりません。

| 図表 95 | **テストマーケティングに関する注意点** |

テストマーケティングを実施するか否かの選択

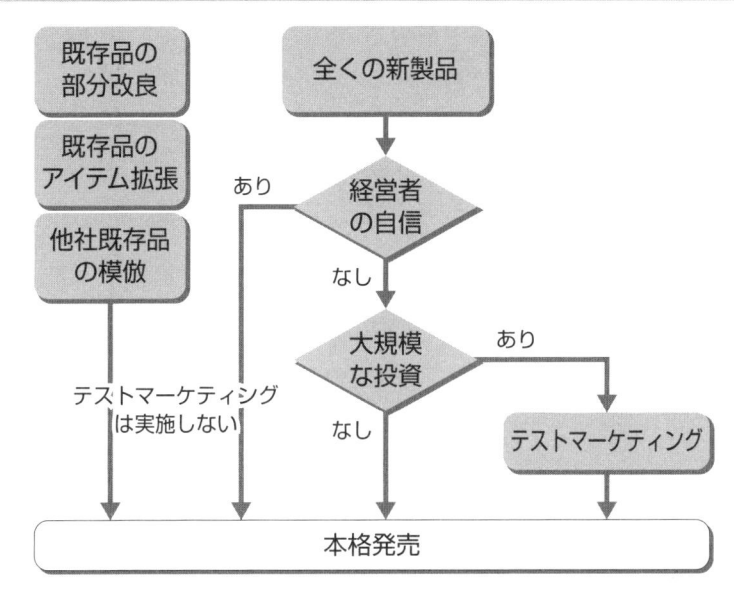

- 既存品の部分改良
- 既存品のアイテム拡張
- 他社既存品の模倣

全くの新製品 → 経営者の自信
- あり → 本格発売
- なし → 大規模な投資
  - あり → テストマーケティング → 本格発売
  - なし → 本格発売

既存品の部分改良／アイテム拡張／他社既存品の模倣 → テストマーケティングは実施しない → 本格発売

テストマーケティング方法のメリット・デメリット

模擬店方式	スキャンデータサービス店	特定エリアでテスト
●競合他社に知られる確率が低い ●テレビCMを見せる ●実際に売り出したときの対象者追跡調査を実施しやすい ●商品力の測定や販売量予測のシステム有 …………………… ●想定ターゲットを集めるための手間とコスト	●実際の売り場で競合との比較ができる ●購入者属性がすぐに把握できる ●追跡調査がやりやすい ●販促効果測定が可能 …………………… ●競合他社に商品の発売予定を知られる ●店の個性が障害になり、拡大推計が困難	●実際の売り場で競合との比較ができる ●テレビCMが流せる ●エリア拡大・全国発売する場合の販売推計が比較的しやすい …………………… ●購入者調査や追跡調査、販促効果測定などを自由に企画できるが、経費はかさむ

第8章 テストマーケティングの実施ポイント

96 模擬店方式のテストマーケティング

実験室的にテストマーケティングができるので競合他社に知られない

この方式は、想定ターゲットのスクリーニング・実査の進行に関して経験的ノウハウが必要であり、全国販売量の推計作業（それを支える前例）が必要なので、経験を積んだ調査会社に依頼することをお奨めします。

図のように会場を3つに分けて設定します。

第1会場では、進行の説明と事前アンケート（テストに影響を与えない程度の内容）を実施します。

第2会場では、テスト品や競合品のCMを含んだ数種類のテレビCM（通常、関係ないCMもいくつか入れる）を見てもらいます。

第3会場では、入り口で購入に必要なお金や金券を渡し、模擬売り場で買い物をしてもらいます。

模擬売り場は、テスト品のカテゴリーで構成され、競合商品をすべて含んだ売り場になっています。そこでは、テスト品のPOPによる購買刺激や価格を変えた販売などができるようにしてあります。基本的なテストとしては、実際に放映するCMを他のCMの間にはさんで見せて、実際に販売する価格で競合品と一緒に並べて売り、テスト品がどの程度購入されるか、主として試し買い者の割合を測定します。

後日、追跡調査で商品の満足度や再購入意向を調べ、予測モデルで全国発売時の推計をします。

応用実験としては、対象者が経験する条件を変化させて見ることにより様々な効果測定ができます。

① テレビCMの有無による試し買い率の差
② テレビCMの違いによる試し買い率の差
③ 販売価格の違いによる試し買い率の差
④ POPやポスターの有無による試し買い率の差
⑤ 全く何もせずに店頭に並べた場合の試し買い率

などですが、複雑にしすぎないことがポイントです。

図表 96　模擬店方式テストマーケティングの会場設定

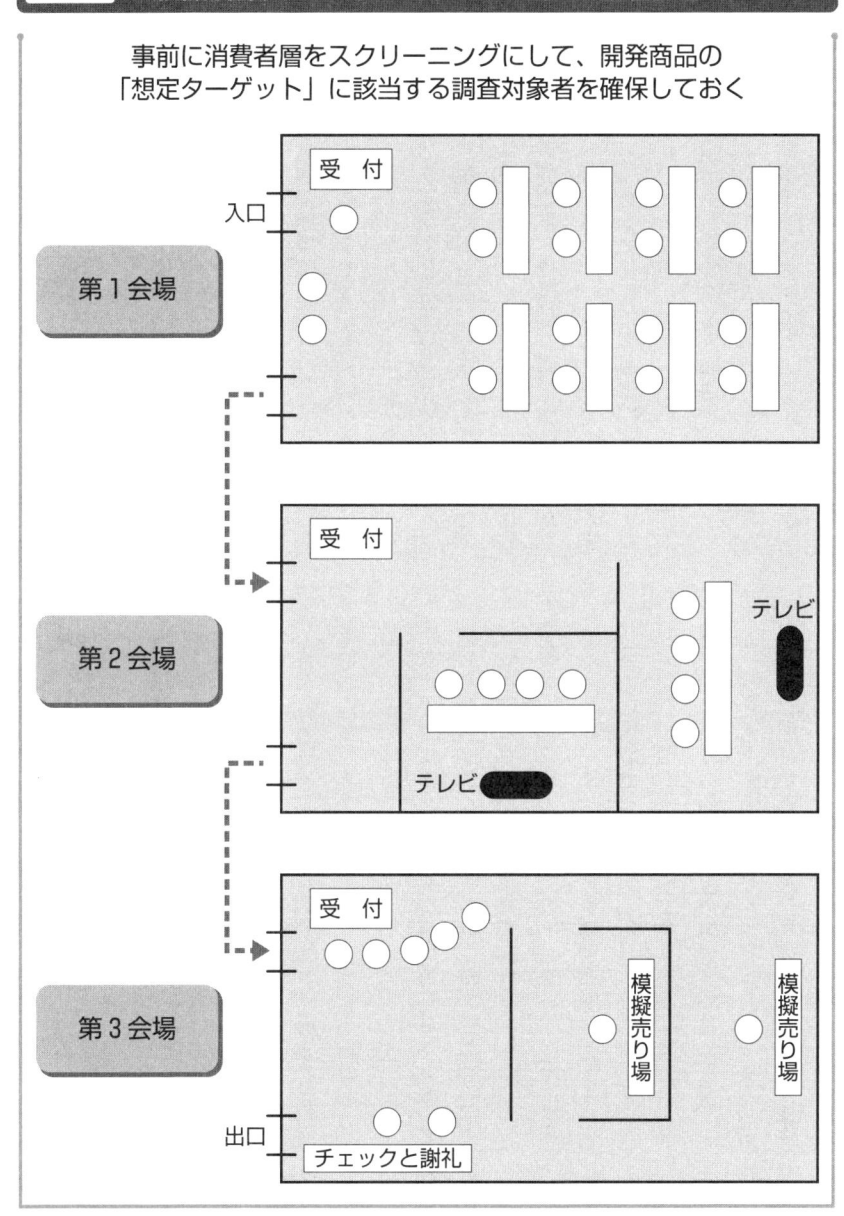

事前に消費者層をスクリーニングにして、開発商品の「想定ターゲット」に該当する調査対象者を確保しておく

第1会場

第2会場

第3会場

97 テストで解明したい事柄とは

テスト方法によって解明できる事柄が違うので注意が必要

解明したい事柄とテスト方法の関係は図の通りです。

●コミュニケーション効果

AとCでは、商品（ブランド）名や商品特性がどの程度知ってもらえたか（純粋想起率・助成想起率・特性認知状況）、どれくらいの人に試し買いしてもらえたか（トライ率）などが明らかになります。

なお、Cならば実際にCMを投入するのでCM投入の費用効果も分かります。投入量（延べ視聴率200％）に対して商品知名率が（純粋想起で13％・助成想起で35％）という具合に把握できます。

●ターゲットが狙いどおりか

BとCでは、想定していたターゲットに買われているかどうかが分かります。購入者の属性や使用実態・意識・評価・再購入意向を検討することから、ターゲットもしくは商品の修正が必要かどうかが分かります。

●商品に関する評価

BとCでは、実際にお金を払って購入した消費者の評価が得られます。誰がどのような場面でどのように使い、どのような実際効果があったのか、問題点は無かったのか、満足度はどの程度でリピート率はどの程度かが明らかになります。Aでは、追跡調査で商品評価と再使用意向が分かります。

●販売促進活動の効果

販売価格によってどの程度の数量変動があるか（価格弾力性）、大量陳列やマネキン販売などの効果、チラシ効果などが明らかにできます。（Aでは一部不可）

●1店あたりの販売量と取扱店率の拡大状況

1店あたりの販売量はBとCで分かります。取扱店の拡大状況は、Cの実態を把握するのが精一杯であり、過去の新商品の広がり具合のほうが参考になります。

222

図表97　テスト方法と解明できる事柄

≪解明できるレベル・・・◎○△×≫

解明したい事柄	A 模擬店方式でのテスト	B スキャンデータサービス店で	C 特定エリアでのテスト
1．コミュニケーション効果 ※商品名（ブランド）知名率 　・純粋想起・助成想起 ※商品特性認知状況 ※パッケージ評価 ※POP認知率 ※POP内容認知状況 ※試し買い（トライ）率 ※商品選択理由　　　など	○ はじめにテレビCMを見せる 模擬陳列でPOPや商品を見せる	× 実際陳列でPOPや商品を見せる	◎ 実際にテレビCMを流す 実際陳列でPOPや商品を見せる
2．ターゲットが狙い通りか ※購入者の属性 ※使用後の商品評価 　　　（追跡調査） ※再（継続）購入意向 　　　（追跡調査）	× 想定ターゲットだけが対象	○ 購入者属性が、すぐに把握できる追跡調査もやりやすい	○ 購入者調査と追跡調査を改めて企画実施する
3．商品に関する評価 ※実際の使用者による評価 　・誰がどのように使ったか 　・ベネフィットの評価 　・使いやすさなど容器の適性 　・包装やデザインの評価 　・総合的満足度 　・各種の不満点 ※商品価値と価格のつりあい ※実際リピート率 ※再（継続）購入意向 ※銘柄変更状況および理由	○ 実際購入者ではないが 追跡調査で商品評価と再使用意向が分かる 実際リピートと銘柄変更は分からない	◎ 実際購入者の評価 パネルの住所が明確なので追跡調査がやりやすい	◎ 実際購入者の評価 購入者調査と追跡調査を改めて企画実施する
4．販売促進活動の効果 ※価格弾力性 ※デモンストレーション販売効果 ※チラシ効果　　　など	○ 価格弾力性以外は手法面で難しい	◎ POSデータ分析によりすぐに分る	◎ 対象店を選び改めて調査実施
5．取扱店1店あたりの販売量	×	○	○
6．取扱店の拡大状況	×	×	△

第8章　テストマーケティングの実施ポイント

98 販売量推計の方法

テストマーケティングの方式によって推計方法は変わる

● 模擬店方式でのテスト（A）からの推計

試し買いで売れる量とリピートで売れる量を合算したものが1年間の販売量になるという考え方です。ここでの注意点は、リピート者は次第に増えて最終的に試し買い者の60％に到達するため、リピート者の購入量の算出には0．5を掛けるということです。

事例は、想定ターゲット1千万人、テストでの試し買い率40％、追跡調査での再購入意向率60％、年間平均購入回数5回とした場合の推計です。なお実際にはさらに商品知名率・取扱店率を考慮して計算するのでその分だけ見込み数値は小さくなります。

● スキャンデータサービス店テスト（B）からの推計

① テスト店での実販売量をベースとして、テスト店の自社品販売力（既存商品の全国販売量に対する割合）で逆算して拡大推計します。

② テスト店の一店平均販売量をベースとして、全国取扱店数見込み（自社既存商品の取扱店率など から推計）を掛けて算出します。

テスト店の自社品販売力が分かっている場合は①、そうでない場合は②の方法で算出します。

● 特定エリアでのテスト（C）からの推計

① テストエリアでのテスト品の販売量をベースに、テストエリアでの自社販売力で逆算して推計します。

② テストエリアでの一店平均販売量をベースとして、全国の取扱店数見込みを掛けて算出します。

③ テストエリアでの販売シェアの増加率を全国シェアの増加率とみなして算出します。

テスト店の自社販売力が分かっている場合は①、そうでない場合は②の方法で推計します。③の方法は一般に誤差が大きいので参考数値としておきます。

| 図表 98 | 初年度販売量の推計方法 |

模擬店方式でのテスト（A）からの推計

①想定ターゲット者数あるいは世帯数＝消費者研究から推定する（1千万人）
②トライ率（模擬店の購入率）＝一定期間内に対象者が試し買いする率（40％）
③リピート率（再購入意向率）＝試し買い者がリピート購入者になる率（60％）
④平均リピート回数（リピート者の見込み購入回数）＝仮定する（1年間に5回）
（注）リピート購入者は次第に増え最後に60％のなるので計算式には0.5を掛ける
　　1年間の売見込み量＝①×②×1個＋①×②×③×④×0.5
（例）売上見込：1000万個＝1千万人×0.4×1＋1千万人×0.4×0.6×5×0.5

【注1】 上記では知名率・取扱店率は100％と仮定（実際は到達率を考慮して計算）
【注2】 同形式で何品か実施し、実際結果で調整検討しながら自社方式を確立する

スキャンデータサービス店テスト（B）からの推計

①全国販売量推計＝テスト店の実販売量÷（テスト店の全国販売量構成比）
（例）50万個＝5000個÷0.01（テスト店の自社既存品販売量の全国比が1％）

②全国販売量推計＝テスト店の一店平均販売量×全国取扱店数見込み
（例）50万個＝330個×1500店（既存品扱い店2000店の75％を見込む）
　　テスト店の一般的販売力により330個を上下させることもある

特定エリアでのテスト（C）からの推計

①全国販売量推計値＝テストエリア販売量÷（当該エリアの販売量構成比）
（例）75万個＝75,000個÷0.1（エリアの自社品販売量構成比10％）

②全国販売量推計＝テストエリア一店平均販売量×全国推計取扱店数
（例）75万個＝500個×1500店（既存品扱い店の60％を見込む）
　　テストエリアの一般的販売力により500個を上下させることもある

③テストエリア販売シェアと全国販売シェアとのバランスから推計

　テストエリアのシェア20％…新製品発売後22％（上乗せ4％・自社競合2％）
　全国シェア25％…全国シェア推測＝25＋（25×0.2）－（25×0.1）＝27.5％

おわりに

現在の商品開発は、市場状況研究、消費者(生活者)研究、アイデア発想、コンセプト構築、応用技術研究、商品テスト、ネーミング、ブランドマネジメント、パッケージング、価格設定、チャネル選択、広告制作、そしてテストマーケティングというアクションの総合化されたものでなければなりません。

それぞれを個別に論じるのでさえ1冊の本では語りつくせない大テーマです。本書はその全体で示そうというのですから、かなり無謀な試みに違いありません。したがって、本書ではこれらの要素的アクションが、何を中心にしてどのように関連しながら実施されることが「強い商品」を開発する可能性を高めるのか、ということを示すことに力点を置いてまとめました。

中心になるのは言うまでもなく生き生きと形作られた「商品コンセプト」です。商品コンセプトの構築をめぐってどのようなことが検討されながら開発が進みテストマーケティングまで到達するのか、その流れを示しながらポイントを説明しました。出来栄えは皆様の評価におまかせするとして、実際の業務推進における何らかの参考になれば幸いと思います。

なお、本書で触れることができなかった大きな課題として、このような商品開発のプロセスが充分に効果を発揮できる社内体制(組織・制度)はいかにあるべきかという検討がありますが、現在の筆者の見解では、これぞあるべき姿だというものを一般的に定式化することはできないと考えております。

本書でふれられた開発作業上のポイントを充分理解して経験を積んだキーマンが、相応のスタッフと予算と権限を与えられて組織横断的な指揮をとるならば、どのような体制の企業でも「小ヒットを出す」商品開

発はできます。まずは、ひとつの課題、ひとつのプロジェクトチームでキッチリとしたプロセスを踏んで「開発プロセスの成功パターン」を体験することからスタートすることが大切です。トップ層により承認された、いくつかの具体的テーマに取り組む体験の中から、自社にとっての最適な開発体制を模索構築していくことが肝心だと考えます。

本書をひとつのたたき台として、それぞれの企業で創意工夫に満ちた商品開発強化に取り組まれることを祈念いたします。

最後にこの場を借りて、本稿発表に関して大きな理解を示してくださった保芦將人㈱紀文食品代表取締役社長、KA法構築の最初の動機を与えてくださった㈱ドゥ・ハウスの小野貴邦氏（故人）、稲垣佳伸氏、KA法検討の初期段階に参加してくださった樋口雅也氏・山崎洋子さん、そして原稿の遅々とした進み具合を寛容に受け止めてくださった日本能率協会マネジメントセンター出版情報本部の根本浩美編集部長に対し深く感謝の意を表したいと存じます。

著者

【参考文献】

1 『新版マーケティング原理』フィリップ・コトラー、ゲイリー・アームストロング著／和田充夫・青井倫一訳／ダイヤモンド社／1995年
2 『マーケターの仕事』小島史彦著／日本能率協会マネジメントセンター／1999年
3 『図解でわかるマーケティングリサーチ』石井栄造著／日本能率協会マネジメントセンター／2001年
4 『発想法入門・第3版』星野匡著／日経文庫／2005年
5 『ネーミング発想法』横井恵子著／日経文庫／2002年
6 『図解でわかるブランドマーケティング』㈱博報堂ブランドコンサルティング著／日本能率協会マネジメントセンター／2000年

商品開発は、マーケティングの中に有機的に組込まれた複雑なアクションです。マーケティングの全体像を、より詳しく把握するための参考文献としては、1と2が最適です。2を通読し、1を辞書的に活用するのもひとつの方法かと思います。

また、本文にて筆者が充分に説明し尽せなかった部分、特に「マーケティングリサーチ」「発想法」「ネーミングノウハウ」「ブランドマーケティング」に関してさらに踏み込んだ理解をするには、3・4・5・6の参考文献にあたることをお奨めいたします。

浅田和実（あさだ　かずみ）
㈱紀文食品　チーフ・マーケティング・アドバイザー。1948年生まれ。慶應義塾大学卒業、雪印乳業㈱にてマーケティングリサーチ・生活者研究をベースとしたマーケティング戦略構築・新商品開発を30年にわたり実践。現在、㈱紀文食品にてチーフ・マーケティング・アドバイザーとしてマーケティング及び商品開発の指導に携わる。

図解でわかる商品開発マーケティング

2006年3月1日　初版第1刷発行

著　　者──浅田和実　Ⓒ2006 Kazumi Asada
発行者──野口晴巳
発行所──日本能率協会マネジメントセンター
〒105-8520　東京都港区東新橋1-9-2　汐留住友ビル24階
TEL(03)6253-8014（代表）
FAX(03)3572-3503（編集部）
http://www.jmam.co.jp/

装　　丁──渡邊民人
本文DTP──株式会社マッドハウス
印刷所───広研印刷株式会社
製本所───株式会社トキワ製本所

本書の内容の一部または全部を無断で複写複製（コピー）することは、法律で認められた場合を除き、著作者および出版者の権利の侵害となりますので、あらかじめ小社あて承諾を求めてください。

ISBN 4-8207-4346-5 C2034
落丁・乱丁はおとりかえします。
PRINTED IN JAPAN

JMAM 好評既刊図書

マーケティング・リサーチ・ハンドブック
リサーチ理論・実務手順から需要予測・統計解析まで

酒井隆[著]

マーケティング・リサーチの考え方、各種サーベイ・リサーチ法をはじめ、需要予測や多変量解析、データ収集、質的分析などについて図解した実践書。アンケート調査の実務の解説も充実。
A5判440頁

マーケティング監査ハンドブック
マーケティング効果を最大化する評価法

伊藤裕一・田中良知[著]

あらゆるマーケティング活動を分析・評価し、今後の改善策をプランするためのツールがマーケティング監査。限られたマーケティング予算を効率よく運用するための秘訣を大手化粧品メーカーなどの事例で解説する。
A5判248頁

広告ハンドブック
広告・広告メディアの基礎から計画立案・出稿・効果測定・プレゼンテーションの実務まで

井徳正吾[編著]

大手広告会社の実務家集団が、「広告する側（広告主）の立場」から広告の基礎知識と実務ポイントをわかりやすく説く。プランニングや効果測定はもちろん、最新のメディア事情も網羅した広告の基本書。
A5判320頁

中国語ネーミング開発ハンドブック
中国人に受容されるネーミングのつくり方

莫邦富・筧裕介[著]

日本で使う漢字感覚で中国語名を開発するのはあまりにもリスクがある。中国語ネーミングの「創造」「選択」「視覚化」「防御」の4つの基本プロセスを事例で解説。中国に溶け込む、正しいネーミング開発ノウハウ。
A5判320頁

日本能率協会マネジメントセンター

JMAM 好評既刊図書

図解　実戦マーケティング戦略

佐藤義典 [著]

業績をめざましく向上したいと考えるなら戦略レベルでの転換が必要。そして使える戦略は現場での検証を経ていて、数値化できることが条件。MBA流マーケティングを身近な題材で楽しく、わかりやすく解説する。
四六判272頁

実務入門
図解　アンケート調査と統計解析がわかる本

酒井隆 [著]

アンケート調査の企画・実査・集計から統計解析の基本と多変量解析の実務までを、調査実務分野の第一人者が図解した入門書。多変量解析のメニュー集としても活用できるよう、多くの解析手法を紹介する。
Ａ５判288頁

感情こそが生涯顧客をつかむ
エモーションマーケティング

スコット・ロビネッティ、他 [著]
ニューチャーネットワークス [監訳]

グリーティングカードのトップブランド「ホールマーク社」。同社が開発した「感情に基づく」マーケティング手法を豊富な事例から検証し、その応用方法をオリジナルメソッド「バリュースター」をもとに解説する。
Ａ５判264頁

訊き出す、効き出す、危機脱す！
たった３日で売れ出すキキダス・マーケティング

中山マコト [著]

顧客の心の底にあるニーズを訊き出し、それをもとに販促策を打ち出すマーケティング手法が「キキダス・マーケティング」。消費者のホンネの訊き出し方を実際にコンサルティングした事例で紹介する。
四六判248頁

日本能率協会マネジメントセンター

JMAM 好評既刊図書

Series Marketing

図解でわかるマーケティングリサーチ
リサーチ理論と実務の進め方が図解でわかる基本書

石井栄造 [著]

定性調査を中心に、課題設定、仮説構築、企画設計、サンプリング、実査、集計、分析、報告書作成、プレゼンの一連の流れを図解。グループインタビュー、新製品開発、販促、ブランディングなどのリサーチ方法も解説。
A5判216頁

Series Marketing

図解でわかる心理マーケティング
お客様の購買行動は「認知科学」で説明できる!

匠英一 [著]

顧客心理とマーケティングの関係を科学的に解明し、実務に応用するためのノウハウ集。「店先には廉価品ではなく高額品を出したほうが売れる」「繁盛店の条件は奥行きが深く明るいこと」などすぐに使えるヒント満載。
A5判192頁

Series Marketing

図解でわかるくちコミマーケティング

中島正之、鈴木司、吉松徹郎 [著]

くちコミは管理できない! これまでの常識を打破すべく、広告会社のマーケティング専門家とくちコミネットワークで人気の「アットコスメ」の主宰者が、理論と実践方法を事例を交えて解説する。
A5判240頁

Series Marketing

図解でわかるカラーマーケティング

下川美知瑠 [著]

商品やサービスのマーケティングはより鮮明な差別化が求められている。そのカギとなるのがカラー(色彩)。色の心理的イメージやコンセプトをプランニングにどう反映させていくかなどを図解する。
A5判252頁

日本能率協会マネジメントセンター